本书系国家社科基金重大项目"全面提升社会治理法治化水平研究"(23ZDA080)的阶段性成果

首都经济贸易大学·法学前沿文库

中国乡村治理法治化的实践路径研究

陈寒非 著

Research on the Practical Path of Legalization of Rural Governance in China

中国政法大学出版社
2023·北京

声　明　1. 版权所有，侵权必究。

　　　　　2. 如有缺页、倒装问题，由出版社负责退换。

图书在版编目（CIP）数据

中国乡村治理法治化的实践路径研究/陈寒非著. —北京：中国政法大学出版社，2023.10
ISBN 978-7-5764-1128-7

Ⅰ.①中… Ⅱ.①陈… Ⅲ.①乡村－社会管理－法治－研究－中国 Ⅳ.①D920.0

中国国家版本馆CIP数据核字(2023)第193913号

出 版 者	中国政法大学出版社
地　　址	北京市海淀区西土城路25号
邮寄地址	北京100088 信箱8034 分箱　邮编100088
网　　址	http://www.cuplpress.com（网络实名：中国政法大学出版社）
电　　话	010-58908441(编辑室) 58908334(邮购部)
承　　印	北京九州迅驰传媒文化有限公司
开　　本	880mm×1230mm　1/32
印　　张	9.5
字　　数	225千字
版　　次	2023年10月第1版
印　　次	2023年10月第1次印刷
定　　价	45.00元

首都经济贸易大学·法学前沿文库
Capital University of Economics and Business Library, Frontier

主　编　张世君

文库编委　高桂林　金晓晨　焦志勇　李晓安
　　　　　　米新丽　沈敏荣　王雨本　谢海霞
　　　　　　喻　中　张世君

总　序

　　首都经济贸易大学法学学科始建于1983年。1993年开始招收经济法专业硕士研究生。2006年开始招收民商法专业硕士研究生。2011年获得法学一级学科硕士学位授予权，目前在经济法、民商法、法学理论、国际法、宪法与行政法等二级学科招收硕士研究生。2013年设立交叉学科法律经济学博士点，开始招收法律经济学专业的博士研究生，同时招聘法律经济学、法律社会学等方向的博士后研究人员。经过30年的建设，首都经济贸易大学几代法律人的薪火相传，现已经形成了相对完整的人才培养体系。

　　为了进一步推进首都经济贸易大学法学学科的建设，首都经济贸易大学法学院在中国政法大学出版社的支持下，组织了这套"法学前沿文库"，我们希望以文库的方式，每年推出几本书，持续地、集中地展示首都经济贸易大学法学团队的研究成果。

　　既然这套文库取名为"法学前沿"，那么，

何为"法学前沿"?在一些法学刊物上,常常可以看到"理论前沿"之类的栏目;在一些法学院校的研究生培养方案中,一般都会包含一门叫作"前沿讲座"的课程。这样的学术现象,表达了法学界的一个共同旨趣,那就是对"法学前沿"的期待。正是在这样的期待中,我们可以发现值得探讨的问题:所以法学界一直都在苦苦期盼的"法学前沿",到底长着一张什么样的脸孔?

首先,"法学前沿"的实质要件,是对人类文明秩序做出了新的揭示,使人看到文明秩序中尚不为人所知的奥秘。法学不同于文史哲等人文学科的地方就在于:宽泛意义上的法律乃是规矩,有规矩才有方圆,有法律才有井然有序的人类文明社会。如果不能对千差万别、纷繁复杂的人类活动进行分门别类的归类整理,人类创制的法律就难以妥帖地满足有序生活的需要。从这个意义上说,法学研究的实质就在于探寻人类文明秩序。虽然,在任何国家、任何时代,都有一些法律承担着规范人类秩序的功能,但是,已有的法律不可能时时处处回应人类对于秩序的需要。"你不能两次踏进同一条河流",这句话告诉我们,由于人类生活的流动性、变化性,人类生活秩序总是处于不断变换的过程中,这就需要通过法学家的观察与研究,不断地揭示新的秩序形态,并提炼出这些秩序形态背后的规则——这既是人类生活和谐有序的根本保障,也是法律发展的重要支撑。因此,所谓"法学前沿",乃是对人类生活中不断涌现的新秩序加以揭示、反映、提炼的产物。

其次,为了揭示新的人类文明秩序,就需要引入新的观察视角、新的研究方法、新的分析技术。这几个方面的"新",可以概括为"新范式"。一种新的法学研究范式,可以视为"法学前沿"的形式要件。它的意义在于,由于找到了新的研究范式,人们可以洞察到以前被忽略了的侧面、维度,它为人们认识秩序、认识法律提供了新的通道或路径。依靠新的研究范式,甚至还可能转换人们关于法律的思维方式，并由此看到一个全新的秩序世界与法律世界。可见，法学新范式虽然不能对人类秩序给予直接的反映，但它是发现新秩序的催生剂、助产士。

再其次，一种法学理论，如果在既有的理论边界上拓展了新的研究空间，也可以称之为法学前沿。在英文中，前沿（frontier）也有边界的意义。从这个意义上说，"法学前沿"意味着在已有的法学疆域之外，向着未知的世界又走出了一步。在法学史上，这种突破边界的理论活动，常常可以扩张法学研究的范围。譬如，以人的性别为基础展开的法学研究，凸显了男女两性之间的冲突与合作关系，就拓展了法学研究的空间，造就了西方的女性主义法学；以人的种族属性、种族差异为基础而展开的种族批判法学，也为法学研究开拓了新的领地。在当代中国，要拓展法学研究的空间，也存在着多种可能性。

最后，西方法学文献的汉译、本国新近法律现象的评论、新材料及新论证的运用……诸如此类的学术劳作，倘若确实有助于揭示人类生活的新秩序、有助于创造新的研究范式、有助于拓展新的法学空间，也可宽泛地归属于法学理论的前沿。

以上几个方面，既是对"法学前沿"的讨论，也表明了本套文库的选稿标准。希望选入文库的每一部作品，都在法学知识的前沿地带做出新的开拓，哪怕是一小步。

喻　中
2013 年 6 月于首都经济贸易大学法学院

自 序

  这本书是我多年来研究转型时期中国乡村治理问题的一个阶段性总结，写作时间为2013—2021年，主要围绕乡村治理中的主体、规范和实践三个层面展开论述。在此有必要简单交代此书写作的基本背景和本人关注的问题意识，以便读者能对本书的主题、框架体系、研究视角以及写作局限有一个基本了解。

  中国乡村治理是一个长期且复杂的过程。传统中国乡村治理主要依托于宗法制度，通过宗法制度有限地组织起家与个人；文化上实行文治教化，以维系乡土社会伦理道德体系，德治型族长老即为这套伦理道德体系的现实执行者；乡村社会主要依靠传统习惯法、村规民约等社会规范进行治理，这些规范代表着一种内生性秩序，产生出基于舆论、面子、人情的社会强制力，法律较少在乡土社会治理中出场，解决纠纷的方式也主要是调解；官方为了维系乡村社会秩序和结构，会选取乡村精英作为"代理人"，从而实现简约化治理。在"三千年未有之大变局"之下，乡村社会的这种治理模式面临着现代化的挑战，也作出了相应的改造和调整。晚近中共革命和建设从乡村改造入手，从乡村社会汲取革命和建设资源。改革开放以后，乡村社会经过了大规模转型，其治理模式在延续传统治理模式的基础上，也深深打上了时代的烙印。乡村社会在为城市化作出贡献

自 序

的同时，陷入前所未有的危机之中，这使得当前的乡村治理局面更为复杂。

为了应对乡村发展的复杂困境，党的十九大报告指出，农业农村农民问题是关系国计民生的根本性问题，必须始终把解决好"三农"问题作为全党工作的重中之重，实施乡村振兴战略。乡村振兴战略的总要求包括产业兴旺、生态宜居、乡风文明、治理有效、生活富裕五个方面，系统回应农村经济建设、政治建设、文化建设、社会建设、生态文明建设和党的建设等方面的具体要求，通过城市反哺乡村的方式构建健全的城乡融合发展体制。自党的十九大以后，中共中央和国务院又印发了一系列文件，如《中共中央、国务院关于实施乡村振兴战略的意见》《乡村振兴战略规划（2018—2022年）》《中共中央、国务院关于全面推进乡村振兴加快农业农村现代化的意见》《中共中央、国务院关于实现巩固拓展脱贫攻坚成果同乡村振兴有效衔接的意见》，2021年4月29日第十三届全国人民代表大会常务委员会第二十八次会议表决通过《中华人民共和国乡村振兴促进法》。这些文件和法律不仅为乡村振兴提供了制度依据，还为乡村治理提出了明确要求。那么，如何理解乡村振兴战略中"治理有效"目标的保障性地位？

新型城镇化建设是乡村振兴的重要组成部分，乡村振兴是全面建设社会主义现代化国家的重大历史任务。2018年中央一号文件指出要坚持城乡融合发展，推动城乡要素自由流动、平等交换，推动新型工业化、信息化、城镇化、农业现代化同步发展，加快形成工农互促、城乡互补、全面融合、共同繁荣的新型工农城乡关系。乡村振兴与新型城镇化之间不是矛盾的，而是相辅相成的有机整体。新型城镇化是乡村振兴的基本路径，乡村振兴是新型城镇化的必然结果，连接两者的纽带则是城乡融合发展。新型城镇化包括两个方面：一是人的城镇化；二是产业的城镇化。"人的城镇化"不仅要将城市中的农业转移人口转变为市民，而且重要的是将农业剩余人口就地市民化、就地城镇化，防止乡村人口过度流失。"产业的城镇化"要求产业间城乡融合，即实现城乡产业要素之间自由流动，促进一二三产业之间深度融合，同步推进城镇化与农业现代化。无论是人的城镇化，还是产业城镇化，新型城镇化均指向并服务于乡村振兴战略，是乡村振兴的前提和基础。改革开放四十余年来，党和国家高度重视"三农"问题，"三农"工作已经取得了巨大成就。随着中国特色社会主义进入了新时代，社会主要矛盾也发生转变，农业农村发展面临着新形势、新任务、新要求。我们应当看到，当前最大的发展不平衡，是城乡发展不平衡；最大的发展不充分，是农村发展不充分。农业仍然是国民经济的基础支撑，农民仍然是全社会的基础阶层，农村仍然是全面建设社会主义现代化国家的重点和难点，"三农"问题仍然是关系中国特色社会主义发展全局的根本性问题。因此，只有实施乡村振兴战略，从根本上解决好"三农"问题，才能真正实现中华民族伟大复兴的宏伟目标。

"治理有效"是实施乡村振兴战略的基本保障。乡村振兴战略总体要求包括"产业兴旺、生态宜居、乡风文明、治理有效、生活富裕"五个方面，这意味着乡村振兴不仅包括经济振兴，还包括生态振兴、文化振兴、科技振兴以及社会振兴，是对乡村全方位的系统性整体提升。然而，经济振兴、生态振兴、文化振兴等都离不开治理振兴，治理振兴是乡村振兴其他目标实现的基本保障。如果缺乏有效的治理，产业发展将会陷入垄断状态，产业振兴将会失去良好的制度环境，已经取得的产业振兴成果最终也会失去；如果缺乏有效的治理，生态振兴目标就难以实现,农村环境问题就无法得到综合治理,农村人居环境整治行动计划也不能稳步推进;如果缺乏有效的治理,乡风文明目标就难以引领落实,乡邻和睦、互助合作等乡村社会优秀文化传统以及社会主义核心价值观新风尚等均无法实现;如果缺乏有效的治理,生活富裕的目标也终将难以实现,人们缺乏安全、可信任的社会环境、生活环境,难以建立真正的幸福感、获得感。由此可见,"治理有效"是乡村振兴战略实施的基本保障,其他振兴目标或振兴要求均以此为基础。鉴于此,乡村振兴一直十分重视"乡村治理",在2019年中共中央办公厅、国务院办公厅印发《关于加强和改进乡村治理的指导意见》之后,中央农村工作领导小组办公室、农业农村部、中央组织部、中央宣传部、民政部和司法部联合发布《关于开展乡村治理体系建设试点示范工作的通知》,在全国选取115个县(市、区)作为乡村治理体系建设首批试点单位。

既然规范有效的基层治理是乡村振兴战略实施的基本保障,那么当前我们应如何从治理层面推进实施乡村振兴战略?概言之,当前应从乡村治理的基本要素入手,健全自治、法治、德治相结合的乡村治理体系,总体推进乡村治理法治化。党的十九大报告提出"健全自治、法治、德治相结合的乡村治理体系";《关于加强和改进乡村治理的指导意见》指出,以自治增活力、以法治强保障、以德治扬正气,健全党组织领导的自治、法治、德治相结合的乡村治理体系,构建共建共治共享的社会治理格局,走中国特色社会主义乡村善治之路。

从字面含义来看,"三治融合"就是指基层社会治理中自治、法治、德治三种重要手段相结合,但在实践中由于缺乏组织基础和有效载体,"三治融合"很容易陷入理论的空洞与想象。当前有效推进自治、法治、德治"有机"融合,需要考虑到乡村治理主体职能分工的实际情况，坚持党组织领导地位及其统一协调作用。

从"三治"力量对比来看，自治、法治、德治各自投入的力量并不一致，"三治"之间力量并不均衡。在当前村级治理半行政化乃至行政化的背景下，在长期以来形成的"大政府、小社会"传统支配下，乡村治理中自治、德治力量较弱，而法治力量则较强（行政是法律介入的主要方式）。有观点认为，"三治融合"中，法治是根本手段和最终目标，自治和德治是辅助措施，这种观点失之偏颇。自治、法治、德治之间并无主辅之分，它们都是乡村治理体系的有机组成部分，三者是一个有机整体。结合当前乡村治理场域的实际情况，法治及支撑其运行的行政力量应保持一定的谦抑性，真正提升自治和德治治理方式的有效性。

"自治"的重要依据是村规民约，一部制定得完善的村规民约能够切实有效地推进乡村治理，使得乡村治理事半功倍。村规民约就是有效的载体，法治要素可以某种方式嵌入村规民约等自治规范之中，嵌入法治的"自治"是提升乡村治理法治化水平的重要路径。

"德治"的重要依据是"道德规范""乡土社会人情规则""面子观念""习惯法"等，这些要素属于某村、某地人们日积月累而形成的一整套"地方性知识"，需要与"社会主义核心价值体系"进行"文化置换"。特别是在乡村场域推行建设"社会主义核心价值体系"过程中，基于传统的道德规范体系是不能忽视的，以文化置换的方式将"社会主义核心价值体系"嵌入传统德治体系之中，使德治真正变得有据可循，也能更好在内心层面引导自治和法治。

秩序与活力之间的矛盾是当前我国基层社会治理中的主要

矛盾。《中共中央、国务院关于加强基层治理体系和治理能力现代化建设的意见》在"主要目标"部分提到：力争用5年左右时间，建立起党组织统一领导、政府依法履责、各类组织积极协同、群众广泛参与，自治、法治、德治相结合的基层治理体系。该意见围绕"建设人人有责、人人尽责、人人享有的基层治理共同体"的总体要求对推进自治、法治、德治建设进行了详细规定，对如何充分发挥党组织领导作用、基层政府主导作用、基层群众性自治组织的基础作用和社会力量的积极作用等方面进行了系统部署。结合该意见的要求，党组织领导下的"三治""有机"融合应坚持"自（治）法（治）互补，济之以德（治）"原则，在党组织领导下充分激发自治、德治要素的活力，适度控制法治（行政）限度，以多元共治的逻辑取代单一的行政管理逻辑，为实现乡村全面振兴提供强有力的治理基础。

从治理层面推进乡村振兴战略还必须"坚持以人民为中心"，人民群众不仅是乡村振兴的服务对象，还是乡村振兴战略实施的力量和智慧源泉，更是乡村治理法治化必须依靠的力量。乡村振兴战略实施的主要阵地是乡村，因此必须要以广大农民为主体。只有以全体人民为中心，才能真正汇聚乡村振兴的强大合力，确保基层社会的有效治理。以人民为中心，就是要坚持人民群众是社会治理的主体，发挥人民群众首创精神，为人民群众提供参与社会治理的各种机会，形成协同共治的现代治理格局；以人民为中心，就是要把为了群众与依靠群众相结合，实施科学民主决策，高度重视人民群众参与社会治理政策的制定、实施、监督全过程；以人民为中心，就是要坚持基层民主自治理念，充分发挥社区自我治理、自我服务、社会援助、民主参与的功能，让大家认识到共同的需求和利益，积极参与社区公共事务；以人民为中心，就是要更好地满足人民在民主、法治、公平、正义、环境等方面日益增长的新需求，提供更高水平社会公共服务，实现民生保障的源头治理。

现代社会是信息化社会，基层社会治理需要创新治理手段，乡村振兴战略实施必须契合时代发展，将技术优势与制度优势相结合。新时代"枫桥经验"将以互联网、物联网、大数据、云计算、人工智能等为代表的现代信息科技充分运用于乡村社会治理的各个领域，积极从传统方式转向智慧治理，开启"互联网+社会治理"新模式，推动治理理念、治理内容、治理方式、治理体制机制的全面更新，实现治理手段的转变，释放出信息科技在社会治理领域的新效能。依托技术优势，可以充分彰显中国特色社会主义制度优势；依托制度优势，可以使技术优势在社会治理运用中不偏离方向，始终以人民为中心，为了人民、依靠人民、服务人民。科学化、现代化、智慧化治理是乡村社会治理手段的创新，技术优势与制度优势相结合是从治理层面保障乡村振兴战略实施的必然选择。

健全自治、法治、德治相结合的乡村治理体系是乡村治理法治化的体系化基础，乡村治理法治化应在健全自治、法治、德治相结合的乡村治理体系之中具体展开。健全自治、法治、德治相结合的乡村治理体系主要包括主体、规范和运行三个维度的基本要素。

主体维度是健全自治、法治、德治相结合乡村治理体系的根本，是乡村治理法治化的实践主体。乡村治理主体可以分为内部型主体、外部型主体以及内-外联合型主体三种类型。乡村治理内部型主体包括村党支部、村民委员会、村民小组、村民监督委员会、宗族组织、乡村精英、新乡贤以及普通村民等。内部型主体是乡村治理的直接参与者，也是乡村治理规范的制定和实践者。乡村治理外部型主体包括基层党政机关、外来企业、公益性社会组织以及外来务工经商人员等。外部型主体虽然不是乡村治理的直接参与者,但是由于这些主体可以通过行政管理、投资、社会服务等方式作用于乡村治理,在很大程度上已经成为乡村治理中的重要力量。内-外联合型主体主要指通过资本、自然资源等媒介联结乡村内、外主体而形成的共同治理力量,以"企业+农户"性质的专业合作社为典型。

规范维度是健全自治、法治、德治相结合乡村治理体系的依据,是乡村治理法治化的制度基础。当前乡村治理规范主要包含八大类,当前需要构建以国家法律法规为基础,以村规民约为核心,以习惯法及其他自治性规范为支撑的多元规范协同治理格局。

运行维度是健全自治、法治、德治相结合乡村治理体系的关键,是乡村治理法治化的实践过程。乡村治理体系的实践维度需要从运行环节全方位入手,涉及规范制定实践,如制定主体、制定程序、制定内容等方面;涉及执行实践,如执行、归责、参与等;涉及监督实践,如国家机关监督、村组监督、村民监督、社会监督等多层级的监督。

本书将中国乡村治理法治化问题置入健全自治、法治、德治相结合的乡村治理体系中进行思考,从主体、规范和运行三个维度来探讨乡村治理法治化的各个要素。然而,限于篇幅,本书在主体维度主要探讨了宗族组织、能人治村、新乡贤等乡村治理主体的治村过程及其法治化路径;在规范维度主要探讨了村规民约、习惯法等治理规范的功能及其与国家法之间的互动关系;在运行维度则主要探讨了网格化治理中法治因素的纳入以及纠纷解决过程中如何运用传统资源等。本书的写作主要围绕此一基本框架展开,后续还将延续这一进路继续进行思考。

本书的写作资料主要从田野调查中获得，经验研究是本书写作的基本出发点，也是本人一直以来坚持的方法论。

是为序。

陈寒非

2021 年 12 月 1 日

目 录
CONTENTS

第一章　导　论 …………………………………………… 001

第二章　乡村治理法治化的基本维度 …………………… 010
　一、主体维度：多元主体合作共治 …………………… 010
　二、规范维度：多元规范优化整合 …………………… 020
　三、运行维度：多个环节系统推进 …………………… 026
　四、本章小结 …………………………………………… 033

第三章　房族组织与乡村治理法治化 …………………… 038
　一、房族组织结构及其特点 …………………………… 043
　二、房族之治与乡村社会的秩序生产 ………………… 048
　三、乡村治理法治化中自组织资源的嵌入 …………… 056
　四、本章小结 …………………………………………… 061

第四章　"能人治村"及其法律规制 ……………………… 064
　一、"能人治村"现象及其学术方位 …………………… 064
　二、"能人治村"的理论基础及其解释力 ……………… 075
　三、"能人治村"的基本类型及村治特点 ……………… 080

四、"能人治村"的作用分析 …………………………… 097
　　五、"能人治村"法律规制引导机制的构建 …………… 101
　　六、本章小结 …………………………………………… 106

第五章　能人回归工程：乡贤的培育与制度规训 ……… 109
　　一、"能人回归工程"的基本情况 ……………………… 109
　　二、谁能成为能人：乡贤的培育与选拔 ………………… 113
　　三、设定权利义务：乡贤的制度规训技术 ……………… 122
　　四、本章小结 …………………………………………… 140

第六章　新乡贤参与乡村治理的法治进路 ……………… 143
　　一、新乡贤概念及其主要类型 …………………………… 144
　　二、新乡贤参与乡村治理的主要模式与经验 …………… 150
　　三、新乡贤参与乡村治理的积极作用与消极作用 ……… 153
　　四、规制引导新乡贤参与乡村治理的思考 ……………… 158

第七章　乡村治理法治化的规范整合 …………………… 167
　　一、乡村治理的规范类型及生成系统 …………………… 169
　　二、乡村治理多元规范的冲突 …………………………… 173
　　三、乡村治理多元规范的整合 …………………………… 181
　　四、本章小结 …………………………………………… 186

第八章　乡村治理中的习惯法及其变迁 ………………… 189
　　一、影响习惯法变迁的主要因素 ………………………… 194
　　二、习惯法变迁的动力机制 ……………………………… 202
　　三、习惯法变迁的结果预期 ……………………………… 211

四、本章小结 ……………………………………………… 215

第九章　乡村社会的网格化简约治理 ……………………… 218
一、常态网格在基层治理中的成效与局限 ……………… 220
二、网格化简约治理 ……………………………………… 228
三、本章小结 ……………………………………………… 234

第十章　产权纠纷与乡村治理法治化 ……………………… 237
一、亮马坡案 ……………………………………………… 238
二、雄黄寿木纠纷案 ……………………………………… 244
三、魁胆宅基地案 ………………………………………… 249
四、案例评析：纠纷解决中的文书运用习惯 …………… 253

第十一章　结　论 …………………………………………… 258

参考文献 ……………………………………………………… 264

后　记 ………………………………………………………… 283

第一章
导 论

　　中国乡村治理问题由来已久。近代革命进程中乡村问题呈现出极复杂的面向，是革命力量必须重视和解决的问题，大体形成激进的革命主义和温和的改良主义两种方案。20世纪70年代末中国改革率先从农村开始，乡村问题再次引起政界和学界的关注；20世纪80年代"村民自治"在农村悄然兴起，村民自治被赋予了深远的政治意义；20世纪90年代"三农"问题日渐凸显，农村出现了"治理危机"；进入21世纪以来，农村又开始出现"空心化""失序化"等问题。国家在应对"农村治理危机"时亦采取了一系列措施，如免除农业税、种粮农民实行补贴、免除义务教育阶段学生的学杂费、建立新型农村合作医疗、建立农村最低生活保障制度、农村土地"三权分置"改革以及精准扶贫等。改革开放以来的乡村治理即在此大背景之下展开，如何有效治理乡村，是国家治理体系和治理能力现代化建设必须认真面对的问题。

　　乡村问题的重要性及紧迫性反映在党的会议或文件中。党的十九大报告提出实施乡村振兴战略，提出"产业兴旺、生态宜居、乡风文明、治理有效、生活富裕的总要求"。[1]"治理有效"就是要加强和创新农村社会治理，加强基层民主和法治建

---

［1］ 本书编写组编著：《党的十九大报告辅导读本》，人民出版社2017年版，第31—32页。

设,"加强农村基层基础工作,健全自治、法治、德治相结合的乡村治理体系",打造共建共治共享的社会治理格局,实现政府治理和社会调节、居民自治良性互动。乡村是国家治理体系中最基本的治理单元,国家治理的核心在于基层社会治理,而基层社会治理的关键又在于乡村治理。面对改革开放以来乡村社会在生产方式、人口流动、社会结构、思想意识诸方面发生的深刻变革,乡村治理思路迫切需要变革和创新。"健全自治、法治、德治相结合的乡村治理体系"新思路建立在乡村治理实践基础之上,对新时代乡村社会发展与转型具有重要的指导意义。

自20世纪二三十年代起,一些学者开始关注并致力于研究乡村治理问题,产生了一系列具有影响力的研究成果,掀起了村治研究的热潮,并形成了乡村治理研究的四条经典进路。[1]改革开放以来乡村发生转型和巨变,乡村治理一直是理论界和实务界讨论的热点,其研究重点主要集中在四个方面。其一,乡村治理内涵。1998年徐勇等人在"治理理论"基础上率先提出"乡村治理"概念;张厚安、徐勇认为,村级治理是通过公共权力配置与运作对乡村社会进行组织、管理和调控的政治活动;[2]贺雪峰认为,乡村治理是指通过乡村管理或自主管理实现乡村

---

[1] 这四条研究进路分别是马克思主义研究进路、乡村建设研究进路、社会学实证研究进路以及西方社科理论研究进路。其一,马克思主义研究进路以马克思主义为指导,注重乡村治理的研究与实践相结合,将乡村治理方面的理论构想致力于实践,又从实践中抽离出理论问题。秉承这条研究进路的主要有毛泽东、陈翰笙、薛暮桥、孙冶方等。其二,乡村建设研究进路以梁漱溟、晏阳初、黄炎培、章元善、江恒源、许士廉等人为代表,试图通过体制内的改良来解决中国农村问题。其三,社会学实证研究进路以费孝通、李景汉、杨开道等人为代表,注重运用人类学、社会学的田野调查研究方法对乡村治理问题进行深入研究,从学理层面探讨乡村治理问题。其四,西方社科理论研究进路以费正清、卜凯、库尔普、杜赞奇等人为代表,主要是指海外学者通过运用近代西方社会科学理论对中国乡村治理问题进行研究。

[2] 张厚安等:《中国农村村级治理——22个村的调查与比较》,华中师范大学出版社2000年版,第8页。

第一章 导 论

社会有序发展的活动;[1]党国英认为,乡村治理是指国家机构和乡村其他权威机构给乡村社会提供公共品的活动。[2]其二,乡村治理主体。乡村治理主体是乡村治理的重要问题之一,大多数学者认为我国乡村治理主体呈现出多元化趋势。金太军认为村庄治理中有三重权力互动:村庄治理中国家、村庄精英和普通村民;[3]肖唐镖讨论了乡村治理中的宗族主体。[4]其三,乡村治理模式。现存乡村治理模式主要是"乡政村治"模式,学术界围绕此模式形成了不同的观点。如金太军主张在该模式基础上向法治模式过渡[5];徐勇主张改为"乡派镇治"模式[6];贺雪峰主张构建以农民为主体的治理模式[7];沈延生主张"乡治-村政-社有"模式[8]。其四,乡村治理规范。乡村治理规范包括国家法律、村规民约、习惯法、人情法则等,其中村规民约[9]作为一种秩序规范在乡村治理中一直发挥着独特的作用。张广修、张景峰[10]、张静[11]、高其才[12]、

---

[1] 贺雪峰:"乡村治理研究的三大主题",载《社会科学战线》2005年第1期。
[2] 党国英:"我国乡村治理改革回顾与展望",载《社会科学战线》2008年第12期。
[3] 金太军:"村庄治理中三重权力互动的政治社会学分析",载《战略与管理》2002年第2期。
[4] 参见肖唐镖:《宗族政治——村治权力网络的分析》,商务印书馆2010年版。
[5] 金太军:"中国乡村关系的现状及对策",载《扬州大学学报(人文社会科学版)》2002年第4期。
[6] 徐勇:"精乡扩镇、乡派镇治:乡级治理体制的结构性改革",载《江西社会科学》2004年第1期。
[7] 贺雪峰:"论村治模式",载《江西师范大学学报》2005年第2期。
[8] 沈延生:"村政的兴衰与重建",载《战略与管理》1998年第6期。
[9] 本书中所称"村规"也指"村规民约"。
[10] 张广修等:《村规民约论》,武汉大学出版社2002年版。
[11] 张静:"乡规民约体现的村庄治权",载《北大法律评论》1999年第1期。
[12] 高其才:《中国习惯法论》(修订版),中国法制出版社2008年版。

王启梁[1]等均对此有着深入的研究。

回顾文献可知，目前学术界关于乡村治理的研究主要集中在乡村治理的内涵、主体、模式及规范等方面。然而，大多数研究都没有从总体层面系统考察乡村治理体系，只是重点考察其中某个方面。毋庸置疑，乡村治理是一个复杂的系统工程，既包括自治、法治与德治多种治理方式，也涉及乡村治理主体、规范及实施等多种要素，只有全面系统地考察乡村治理中各种要素，才能健全乡村治理体系，实现乡村振兴战略中"治理有效"的基本要求，才能推进实现乡村治理法治化。根据现有治理理念和制度安排，自治、法治、德治三者关系应定位为：法治为保障、自治为基础、德治为支撑。具体言之，"法治为保障"意味着乡村治理要以法治为根本遵循，自治、德治都要在法治框架之下，以法治规范和保障自治、德治；"自治为基础"意味着乡村治理最终要实现村民自我管理、自我教育这一目标，法治和德治都要以自治为基础践行落实；"德治为支撑"意味着乡村治理要以道德规范、习惯规约、人情法则等社会规范维风导俗，以德治教化和道德约束支撑自治、法治。乡村治理法治化离不开自治和德治，三者关系交织融合在一起，共同形塑出乡村治理格局。鉴于此，本书将采取一种"整体论"进路，结合笔者多年田野调查资料展开研究，在实证基础上探寻健全"三治结合"乡村治理体系的基本路径，在此基础上探索乡村治理法治化中各要素之功能及内在关系，为乡村振兴战略实施提供参考。

本书拟从主体、规范和运行三个基本维度出发，阐述乡村治理法治化各维度中的具有要素和实现路径。其中，第二章"乡村治理法治化的基本维度"具有总论性质，分别从主体、规

---

[1] 王启梁："国家治理中的多元规范：资源与挑战"，载《环球法律评论》2016年第2期。

范和运行三个维度阐述了乡村治理法治化的基本要求，本书随后的章节也围绕此三个维度具体展开。第三章"房族组织与乡村治理法治化"、第四章"'能人治村'及其法律规制"、第五章"能人回归工程：乡贤的培育与制度规训"，以及第六章"新乡贤参与乡村治理的法治进路"均系从主体维度讨论乡村治理法治化问题。第七章"乡村治理法治化的规范整合"和第八章"乡村治理中的习惯法及其变迁"将从规范维度讨论乡村治理法治化问题。第九章"乡村社会的网格化简约治理"和第十章"产权纠纷与乡村治理法治化"将从运行维度讨论乡村治理法治化问题。

  本书运用的研究方法主要有两种。第一种，实证研究方法。①定量研究方法。通过问卷调查和 SPSS 统计分析（采取描述性统计、相关分析、回归分析、交叉分析等数据分析方法），考察各个变量之间的关系，初步研究"乡贤治村"的作用及民众认知等问题。②定性研究方法，这也是本书采取的最主要的研究方法。首先，应用参与观察法结合深度访谈进行资料收集，采取人类学曼彻斯特学派的"个案延伸法"（Extended Case Method），尽可能收集典型个案——"乡贤治村"的运行过程。其次，应用扎根理论（Grounded Theory）进行资料分析，通过提供系统的研究方法以保证研究人员解释理论的真实数据。在前期调查中尽可能收集关于"乡贤治村"的数据资料并编码（coding），包括田野调查日志、深度访谈稿、村治档案材料等。第二种，规范分析法。本书在政策分析部分将采用规范分析法，结合实证调查经验对当前"乡贤治村"模式的法律规制方案进行规范分析，从顶层设计和实际操作层面提出制度性建议，合理构建操作可行的"乡贤治村"法律规制方案。

  本书的研究资料主要来自实地调查所得第一手资料。第一，笔者所在研究团队于2013—2017年收集了关于浙江、甘肃、湖南、云南、贵州、湖北、广西、山西、北京等地共9位"乡土法杰"的人生史资料，以及"乡贤治村"模式的运行情况，已经公开出版《桂瑶头人盘振武》《浙中村夫王玉龙》《洞庭乡人何培金》《滇东好人张荣德》等"乡土法杰"系列丛书，包括"乡土法杰"访谈录音、工作日记等方面的资料。

第二，笔者自2011年3月以来一直从事乡村治理相关问题研究，已经收集四川大邑、湖南临湘、广西博白、北京房山、贵州锦屏以及甘肃皋兰等地的乡村治理情况，尤其对上述调查点的村规民约、宗族规约、基层民主、村级决策及执行、"乡贤治村"类型及特点等方面关注较多，积累了大量的案例资料及村治档案，这些研究资料将作为辅助性资料运用于本课题分析之中。

第三，2017年3月笔者前往山西清徐县调查所得资料，此次深度访谈了5个村庄治理能人，挖掘出的个案比较具有典型性，也将是本书的重要研究资料。2017—2018年笔者到贵州锦屏县文斗村、黄门村、石引村、魁胆村等地开展田野调查，收集到乡贤参与乡村治理方面的典型个案，尤其是涉及产权界定、山林管理、纠纷解决、公益事业等方面的个案材料。

第四，笔者于2019年下半年开始，参与农业农村部农村合作经济指导司乡村治理处的乡村治理体系建设试点示范工作，担任试点示范工作的评估专家，同时也是农业农村部乡村治理体系建设评估指标体系建设的验证评估专家。在对江西、河南、安徽、山东四个省份进行乡村治理评估的过程中，笔者收集到四个省份的国家乡村治理试点县的资料和个案，其中一些资料是关于"乡贤治村"方面的，而且很多资料属于官方文件。在调研的过程中，笔者还对这些试点县如何推进"乡贤治村"进行了访谈。这些资料对于我们了解乡贤生成、培育机制有极大

第一章 导 论

的帮助，可以从官方发动主体角度对此有更全面的了解，以弥补个案研究的不足。具体调研评估过程如下：

2021年3月13日—3月16日，笔者领队对江西省乡村治理体系建设试点示范工作展开中期评估，实地调研的试点县为南昌市南昌县和新余市渝水区。具体评估行程安排是，评估专家于2021年3月13日下午5时21分到达南昌，3月14日驱车前往南昌县蒋巷镇柏岗山村、柏岗山村水灌桥自然村、武阳镇前进村，下午在南昌县进行座谈。南昌县座谈会结束后，驱车前往新余市渝水区，下午5时许到达渝水区，随即调研水北商会。3月15日上午在新余市渝水区召开座谈会，随后实地考察渝水区农村产权交易中心、渝水区良山镇鹊桥村、良山镇良山一小、良山镇白沙村、良山镇下保村以及珠珊镇石山村。3月15日晚从新余市渝水区返回南昌市。3月16日上午，在江西省农业农村厅召开座谈会，对江西省乡村治理体系建设试点示范工作总体情况及未实地调研的其他试点县的情况进行了解。

2021年3月17日—3月20日，笔者领队对河南省乡村治理体系建设试点示范工作展开中期评估。3月17日上午在河南省农业农村厅举行座谈会，全面了解河南省乡村治理体系建设试点示范工作总体情况，尤其是此行因时间和行程关系未能前往实地调研的其他试点县进行情况了解，收集自评和复评材料。3月17日下午在新密市城关镇甘寨村、新密市城关镇高沟村、新密市伏羲山管委会下寺沟村实地调查。3月18日上午在新密市座谈，听取新密市负责同志汇报，并结合新密市实地调查情况提问交流。3月18日中午到孟津区，对孟津区的总体情况作基本了解，下午即到孟津区常袋镇马岭村、孟津区小浪底镇明达村、孟津区朝阳镇卫坡村进行实地调研。3月19日到济源市轵城镇良安新村、济源市承留镇花石村、济源市坡头镇栗树沟村、济源市王屋镇愚公村实地调研。本次河南省中期评估，选取了新密市、孟津区和济源市三个试点县实地调研，收集到三个试点县乡村治理试点支撑材料，并对林州市、长垣市两个试点县的试点资料进行了梳理和总结。

2021年3月20日—3月23日，笔者领队对安徽省乡村治理体系建设试点示范工作展开中期评估。3月20日下午评估专家组从安徽省合肥市赶往六安市金寨县，下午4时许到六安市金寨县进行座谈。3月21日上午到金寨县斑竹园街道实地调研，重点调查了解能人回归、后备人才培养、积分制运用等问题，下午到金寨县花石乡大湾村实地调查。3月22日上午在马鞍山市当涂县召开座谈会，再到当涂县太白镇新时代文明实践站、乌溪镇七房村（中华蟹苗第一村）、大青山管委会桃花村等地实地调查。3月22日晚赶赴宣城市宁国市。3月23日上午在宣城市宁国市召开座谈会，座谈会结束后到宁国市港口镇、港口镇山门村等地实地调查。3月23日晚离开安徽。本次选取了金寨县、当涂县和宁国市三个试点县实地调研，收集到三个试点县乡村治理试点支撑材料，并对天长市、泗县、黟县三个试点县的试点资料进行了梳理和总结。笔者研究团队全面收集安徽省六个试点县的自评和复评支撑材料，听取了安徽省农业农村厅和试点县工作人员的汇报。

2021年4月18日—4月23日，笔者随农业农村部评估专家组前往山东省临沂市费县、郯城县，以及青岛市胶州市、莱西市开展乡村治理评价指标体系验证评估工作。专家组调研了5个乡镇，分别是临沂市费县探沂镇（试点县非示范镇）、临沂市郯城县郯城街道（非示范镇）、临沂市郯城县李庄镇（非示范镇）、青岛市胶州市里岔镇（示范镇）、青岛市莱西市日庄镇（试点县非示范镇）。调研了6个行政村，分别是临沂市费县探沂镇王富村（试点县非示范镇、非示范村）、临沂市郯城县李庄镇蔡村（示范村）、临沂市郯城县郯城街道大高庄村（示范村）、青岛市胶州市三里河街道刘家村（示范村）、青岛市莱西市日庄镇沟东村（示范村）、青岛市莱西市日庄镇河头新村（试点县非示范镇、非示范村）。

第二章
乡村治理法治化的基本维度

区别于以往乡村治理思路的片面化和碎片化,健全乡村治理体系强调"自治、法治、德治相结合",这也就意味着乡村治理不再单独依靠某一方面的治理资源,而是在"三治结合"思路指导下整合优化多种治理资源。那么,如何健全自治、法治、德治相结合的乡村治理体系?笔者认为,"乡村治理"主要包括"谁来治理""依何治理"以及"如何治理"三个方面,其中"谁来治理"指向主体维度,"依何治理"指向规范维度,"如何治理"指向运行维度。因此,当前应从主体、规范及运行三个维度入手构建健全乡村治理体系的基本路径,这正是本章试图解决的核心问题。

一、主体维度:多元主体合作共治

实施乡村振兴战略的核心要素是"人、地、钱"[1]。乡村治理离不开人才的作用,主体是健全自治、法治、德治相结合乡村治理体系的根本。乡村治理主体可以分为内部型主体、外部型主体,以及内-外联合型主体三种类型。乡村治理内部型主体包括村党支部、村民委员会、村民小组、村民监督委员会、

---

[1] 参见高云才、朱隽、王浩:"乡村振兴,顺应亿万农民新期待——中农办主任韩俊解读中央农村工作会议精神",载《人民日报》2018年1月14日,第2版;叶兴庆:"新时代中国乡村振兴战略论纲",载《改革》2018年第1期。

宗族组织、乡村精英（新乡贤）以及普通村民等。内部型主体是乡村治理的直接参与者，也是乡村治理规范的制定者和实施者。乡村治理外部型主体包括基层党政机关、外来企业、公益性社会组织以及外来务工经商人员等。外部型主体虽然不是乡村治理的直接参与者，但是由于这些主体可以通过行政管理、投资、社会服务等方式作用于乡村治理，在很大程度上已经成为乡村治理中的重要力量。内-外联合型主体主要指通过资本、自然资源等媒介联结乡村内、外主体而形成的共同治理力量，其中又以"企业+农户"性质的专业合作社为典型。

乡村治理主体在我国乡村治理实践中具有内生性、多样性、地域性等特征，涉及公权主体、私权主体、自治主体等众多主体，主体来源非常广泛，涵盖多个层级，各个主体具有不同的地位和功能，治理方式的侧重点也不同。有些主体是自治型主体，强调民主基础上的村民自治，如村民委员会、乡村其他自治组织（如红白理事会、互助会等）等[1]；有些主体是德治型主体，强调治理过程中的道德威信，如传统老人（如寨老、宗族头人等）、新乡贤、乡贤理事会等；有些主体是法治型主体，强调运用法律政策手段进行治理，如基层党政机关等。[2]

---

[1] 目前关于村民自治主体主要有四种观点：一是自然村说，认为村民自治主体是自然村；二是自治组织说，认为村民自治主体是村民委员会、村民会议等；三是村民说，认为村民自治主体是个体村民或村民集体；四是混合说，认为村民自治主体包括自然村、村民委员会、乡村自治组织以及村民等。笔者认为，尽管《中华人民共和国宪法》和《中华人民共和国村民委员会组织法》没有明确界定村民自治主体，但是可以结合立法目的进行解释。我国宪法法律规定了"基层群众性自治组织"，"自治组织"产生的基础是群众，因此自治主体应包括自治组织和形成自治组织的群众。换言之，村民委员会、乡村其他服务性、公益性、互助性社会组织、村民等都应是自治主体。

[2] 这些主体之间又存在交叉与重叠，如乡贤理事会既是德治主体，又是自治主体（乡村服务型组织），因此本书对各类主体的划分依据在于其在治理过程中主要运用的治理方式。

由于自治型主体、德治型主体以及法治型主体分别按其自身固有逻辑治理，无法良性互动和有机衔接，导致一些问题出现。其一，法治型主体强制干预其他主体。法治型主体主要运用国家法律政策等正式制度进行治理，有其自身固有的组织设计和行动逻辑，具有高效、稳定、可控等特点。基层党政机关通过"运动式治理"[1]实现农民行为与国家目标之间的高度契合。然而，正式制度催生出的话语体系很难与乡村日常话语体系相衔接，后者立足于乡村非正式制度，而这些非正式制度的制定者或运用者主要是德治型主体和自治型主体。例如，笔者在黔东南地区调查发现，尽管当地政府反复强调民间调解要依据法律政策，但寨老们在调解纠纷时仍然主要依靠当地传统习惯，这种情况对正式制度带来了一定的挑战。在此情况下，基层政府不得不以行政命令方式进行干预，压缩自治和德治的空间，从而避免德治型主体和自治型主体脱离法治轨道而引发治理危机。其二，自治型主体的自治程度不高。笔者实地调查发现，实践中完全达到《中华人民共和国村民委员会组织法》（以下简称《村民委员会组织法》）所要求的"村民自治"的村庄很少，大部分农村都是由基层党政部门以行政指导或命令的方式监督村民自治，行政村合并之后村干部的"代理人"身份更是明显。后农业税时代，传统"乡政村治"结构无法解决农村公共产品供给不足、公共政策有效贯彻等问题，自治型主体的自治权难以充分发挥。其三，德治型主体因缺乏制度保障而活力不够。自2013年浙江上虞经验宣传推广以后，强调德能兼备的新乡贤逐渐成为乡村治理的新兴力量。新乡贤主要依靠道德力量进行教育感化，是典型的德治型主体。然而，笔者在山西

---

[1] 参见周雪光：《中国国家治理的制度逻辑：一个组织学研究》，生活·读书·新知三联书店2017年版，第123—152页。

清徐、浙江枫桥等地调查发现，目前因新乡贤治村缺乏制度保障、引导和规制而活力不够，在实践中存在村民认可程度不高、乡贤理事会定位不明确、返乡乡贤流失严重，以及乡贤自身能力素质难以保障等问题。例如，山西清徐平泉村陈威宁在太原、深圳等地都开有公司，资金雄厚。2009年抱着"为村里做好事"的心态主动申请回村工作，但由于早年户口迁出村里，不能参选村民委员会主任，只好以村主任助理的身份参加乡村工作，造成诸多不便。由于返乡落户制度不健全，一直到2013年经县委书记特批陈威宁的户口问题才得以解决，一直担任村民委员会主任至今。陈威宁属于典型的"回馈乡里型"返乡乡贤，但是其治村方式主要是经济支持（如村里修路、公共建设等花费均由陈威宁承担），很少涉及道德教育感化，平时也不住在村里，村里日常工作主要由村支书来主持。制度保障不健全导致新乡贤难以真正发挥道德教化的作用，村治实践中对新乡贤"能"的重视程度要远超过"德"，能否给乡村带来发展致富机会是选拔新乡贤的关键标准。

各主体在实践中尝试采取一些举措解决上述问题。首先，法治型主体日益重视自治型主体、德治型主体的作用。例如，湖南临湘发展出"县-乡-村三级联动机制"保障新乡贤，县里财政支持乡贤理事会的办公经费，乡里负责乡贤理事会的培养和引导，村里为返乡乡贤提供居住生活保障。浙江台州形成"以村两委为主导、村股份经济合作社为基础、村务监督委员会和乡贤会为两翼"的治理体系。在黔东南锦屏县彦洞乡彦洞村，县乡政府在移风易俗的过程中积极寻求当地房族寨老的支持，由村"两委"、各族族长及同步小康驻村工作组组成红白喜事理事会与村民签订"公约"。[1]为了化解乡村治理困境，法治型

---

[1] 《举行房族集会　签订治寨"公约"》（彦洞乡政府提供），资料编号：20171121011。

主体对自治型主体、德治型主体的作用日益重视，并主动寻求与其他主体之间的合作。广西博白县属客家聚居区，宗族文化比较浓厚，各大姓氏都有"族头"。亚山镇政府、派出所与当地"族头"保持密切联系，通过他们及时了解各村治安状况，化解宗族之间的群体性纠纷。〔1〕其次，自治型主体进一步发挥自治作用，尤其是注意支持培育一些服务型、公益型自治组织。以程序性规范保障村民自治民主实践成为当前自治型主体发展自治的主要方式，典型制度如"四议两公开"〔2〕。通过"四议两公开"工作方法的创新，村民自治取得了一定的成效，在一定程度上争取了自治空间。最后，采取多种方式激发德治型主体活力。德治型主体主要通过道德教化方式进行治理，其软性约束（如舆论压力、道德谴责、信用丧失等）建立在民间权威基础之上，而这种权威的产生和维护则需要官方的支持。因此，浙江台州等地通过举行乡贤公开聘任仪式、发乡贤榜、乡贤理事会与村两委联合办公、定期举办道德讲堂等方式激发乡贤活力，以获得民众更多的认可和支持。

各类主体在实践中探讨的解决方案具有一定的积极意义，但是并没有改变当前各主体分头治理的基本格局，没有根据"自治、法治、德治相结合"的思路从根本上整合协调与其他主体之间的关系。因此，当前需要根据各类主体的特点、功能及

---

〔1〕 广西博白县亚山镇派出所 PXH 访谈录，资料编号：20130728PXH002。

〔2〕 2004 年以来河南邓州村民自治过程中积极探索"四议两公开"工作法（又称"4+2"工作法），以解决村民自治过程中村庄重大事项民主决策问题，该方法经过中央有关部门认可后于 2009 年前后在全国大部分农村推广。"四议两公开"基本含义是，所有村级重大事项都必须在村党组织领导下，经过党支部会提议、村两委会商议、党员大会审议、村民代表会议或村民会议决议这"四议"程序才能决策实施，并且要做到"两公开"，即决议公开、实施结果公开。参见赵翠萍："'四议两公开'：村民自治的程序性制度创新——基于河南邓州个案"，载《湖南农业大学学报（社会科学版）》2011 年第 5 期。

第二章 乡村治理法治化的基本维度

存在的问题，明确乡村治理体系中各类主体的权责分工，协调各类主体之间的关系，构建乡村治理体系中多元主体合作共治机制，才有可能在主体层面体现"自治、法治、德治"相结合。笔者认为，"多元主体合作共治"是健全乡村治理体系的主体路径，其基本内容可以概括为"法治型主体指导，自治型主体主导，德治型主体辅导"，基本要求是"分工明确、权责分明、有机融合"。

第一，法治型主体指导。中国村治情况错综复杂，首先要明确的是，法治型主体指导是在基层党组织领导下的指导。当前基层党组织的领导应定位为整体协调功能。2017年修改的《中国共产党章程》第33条第1款规定："街道、乡、镇党的基层委员会和村、社区党组织，领导本地区的工作和基层社会治理，支持和保证行政组织、经济组织和群众自治组织充分行使职权。"1999年出台的《中国共产党农村基层组织工作条例》第2条规定，乡镇党委和村党支部是乡镇、村各种组织和各项工作的领导核心。该条例第5条、第8条规定，村党委受乡镇党委领导，乡镇党委要加强以党支部为核心的村级组织建设。[1]《村民委员会组织法》第4条规定："中国共产党在农村的基层组织，按照中国共产党章程进行工作，发挥领导核心作用，领导和支持村民委员会行使职权；依照宪法和法律，支持和保障村民开展自治活动、直接行使民主权利。"从党内法规和国家法律的相关规定我们可以看出，乡镇党委领导村党支部开展工作，村党支部要自觉接受乡镇党委的领导，两者之间是领导与被领导的关系；村党支部是乡村群众自治组织、经济组织等各类组织的领导核心，村民委员会应接受村党支部的领导。那么基层党组织如何来"领导"？笔者认为，基层党组织领导的关键在于

---

[1] 中共中央办公厅法规局编：《中央党内法规和规范性文件汇编（1949年10月—2016年12月）》（上册），法律出版社2017年版，第25—26页。

强化基层党组织整体协调功能，推进法治型主体、自治型主体和德治型主体三者之间的融合。具体而言，可通过基层党建方式加强党的领导，对乡镇政府、村民委员会、乡贤理事会等组织安排和制度安排进行优化整合，消除三类主体之间的冲突矛盾，从组织、制度和人员方面为三类主体的基层治理提供保障。健全乡村治理体系必须坚持党的领导地位，发挥基层党组织的核心作用，但是不能以领导取代指导。

基层政府机关的指导应保持必要的限度。《村民委员会组织法》第5条规定："乡、民族乡、镇的人民政府对村民委员会的工作给予指导、支持和帮助，但是不得干预依法属于村民自治范围内的事项。村民委员会协助乡、民族乡、镇的人民政府开展工作。"由此可见，乡镇政府与村民委员会之间是指导与被指导的关系，乡镇政府的指导是一种行政指导行为。但是，现有法律法规没有说明乡镇政府指导村民委员会的方式和限度，以至于在实践中可能出现"过度指导"或"置之不理"两种情形，导致村民委员会"附属行政化"和"过度自治化"，其中又以第一种情形最为普遍。当前乡镇政府对村民自治的行政指导主要集中在四个方面：一是指导村民委员会换届选举；二是指导制定并完善村民自治制度和具体工作机制（如制定村规民约范本）；三是培训村民委员会干部的能力素质；四是指导村民委员会日常工作（如扶贫、补助发放等）。这四种指导方式涉及乡村公共生活的多个方面，虽然能使村治行动与国家治理目标保持一致性，但是存在过度指导的可能。行政指导权过于强大也会压缩德治型主体的生存空间。因此，当务之急是要建立健全相关的法律法规，为行政指导行为提供可操作性依据。结合实际情况制定村民委员会组织法实施细则，明确界定乡镇政府行政指导的方式和范围，具体包括重大事务指导（如选举等）

第二章 乡村治理法治化的基本维度

和日常事务指导（如公共设施建设等），对于前者应以行政建议的方式进行，对于后者应该放开。

第二，自治型主体主导。根据前文讨论，自治型主体首先包括村民委员会。《村民委员会组织法》第2条第1款规定："村民委员会是村民自我管理、自我教育、自我服务的基层群众性自治组织，实行民主选举、民主决策、民主管理、民主监督。"该法第3条第3款规定："村民委员会可以根据村民居住状况、集体土地所有权关系等分设若干村民小组。"村民委员会是基于宪法和法律明确规定而设立的乡村自治组织，是乡村治理体系的主导性力量。除此之外，还有一些自治组织（即服务性、公益性、互助性社会组织，如互助会、红白理事会、治安联防队等）也是乡村治理中的重要主体。贵州省锦屏县茅坪镇上寨村的"长生会"就是当地村民自发形成的互助组织。"长生会"组织于1982年恢复，两年一届。"长生会"的宗旨是："一户有难全会相帮，'老有所终，安息无忧'，做到破旧立新，移风易俗，增强团结，互相帮助；协助孝家，以俭办丧事，全心全意圆满地把亡者送葬登山安息，做到阴安阳乐"。[1]当会员家中有人去世时，长生会就会组织其他会员帮助孝家办理丧事。此外，在广东云浮、河北辛集、山西阳城等地都有互助会，由公道正派、有奉献精神、热心公益、群众威信高的老党员、老干部、老教师、致富能人等组成，在乡村治理中发挥了重要的作用。此外贵州黔东南等地的房族组织也是在传统"屋山头"（侗语"房族"的意思）文化的基础上自发形成的。[2]为了推进移风

---

〔1〕《茅坪上寨长生会会章》（1991年4月21日会委修改通过，1991年5月10日执行），资料编号：20160930MP3796。

〔2〕贵州锦屏县石引村有12支房族，每支房族都有自己的房族组织，均制定有房族族规。

易俗，方便节俭办理红白喜事，清徐县村民自发组织起红白理事会。[1] 这些自治组织不同于村民委员会，均由村民根据需要自发成立，更贴近乡村治理的实际需求，比较能够得到村民的信服和认可。当前应该充分发挥乡村自治组织的主导性作用，尤其要注意激发乡村治理中其他自治组织的活力，加强乡村自治组织的规范化建设，合理确定各类自治组织的管辖范围并加强对其履职监督。需要指出的是，乡村自治组织并不能基于自治而脱离法治的规制，尤其是自治组织的章程规范等不得违法；乡镇党政机关、村民委员会应保障支持乡村自治组织的发展。

第三，德治型主体辅导。乡村治理中的德治型主体主要包括传统老人（寨老、宗族头人）、新乡贤（乡贤理事会）等。黔东南苗侗村寨寨老一般由各房族中德高望重的长者担任。宗族头人是在宗族内部具有重要影响力的个体，对于道德规范、家法族规、民间习惯等民间规范比较了解。新乡贤是指在乡村社会建设、风习教化、乡里公共事务中贡献力量的贤达人士。德治型主体在治理过程中应处于辅助性地位，其辅助支撑作用的发挥需要根据具体村情特点而定。在村庄结构相对较为稳定的地区，传统老人的治理作用比较明显；在村庄结构变化剧烈的地区，新乡贤治理相对占据优势。2013—2017年笔者所在研究团队先后前往浙江、甘肃、湖南、云南、贵州、湖北、广西、北京、山西等地进行调查，专门研究"乡土法杰"这一类乡村治理力量，共收集整理9位"乡土法杰"的人生史资料[2]。同

---

[1]《山西清徐县红白理事会章程资料汇编》，资料编号：20170321QX001。
[2] "乡土法杰"是生活在中国社会底层的在世乡土精英，他们非常熟悉乡土规范，广泛参与民间活动，热心调解社会纠纷。他们是乡村社会规范的创制者、总结者、传承者，是民众法学家。调查的9位乡土法杰主要有：广西壮族自治区金秀瑶族自治县六巷乡六巷村下古陈屯盘振武、湖南省岳阳市临湘市聂市镇国庆村易家山组何家冲何培金、浙江省东阳市魏山镇岭典村民委员会岭腰村民小组王玉龙、云

第二章 乡村治理法治化的基本维度

时也对山西清徐县近十年村党支部书记的来源进行了整体性调查，并对其职业来源进行了综合分析。"乡土法杰"中既包括传统老人，也包括新乡贤，主要依靠传统型权威进行道德教化，解决乡土纠纷，参与公共事务。如盘振武是瑶族石牌"头人"，属于典型的传统老人；何培金是退休返乡的处级干部，陈威宁是返乡支援乡村建设的致富能人，属于典型的新乡贤。当前传统老人、新乡贤等德治型主体在依靠道德进行治理的过程中，应该更多地获得法治型主体、自治型主体的支持。支持的方式包括：进一步为德治型主体提供基本保障，如明确德治型主体的法律地位、从政策上给予配套支持、提供基本的留村条件等；赋予其一定的身份，如乡镇政府以政策的形式认可、吸收进入村民委员会成员、县民政部门为乡贤理事会登记注册提供便利；等等。身份的复杂性导致了权威的混合性，从而可以灵活选择运用多种权威进行治理[1]。传统型权威、知识型权威以及法理型权威等多重混合意味着治理手段的多样化，这样可以强化德治型主体的道德权威，进一步激发德治主体的活力，提高软性治理约束力，为自治、法治提供强有力的支持。

综上所述，从主体维度健全乡村治理体系须构建多元主体合作共治机制。乡村治理的主体是多元的，而且各类主体之间分工也不一致，因此需要各类主体之间相互配合，构建出合作共治的治理格局。这也是"打造共建共治共享的社会治理格局，实现政府治理和社会调节、居民自治良性互动"在乡村治理领域

（接上页）南省马龙区月望乡深沟村民委员会火烧箐村张荣德、甘肃省临夏回族自治州东乡族自治县东塬乡东塬村马永祥、湖北省黄石市大冶市刘仁八镇刘仁八湾刘克龙、贵州省黔东南苗族侗族自治州锦屏县河口乡文斗村易遵华、山西省太原市清徐县清源镇平泉村陈威宁、北京市怀柔区渤海镇北沟村王全。

〔1〕 陈寒非："从一元到多元：乡土精英的身份变迁与习惯法的成长"，载《甘肃政法学院学报》2014年第3期。

中的具体体现。

二、规范维度：多元规范优化整合

20世纪90年代开始，法律多元逐渐进入中国法学的视野，而对于法律多元的具体所指与采用的研究进路问题，学术界并未形成共识。苏力在《法律规避和法律多元》一文中指出，法律多元研究的对象是"国家制定法与社会的其他规范性秩序的互动关系"[1]。梁治平则从法律文化角度探讨古代中国法律的多元格局，讨论清代习惯法与国家法之间的互动关系。[2]大约在2000年以后，中国法学界出现"法律与社会科学"交叉研究的热潮，法律多元理论成为法律和社会科学研究的重要主题。在法律人类学领域，高丙中、章邵增主张以法律多元为主题的法律民族志研究[3]；赵旭东主张从族群互动中考察法律多元对于纠纷解决的影响[4]；朱晓阳考察法律多元引发的"语言混乱"问题[5]；王启梁考察了法律移植与法律多元背景下国家法律无法回应社会需求而引发的"外来法"危机问题[6]；高其才致力于法律多元视角下少数民族习惯法的研究[7]；等等。无论学者们对法律多元的认识如何，不可否认的一点是，法律多元理

---

[1] 苏力："法律规避和法律多元"，载《中外法学》1993年第6期。

[2] 参见梁治平：《清代习惯法：社会与国家》，中国政法大学出版社1996年版。

[3] 高丙中、章邵增："以法律多元为基础的民族志研究"，载《中国社会科学》2005年第5期。

[4] 赵旭东："族群互动中的法律多元与纠纷解决"，载《社会科学》2011年第4期。

[5] 朱晓阳："'语言混乱'与法律人类学的整体论进路"，载《中国社会科学》2007年第2期。

[6] 王启梁："法律移植与法律多元背景下的法制危机——当国家法成为'外来法'"，载《云南大学学报（法学版）》2010年3期。

[7] 高其才主编：《当代中国少数民族习惯法》，法律出版社2011年版。

第二章　乡村治理法治化的基本维度

论中的"法律"不仅包括国家法，同时还包括现实生活中具有一定规范作用的非正式规范，法律多元是后现代法律理论对一元化国家中心主义法律观的挑战[1]。

在法律多元视域下乡村治理依据的规范也是多元的。根据笔者调查，当前乡村治理规范主要包含八大类：一是国家法律法规；二是村规民约、道德礼仪、文明公约或由此延伸的杂合性规范；三是乡村其他自治组织自发制定的自治性规范；四是村庄共同体成员普遍接受的习惯或习惯法；五是要求村民共同遵守的相关管理规定；六是针对特定事项的决议；七是上级党政机关红头文件；八是乡村管理机构的工作制度、工作纪律、行为准则、服务承诺等。根据规范的产生及其与国家的关系大致可以把规范分为三类：非正式规范、准正式规范、正式规范。非正式规范的主要特点是基于其经由社会互动和实践演化而来所具有的自生自发性与内在性，正式规范的主要特点则是经由一定的程序、人为制定而具有的计划性和外在性，准正式规范则是内外相互作用的结果，在村庄生活长期实践、演化的基础上由国家法律授权而产生或被承认。[2]在上述八类规范资源中，较为常见且运用较为广泛的是作为正式规范的国家法律法规、作为准正式规范的村规民约，以及作为非正式规范的习惯法及其他自治性规范。至于上级党政红头文件、乡村管理性规定、特定事项的决议、乡村管理机构的规章制度等，由于大多属于管理性规定，适用范围较小，不作过多讨论。这些规范资源各有侧重地承载乡村自治、法治与德治的基本要素，其在乡村治

---

[1]　[英]罗杰·科特威尔：《法律社会学导论》（第2版），彭小龙译，中国政法大学出版社2015年版，第16—43页。

[2]　王启梁："国家治理中的多元规范：资源与挑战"，载《环球法律评论》2016年第2期。

理中的功能及效力呈现出一定的差异，因此需要将各类规范资源视为相互配合的有机整体，优化整合多元规范治理结构，构建以国家法律法规为基础、以村规民约为核心、以习惯法及其他自治性规范为支撑的多元规范协同治理格局。

第一，国家法律法规是多元规范结构的基础。国家法律法规根据一定的程序制定，由国家强制力作为后盾保证实施，本身即具有超越时空性以及秩序建构性。近代民族国家兴起后，主权概念构成民族国家的核心内容，主权的构造、划分及组织形态均需要通过法律形式进行法权式安排，故"现代民族国家是一个法律共同体"[1]。正因为如此，法律治理是现代民族国家治理的主要形式，治理主体基于国家法授权进行治理，具有较强的治理权威和动员能力。与此同时，与国家法相近的其他规范性文件（如党内法规、政策、各级党政机关涉农的规范性文件等）也具有较高的权威性，也是乡村治理中的重要规范。姜明安教授认为，"'党内法规'的基本性质属于社会法和软法。但是由于我国宪法确立的中国共产党的特殊领导地位，中国共产党党内法规对党务的调整必然影响和涉及国务。从而，中国共产党的党内法规又同时具有一定的国家法和硬法的因素。"[2]因此，在乡村治理国家法规范层面，需要综合考察国家法律法规以及党内法规政策等。国家法律法规在乡村治理规范系统中具有基础性地位，其他规范均应以国家法规范为基础展开，不得与国家法律法规相冲突。但是，国家法的基础性地位并不意味着国家法在乡村治理中面面俱到，其主要从宏观层面为乡村

---

[1] 许章润："论现代民族国家是一个法律共同体"，载《政法论坛》2008年第3期。

[2] 姜明安："论中国共产党党内法规的性质与作用"，载《北京大学学报（哲学社会科学版）》2012年第3期。

治理设定权限范围，在一定程度上给其他规范留出合理空间。作为其他规范的基础，国家法律法规、党内法规之间的关系需要进行衔接，整理其中涉及乡村治理的规范性文件，如国家立法中关于乡村治理的指导性、号召性、激励性、宣示性等规范性文件以及国家机关制定的涉及乡村治理的规范性文件（如民政部的通知等），对这些规范性文件进行整理，处理其中相互冲突的内容，为乡村治理其他规范的制定及运行提供良好的制度基础。

第二，村规民约是多元规范结构的核心。村规民约是村民依据党的方针政策和国家法律法规，结合本村实际，为维护本村的社会秩序、社会公共道德、村风民俗、精神文明建设等方面制定的约束规范村民行为的一种规章制度。一直以来，村规民约都被视为农村自治的重要表现形式，也是基层民主政治发展的重要成果。根据《村民委员会组织法》的相关规定，村规民约不得违反国家法律，同时也应尊重当地的村风民俗，不能完全脱离既有的习惯。村民通过协商并根据治村实际需要拟订村规民约，基层政府则通过指导、审查、备案等方式介入村规民约的拟订过程，最终形成介于法治与自治之间的村规民约准正式规范系统。因此，通过村规民约整合国家法律与民间规约进行综合治理，不仅符合当前乡村法治建设的基本规律，而且也是推进村级治理法治化的重要路径。文斗村自1998年以来形成的四份村规民约及其治理实践表明，通过村规民约的村级治理大体经历了从"弱法治"到"强法治"的过程，村规民约也呈现出明显的"法治化"取向。这种"法治化"取向不仅是改革开放四十余年以来法治在乡村输入的结果，而且也是城乡之间法治建设鸿沟逐渐缩小的客观反映。村规民约的制定一般都以国家法律为指导，同时最大程度吸纳传统习惯法内容，也会制定一些新的规约改变传统习惯，从而形成新的习惯。村规民约对国家法的实施具有极其重要的意义，通过村规民约"改造"之后的国家法在乡村能够得到很好的实施；传统习惯法通过村规民约的甄别传承之后以新的形态再次呈现，固有习惯中不合时宜的内容会被摒弃，新的符合乡村发展需要的习惯会重新议订，村规民约能够推进习惯法成长。[1]正因为村规民约具有准正式规范特性，国家对乡村的治理主要是通过以村规民约为主要形式的村民自治制度实现，村党支部、村民委员会以及村民均依据村规民约进行"自我管理、自我教育、自我服务"，乡村日常生活秩序之维护主要由村民依照村规民约进行。因此，村规民约是乡村治理多元规范结构的核心，通过村规民约可以有效整合乡村治理中自治、法治及德治三种治理方式。笔者调查发现，村规民约在乡村治理中的积极作用集中表现在发扬基层民主、管理公共事务、分配保护资产、保护利用资源、保护环境卫生、促进团结互助、推进移风易俗、传承良善文化、维护乡村治安、解决民间纠纷等方面。[2]当前村规民约积极作用发挥受到多方面因素影响，如结构性因素、国家权力的过度干预、村规民约自身的阻碍因素等。因此需要从主客观两个层面构建村规民约作用发挥机制。主观层面应该统一思想、提高认识，各级党委政府和村级组织应该充分认识到村规民约在乡村治理中的积极作用。客观层面应该提供制度保障，合理构建村规民约作用发挥机制。

---

〔1〕 笔者在黔东南地区瑶白、华寨及黄门三村的田野考察证明，当前通过村规民约促进移风易俗是较为有效的做法，在村规民约的强制推动下新的风俗习惯不断形成，村规民约对于促进习惯法的赓续生长具有较大的作用。参见陈寒非："风俗与法律：村规民约促进移风易俗的方式与逻辑"，载《学术交流》2017年第5期。

〔2〕 陈寒非、高其才："乡规民约在乡村治理中的积极作用实证研究"，载《清华法学》2018年第1期。

第三，习惯法及其他自治性规范是多元规范结构的支撑。"习惯法是独立于国家制定法之外，依据某种社会权威和社会组织，具有一定的强制性的行为规范的总和"。[1]习惯法的存在是一种客观事实，经过了长期的历史积淀而逐步形成，具有普遍性、民族性、典型性以及客观性等特质。习惯法是民族生活的真实写照，详细记录着一个民族长期以来所形成的行为规范，普遍涉及物权、土地、交易、婚姻、继承、收养等民事生活方方面面，时刻调整着人们的民事权利义务关系；习惯法是民族精神与民族文化的客观体现，一个民族有着自己固有的历史文化传统，习惯法就是这种历史文化传统的载体，充分体现出民族特性；习惯法是民众生活实践的总结，规范化的习惯法调整社会关系，在社会规范体系中具有典型性，对于共同体而言是典型的行为规范；习惯法是各个区域自身经验的总结，更是不同区域群体的智慧结晶，与当地的地理环境、气候条件与社会经济状况相适应，是一种客观存在且无法人为消除的规范体系。与习惯法特征相近的还有共同体成员自发形成的自治性规范，如宗族规约[2]、红白理事会、乡贤理事会、寨老会、长生会等民间组织的自治规范[3]、乡村道德规范等。习惯法及其他自治

---

[1] 高其才：《中国习惯法论》（修订版），中国法制出版社2008年版，第3页。

[2] 贵州锦屏魁胆、石引等村寨有历史悠久的"屋山头"文化，侗语"屋山头"即房族、宗族的意思，基本上每个房族都制定有房族族规。笔者在调查中曾收集到石引村《高步房族族规》《哦先恩房族族规》等房族规约。这些规约都是房族成员自发制定的，完全没有国家权力的介入。

[3] 笔者调查收集的《茅坪上寨长生会会章》（资料编号：20160930MP3796）、《贵州锦屏黄门村风俗习俗礼节礼尚往来处置制度》（资料编号：010122）、《贵州锦屏黄门村移风易俗关于红白喜事禁止大量燃放烟花爆竹规定》（资料编号：010123）、《山西清徐县东南坊村红白理事会章程》（资料编号：20170321QX001），以及《广东云浮市云城区下白村乡贤理事会章程》（资料编号：010122）等均属此类。

性规范在乡村治理规范系统中数量庞大，而且运行效果较好，执行方式也比较灵活，比较贴近村民生活实际，在乡村治理多元规范结构中具有支撑性地位，国家法律法规、村规民约等规范需要尊重吸纳习惯法及其他自治性规范。

三、运行维度：多个环节系统推进

如果说主体维度是健全乡村治理体系的根本，规范维度是健全乡村治理体系的基础，那么运行维度则是健全乡村治理体系的关键。前两个维度是静态的，运行维度则是动态的，解决的是如何治理的问题。从运行维度健全乡村治理体系意味着在动态实践中连接主体维度和规范维度，制定主体、实施乡村治理规范，监督乡村权力运作。如果没有运行维度作为保障，健全乡村治理体系缺乏实践基础，乡村治理体系则无法真正付诸实践，主体和规范两条路径无法发挥效果，因此从运行维度健全"三治结合"乡村治理体系至关重要。运行维度主要包括制定、实施及监督三个环节，其中，制定环节涉及制定主体、制定程序等方面，实施环节涉及执行、适用、遵守等方面，监督环节涉及国家机关监督、村组监督、村民监督、社会监督等多层级的监督。因此，从运行维度健全乡村治理体系需要从制定、实施和监督三个环节入手系统推进。

通过实地调查发现，当前乡村治理运行维度问题较多，这些问题都不利于健全乡村治理体系。第一，制定过程中各主体之间互动沟通渠道不畅。由于法治型主体、自治型主体以及德治型主体在制定相关规范时互动沟通机制不健全，所制定规范内容容易出现偏差。自治型主体制定的自治性规范或是国家法的重述，或是地方习惯法的整理汇编，这可能会导致：一是自治性规范的形式化和表面化；二是村民自行制定的自治性规范内容违法,尤其是基于传统习惯法制定的村规民约容易出现这种情况[1]。德治型主体制定的道德规范在内容上同样存在诸多问题,如多为倡导性规范,缺乏软约束力;对于道德的认定标准存在偏差,有些道德规范并不一定符合现代伦理价值;等等。

第二,乡村治理多元规范面临执行困境。首先,乡村治理中正式规范的执行主体应为法治型主体,而当前乡镇政府基本上没有行政执法权,这也就导致乡镇政府在治理过程中发现违法行为时只能劝阻,不听劝阻时才能联系具有执法权的部门处理。2017年5月,黔东南苗族侗族自治州开展"清洁风暴"行动,锦屏县启蒙镇政府根据上级党政文件出台了《启蒙镇改善农村人居环境暨农村"清洁风暴"行动工作方案》,该方案第四部分"工作措施"包括"建立领导责任机制、建立资金保障机制、建立督查考核机制、加强宣传发动"四个方面。其中,"督查考核机制"主要包括两点:一是实行"农户日自查,户长周自查、村干月监督,镇举办季度评比观摩"的环境卫生督查机制;二是实行"问责制"和"责任追究制",村党支部书记是本村环境卫生管理第一责任人、村委会主任是直接责任人,对卫生治理不力的村采取通报批评、主要责任人到镇政府说明整改办法和措施、诫勉谈话、停职处理等处罚措施。[2]从启蒙镇政府采取的措施可以看出,镇政府主要靠"锦标赛"方式对各村环境卫生治理情况进行考核,缺乏有效的行政治理手段,对

---

[1] 笔者在东中西部地区一些农村进行田野调查时发现,当前各地村规民约的内容违法现象较为普遍,最为突出的就是村规民约对外嫁女土地权益的剥夺或者罚款、限制村民合法权益等处罚措施。

[2] 《中共启蒙镇委员会 启蒙镇人民政府关于印发〈启蒙镇改善农村人居环境暨农村"清洁风暴"行动工作方案〉的通知》(启党发〔2017〕30号),资料编号:2017061201。

村两委负责人"停职处理"显然没有法律依据。其次，乡村治理中准正式规范的执行主体为自治型主体，自治型主体在执行村规民约等自治规范时也存在一些问题，如执行方式违法（收取罚款、高额违约金或限制合法权益）、执行过程缺乏监督、执行结果的救济渠道不畅等。再其次，当执行方式和结果违法时，当前的救济渠道也是一个大问题。[1]最后，乡村治理中非正式规范的执行主体多为德治型主体，如道德规范、习惯规约等多由德治型主体执行。对于违反非正式规范的行为，德治型主体一般以劝导、教育等软治理手段为主，不像自治型主体一样采取罚款、限制合法权益等方式，因此德治规范在现实中如何得以实施遵守就是一个很重要的问题。笔者在调查中发现，由于没有明确的执行主体和可行的执行方式，很多农村的道德规范基本形同虚设，德治基本缺位。

第三，乡村治理过程中监督机制不健全。当前乡村治理中各类监督主体之间缺乏协作，乡村权力结构中监督权严重缺失，这也是乡村治理出现一系列问题的症结所在。根据现有制度安排，监督主体可分为外部监督主体和内部监督主体，其中外部监督主体主要指国家机关（乡镇政府），内部监督主体包括村民委员会、乡村其他自治组织（如宗族组织、乡贤理事会等）、村民监督委员会、村民等。国家机关的监督主要指基层政府的行政监督，按照《村民委员会组织法》的规定，乡镇政府有责令改正权，但是这项权力的行使方式并没有明确说明，导致实践中责令改正流于形式。村民委员会本身是"议行合一"的主体，由村民委员会监督村务并不现实。乡村其他自治组织监督属于

---

[1] 参见陈寒非："乡村治理法治化的村规民约之路——基于黔东南地区文斗村四份村规民约的比较考察"，载王宗勋主编：《文书·生态·文化：第四届锦屏文书学术研讨会论文集》，民族出版社2002年版，第417—418页。

社会监督，监督权的行使并没有明确的法定依据。村民监督的方式极为有限，因而在实践中收效甚微。村民监督委员会属于法定监督机构，但其运行存在诸多困境。例如，村民监督委员会的运行受制于村庄客观条件，如果村集体有一定的集体收益，而且属于资源流入村，那么村民便有了参与村务、监督村务的动力[1]。在乡村"熟人社会"环境中，村民监督委员会成员大多处于宗族、邻里等诸多关系网之中，行使监督权存在"抹不开面子"的问题。村两委与村民监督委员会之间的关系也比较复杂，一般而言，村两委作为村务执行（实际上也会决策）机构，其权力比村民监督委员会的权力要大，村民监督委员会无法对其进行制约，反而会加剧两委之间的矛盾。村民监督委员会与乡镇党政机关的对接也存在问题，乡镇党委、纪委、政府、人大都可对村民监督委员会指导，这样也就导致村民监督委员会运行困难。

上述讨论表明，乡村治理运行环节中的问题比较多，而造成这些问题的根本原因在于实践运行过程中没有按照"自治、法治、德治相结合"的思路整合治理力量、调整运行方式、完善运行机制。笔者认为，从运行维度健全乡村治理体系应从制定、执行以及监督三个方面系统推进，明确其中的权责分配，构建多方协作路径，实现乡村治理规范的良性运行。

第一，畅通乡村治理规范制定主体的互动沟通渠道。法治型主体在制定涉农法律法规及政策时应与自治型主体、德治型主体沟通，最大程度上扩大多类主体参与。地方性法规、规章及规范性文件的制定应结合地方实际，征询辖区内自治型主体、德治型主体的意见，将一些地方传统优秀规范资源（如能充分

---

[1] 贺雪峰："解读'后陈'经验"，载《调研世界》2007年第2期。

发挥道德教化作用且不违反公序良俗的乡村传统习惯、少数民族群众普遍认可的良好民族传统习惯法）吸收到具体的规范当中。自治型主体在制定村规民约等自治性规范时应扩大村民参与、制定程序公开透明化，充分体现基层民主和基层自治；提高村规民约的议制水平，衔接国家法律与地方习惯法，既要确保自治规范符合国家法律法规要求，同时又立足于风俗习惯及村情实际。村规民约在制定过程中若想避免违反国家法，当务之急是进一步完善村规民约备案审查机制。《村民委员会组织法》第 27 条第 1 款仅规定村规民约应报乡镇人民政府备案，而未规定审查权限，这也就导致乡镇政府在实践中大多只是在"事后"（村规民约制定后）消极地备案存档，而不进行"事前"（村规民约制定前）积极地审查。正因为如此，进一步完善备案审查机制首先应该通过法律法规明确乡镇政府的备案审查权限及程序。乡镇政府不应该只是事后备案，更重要的是事前审查，因此需要在《村民委员会组织法》中明确事前审查权限，防止"只备案不审查"的现象出现。虽然德治型主体议定道德规范、重述习惯法基本上立足于传统与民意，但是会造成道德规范与主流价值不契合、道德规范违反国家法律、村规民约等情况。因此，德治型主体在议定德治规范时，应与法治型主体、自治型主体沟通，议定的规范文本应提交村民会议或村民代表会议讨论，接受基层政府的审查，基层政府发现违法可以建议纠正。

第二，健全乡村治理规范的执行机制。乡村治理规范的实施应该有明确的执行主体，执行应该在法律框架内进行，同时也要综合运用多种力量系统推进。其一，乡镇政府位于乡村治理第一线，是乡村事务的直接管理者，也是正式规范的实施者。当前应赋予乡镇政府明确的行政执法权，以法治方式统筹力量、平衡利益、调节关系、规范行为，防止乡镇政府在治理过程中滥用行政权的违法行为（如上述启蒙镇政府对环境卫生治理落后村的村两委负责人作出撤职、停职处理）。其二，村规民约的执行应注意发挥执约小组的作用。笔者在贵州锦屏文斗村调查中发现，执约小组是村规民约有效实施的关键。[1]执约小组组成人员主要包括村民委员会成员、村民代表及寨老，其中村民委员会成员经过民主选举产生，村民代表以户为单位挑选公道正派的"户主"担任，寨老则是村寨每个房族中德高望重的男性。执约小组综合了法理型权威、传统型权威等多种权威类型，调动了村寨中一切治理力量，各种主体之间能够相互监督，可以取得较好的执约效果。如果只由村民委员会执约，则容易造成个别村委干部的意见独断，执约效果也可能会不太理想。因此，在村规民约执行过程中应充分发挥执约小组的主导性作用，以执约小组为执约主体。与此同时，村民委员会与执约小组之间的关系应界定为监督与被监督关系，即村民委员会如果发现错误执行决定或者执约行为可以责令执约小组及时改正，如果发现执约小组成员有违法行为可以提起相关程序请求更换执约小组成员。村民委员会应该充分尊重执约小组的执约决定和执约行为，不得强行干预或恣意违反。村民是乡村治理的主体，村规民约的执行需要健全村民参与机制，在村民自治平台建设中增强村民参与自治的能动性。培育村民法治意识、法治理念、法治精神，通过法治宣传教育，增强人们尊法、学法、守法、用法的思想意识和行为自觉，养成运用法治思维和法治方式解决问题、化解矛盾的行为习惯。发展村民自发组成的乡村自治组织，激发乡村自治组织的活力，鼓励、引导和支持乡村自治

---

[1] 陈寒非："乡村治理法治化的村规民约之路：历史、问题与方案"，载《原生态民族文化学刊》2018年第1期。

组织在规范执行中的积极作用。其三，德治规范一般属于内生性规范，比较贴近村民实际，认可程度相对较高，但是要重点解决德治规范执行主体缺失和执行方式"软化"的问题。乡村可以成立专门的德治规范劝导小组，小组成员可由村两委、传统老人及普通村民组成，而执行方式需要因地制宜。黔东南地区华寨村的"以歌劝和"是执行道德规范的有效方式。华寨村成立了道德劝导小组，当某村民家庭不和睦时，道德劝导小组会组织村民到该村民家，通过送"劝和匾"、吃"劝和饭"、喝"劝和酒"、唱"劝和歌"等形式进行劝导，充分利用当地风俗劝人向善，该方法促进了乡风文明建设。[1]与此同时，德治规范执行过程中也应坚守法律底线，执行方式不得违反法律规定。

第三，完善乡村治理的监督机制。当前的首要任务是按照"三治结合"思路统合包括国家机关（乡镇政府）在内的外部监督主体以及以村民委员会、乡村其他自治组织（如宗族组织、乡贤理事会等）、村民监督委员会、村民等为主体的内部监督主体，内外合力推进乡村治理监督。首先，国家机关监督可分为国家专门监察机关的监督和国家行政机关的监督。2017年11月4日，第十二届全国人民代表大会常务委员会第三十次会议通过《关于在全国各地推开国家监察体制改革试点工作的决定》，要求在各省、自治区、直辖市、自治州、县、自治县、市、市辖区设立监察委员会，行使监察职权。目前国家、省、市、县监察委员会基本上已经组建完毕。2018年3月20日，第十三届全国人民代表大会第一次会议表决通过的《中华人民共和国监察法》第15条规定，基层群众性自治组织中从事集体事务管理的

---

〔1〕《"以歌劝和"开启文明建设新风》（华寨村村民委员会提供），资料编号：20160221005。

人员也属于监察范围,这实际上是将村民委员会成员纳入监察之中,县级监察委将是村级监督的重要主体。国家行政机关的监督主要体现为乡镇政府对村务工作的责令改正权,可以通过地方立法的方式进一步明确责令改正权的行使范围、行使条件及行使方式,避免出现以行政命令干预村民自治的情形。其次,加强村民委员会、乡村其他自治组织和村民的监督。村民委员会可以监督德治型主体,如果发现德治型主体治理行为违反相关规定可以予以纠正。乡村自治组织具有较强的凝聚力和执行力,是乡村治理中极为重要的主体,因此可以通过乡村自治组织进行监督,与村民委员会等乡村事务管理主体相制衡,并且在法律法规或政策中明确其监督地位。村民作为乡村事务的直接参与者,依法享有当然的监督权。但由于村民与村两委之间信息不对称,村民往往无法及时知晓相关信息,这可能会影响监督权的行使。因此,需要切实保障村民民主监督权利的行使,畅通村民表达利益诉求的渠道。最后,完善村民监督委员会运行机制。2017年12月4日,中共中央办公厅、国务院办公厅印发《关于建立健全村务监督委员会的指导意见》。该意见从村务监督委员会的总体要求、人员组成、职权权限、监督内容、工作方式、管理考核、组织领导等7个方面对《村民委员会组织法》第32条进行了细化,为村务监督委员会的运行提供了明确指导。当前应该依据该指导意见进一步完善村民监督委员会运行机制,加强村民监督委员会的监督力度。

四、本章小结

中国最广大的人口仍然在农村,中国社会现代化最重要的任务之一就是农村社会的现代化。自2004年以来中央一号文件连续17次聚焦"三农"问题,基本构建起强农惠农富农政策体系，对"三农"发展产生了长远而深刻的影响。[1]2018年中央一号文件《中共中央、国务院关于实施乡村振兴战略的意见》明确指出走中国特色社会主义乡村振兴道路必须创新乡村治理体系，走乡村善治之路。"治理有效"是乡村振兴战略的基本要求之一，乡村振兴既有经济振兴，也有治理振兴，后者是乡村振兴战略实施的基本保障。那么如何实现治理振兴？当前需要创新乡村治理思路，健全自治、法治、德治相结合的乡村治理体系。笔者认为，应从主体、规范、运行三个维度入手构建健全乡村治理体系的路径，以"自治、法治、德治相结合"为指导思想整合三个维度的治理资源。

第一，主体是健全自治、法治、德治相结合乡村治理体系的根本。当前乡村治理主体可以分为内部型主体、外部型主体以及内-外联合型主体三种类型。其中，内部型主体包括村党支部、村民委员会、村民小组、村民监督委员会、宗族组织、乡村精英以及普通村民等。外部型主体包括基层党政机关、外来企业、公益性社会组织以及外来务工经商人员等。内-外联合型主体则以"企业+农户"性质的专业合作社为典型。乡村治理主体众多，来源广泛，特点迥异。根据其治理方式侧重点可分为法治型主体、自治型主体和德治型主体三类。法治型主体强调运用法律政策进行治理，自治型主体依赖自治性规范进行治理，德治型主体依据道德威信进行治理。各类主体治理逻辑不同，在治理中存在诸多问题，最大的问题就是在治理过程中无法互动和衔接。这主要表现在法治型主体强制干预其他主体、自治型主体自治程度不高以及德治型主体活力不够三个方面。为了解决这个问题，各类主体采取了多种措施进行防范，但由于没

---

[1] 王文强："21世纪以来中国三农政策走向研究——对14个'中央一号文件'的回顾与展望"，载《江西社会科学》2017年第7期。

有按照"三治结合"思路进行整合，效果并不显著。多元主体合作共治是解决当前乡村治理体系中各主体分头治理问题的方案，也是健全乡村治理体系的首要路径，其基本内容可以概括为法治型主体指导，自治型主体主导，德治型主体辅导。

第二，规范是健全自治、法治、德治相结合乡村治理体系的基础。在法律多元视域下，乡村治理中规范资源比较庞杂，涉及国家法律、地方性法规、党内法规、政策、村规民约、民间习惯、乡村管理性规范等多类规范。根据规范生成与国家权力之间的关系，可将乡村治理中规范类型分为正式规范、准正式规范以及非正式规范。各类规范本身的性质和特点也不同，对自治、法治、德治方式的侧重点也不同，在乡村治理互动中可能会产生冲突，冲突主要表现为内部和外部两个方面。内部冲突主要是各类规范体系内部的冲突，外部冲突主要是各类规范体系之间的冲突，冲突发生的根本原因就在于治理逻辑的差异。乡村治理多元规范的整合包括内部清理整合和外部结构优化两种方式。内部清理整合主要包括正式规范内部整合、准正式规范内部整合以及非正式规范内部整合三个方面。外部结构优化须构建以正式规范为基础、准正式规范为核心、非正式规范为支撑的多元规范结构。乡村治理多元规范的优化整合是健全乡村治理体系的第二条路径，能够解决乡村治理规范依据的问题。

第三，运行是健全自治、法治、德治相结合乡村治理体系的关键。乡村治理体系的运行维度连接主体维度和规范维度，从动态角度解决如何治理的问题，具体包括规范制定、执行以及监督三个环节。通过实地调查发现，当前乡村治理体系的运行存在诸多问题，主要表现在制定过程中各主体之间互动沟通渠道不畅、乡村治理多元规范面临执行困境、乡村治理过程中监督机制不健全等方面。这些问题制约了乡村治理体系的良性运行。解决这些问题的有效方式是按照"自治、法治、德治相结合"的思路整合治理力量、调整运行方式、完善运行机制。具体而言，首先，畅通乡村治理规范制定主体的互动沟通渠道。法治型主体在制定涉农法律法规及政策时应与自治型主体、德治型主体沟通，最大程度上扩大多类主体参与。自治型主体在制定村规民约等自治性规范时应扩大村民参与，制定程序公开透明化，提高议定水平，尤其是要进一步完善村规民约备案审查机制。德治型主体在议定德治规范时应与法治型主体、自治型主体沟通，议定的规范文本应提交村民会议或村民代表会议讨论，接受基层政府的审查，基层政府发现违法可以建议纠正。其次，健全乡村治理规范的执行机制。这主要包括赋予乡镇政府明确的行政执法权、发挥执约小组的作用、明确德治规范执行主体缺失和强化执行方式。最后，完善乡村治理的监督机制。按照"三治合一"思路统合内外监督主体，尤其是要依托国家监察体制改革完善村级监督体系。加强村民委员会、乡村其他自治组织和村民的监督，在法律法规或政策中明确乡村自治组织的监督地位。更为重要的是，从总体要求、人员组成、职权权限、监督内容、工作方式、管理考核、组织领导等七个方面完善村民监督委员会运行机制。从运行维度的制定、执行及监督三个环节系统推进是健全乡村治理体系的第三条路径。

不同于过往片面、单一、线性的治理思维，健全自治、法治、德治相结合乡村治理体系是一项系统性工程，要求全面系统整合乡村治理中诸要素，构建涵括党委领导、政府负责、社会协同、公众参与、法治保障在内的现代乡村社会治理体制，为实施乡村振兴战略提供强有力的主体、规范及运行保障。这也是当前健全乡村治理体系的基本路径选择（见图2-1）。

第二章 乡村治理法治化的基本维度

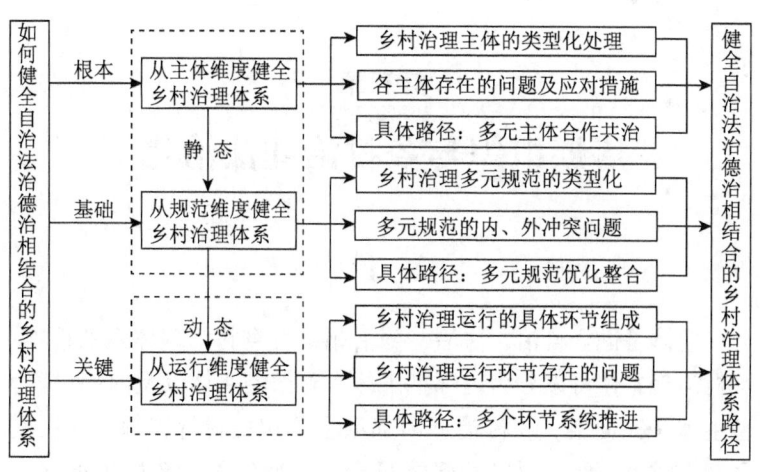

```
                    ┌──────────────────┐    ┌─ 乡村治理主体的类型化处理 ─┐
              根本  │ 从主体维度健全     │───┤  各主体存在的问题及应对措施 ├──┐
           ┌──────→│ 乡村治理体系       │   └─ 具体路径：多元主体合作共治 ─┘
           │        └────────┬─────────┘
如          │              静 态
何          │        ┌──────▼───────────┐    ┌─ 乡村治理多元规范的类型化 ──┐      健
健          │        │ 从规范维度健全     │    │  多元规范的内、外冲突问题   │      全
全          │  基础  │                  │────┤                            ├──  自  乡
自         │───────→│ 乡村治理体系       │    │  具体路径：多元规范优化整合 │      治  村
治          │        └────────┬─────────┘    └────────────────────────────┘      法  治
法          │              动 态                                                  治  理
治          │        ┌──────▼───────────┐    ┌─ 乡村治理运行的具体环节组成 ─┐     德  体
德         │  关键  │ 从运行维度健全     │    │  乡村治理运行环节存在的问题  │     治  系
治         │───────→│ 乡村治理体系       │────┤                             ├──  相  路
相         │        └──────────────────┘    │  具体路径：多个环节系统推进   │     结  径
结                                          └─────────────────────────────┘     合
合
的
乡
村
治
理
体
系
```

图 2-1　健全自治、法治、德治相结合的乡村治理体系的基本路径

第三章
房族组织与乡村治理法治化

主体是健全自治、法治、德治相结合乡村治理体系的根本。乡村治理主体可以分为内部型主体、外部型主体以及内-外联合型主体三种类型。乡村治理内部型主体包括村党支部、村民委员会、村民小组、村民监督委员会、宗族组织、乡村精英（新乡贤）以及普通村民等。乡村治理外部型主体包括基层党政机关、外来企业、公益性社会组织以及外来务工经商人员等。外部型主体可以通过行政管理、投资、社会服务等方式作用于乡村治理。内-外联合型主体主要指通过资本、自然资源等媒介联结乡村内、外主体而形成的共同治理力量，其中又以"企业+农户"性质的专业合作社为典型。随着公共治理理论的兴起，传统国家一元主导的乡村治理模式逐渐转向"国家-社会"多元主体合作共治模式，乡村治理主体系统化已成为学术界主流观点。[1] 上述主体类型中，乡村治理内部型主体是乡村治理的直接参与者，是乡村治理规范的制定者和实施者，是乡村治理的主导性力量。内部型主体的分化较为明显，大体又可分为两类：一是官督民治系统下的"半行政化"主体[2]；二是民治系统下的

---

[1] 徐勇、朱国云：“农村社区治理主体及其权力关系分析”，载《理论月刊》2013 年第 1 期。

[2] 农村治理半行政化主要是指通过"议行分离"的分权改革，将村民委员会原有的自治权转移至镇聘执行单位，村民委员会变为基层政府的科层化延伸。同时，项目制作为村级治理半行政化的促成机制，强化了村民委员会作为乡镇政府行政工具的性质。

自治主体。前者以村民委员会、村民监督委员会等为代表，后者则以宗族组织、乡村精英等为代表，村民被复杂、重叠地组织于各类主体之中。

区别于其他主体，宗族是乡土社会传统组织。在"家国同构"的古代中国，"皇权国家-宗法社会"二元结构将个人、家庭、宗族以及国家有序组织起来，基于血缘关系的宗法社会的特质是"伦理本位"[1]。自改革开放，尤其是2003年农村税费改革以后，为了应对纷繁复杂的农村治理问题，宗族开始复兴。国家往往需要依靠多类主体共同治理乡村，以弥补乡村公共产品供给上的不足，缓解乡村治理危机，而房族（宗族）正是乡村治理中不容忽视的力量。

国内学术界关于农村宗族问题的研究成果较为丰富，主要围绕三个议题展开。其一，农村宗族复兴及其原因研究。随着改革开放以后农村宗族的复兴，一些学者试图探讨并剖析复兴的原因，大体形成"功能需求论"与"深层结构论"两种解释模式。唐军从经济、政治和文化三个层面上透视家族复兴的社会背景条件，认为"家庭联产承包责任制的推行、村民委员会的设立及儒家思想的回潮为家族复兴提供了需求、空间、机遇和资源"[2]。王铭铭认为乡村宗族复兴与民间仪式复兴的原因一致，都是"传统的再造"，即"民间再创造社区认同和区域联系的行为"[3]。郭于华认为宗族复兴是因为具有生物及社会双重属性的"亲缘关系"的内在驱动，构成乡土社会"人情关系网的基础和模本"[4]。张

---

[1] 梁漱溟：《中国文化要义》，上海人民出版社2011年版，第79页。
[2] 唐军："当代中国农村家族复兴的背景"，载《社会学研究》1996年第2期。
[3] 王铭铭：《社区的历程——溪村汉人家族的个案研究》，天津人民出版社1997年版，第154页。
[4] 郭于华："农村现代化过程中的传统亲缘关系"，载《社会学研究》1994年第6期。

小军系统研究福建阳村土改过程,认为乡村宗族复兴的"深层结构"在于"公"的观念。[1]其二,宗族组织类型及其转型研究。宗族组织类型与其结构功能密切相关,一些学者在类型化的基础上探讨现代转型问题。庄孔韶将农村血缘性亲属团体分为宗族、房族及家族等不同形态,"均是亲属关系生物性与人伦哲学及社会秩序整合的结果"[2]。肖唐镖将宗族概念分为"实体的宗族"与"文化的宗族",前者主要是指宗族组织、制度等,后者主要是指观念意义上的宗族,即宗族意识、观念等。[3]石奕龙等人将宗族概念区分为"理念性宗族"和"实践性宗族"。[4]其三,宗族的村治功能研究。20世纪90年代主要强调宗族对乡村治理的负面作用,2000年以后学者们逐渐认可宗族对乡村治理的积极作用。贺雪峰认为在宗族意识比较强的村庄,村民会选本族人当村干部,因为"强烈的宗族意识使同族的人成为自己的人"[5],便于组织和管理。肖唐镖系统研究了村治中的宗族力量,认为宗族"已内化为乡村治理规则与逻辑的重要元素",在当前农民组织化程度较低的情况下实际上有助于基层民主政治发展。[6]

海外汉学关于中国宗族问题的研究始于20世纪20年代,主

---

[1] 张小军:"阳村土改中的阶级划分与象征资本",载《中国乡村研究》2003年第2期。

[2] 庄孔韶:《银翅:中国的地方社会与文化变迁》,生活·读书·新知三联书店2000年版,第4页。

[3] 肖唐镖等:《村治中的宗族——对九个村的调查与研究》,上海书店出版社2001年版,第8页。

[4] 石奕龙、陈兴贵:"回顾与反思:人类学视野下的中国汉人宗族研究",载《世界民族》2011年第4期。

[5] 贺雪峰:《新乡土中国》(修订版),北京大学出版社2013年版,第102—103页。

[6] 肖唐镖:《宗族政治——村治权力网络的分析》,商务印书馆2010年版,第22—23页。

第三章 房族组织与乡村治理法治化

要涉及议题包括宗族的概念、组织结构、特点、类型以及宗族相关的婚姻家庭制度等,调查区域主要以华南、东南地区为主。葛学溥考察广东地区凤凰村的家族制度时,认为"家族主义"(Familism)是乡村社会核心的社会制度,进而概括出"宗教的家族""自然的家族""经济的家族"以及"血缘的家族"四种类型。[1]胡先缙分析了中国宗族、房族及家族之间的内在关联,对宗族祭祀、祖先崇拜等问题进行了深入探讨,强调宗族对于乡村社会结构运行的积极意义。[2]科大卫(David Faure)、刘志伟考察了明清时期华南地区宗族的发展过程,超越一般的"血缘群体"或"亲属组织"研究视角,认为"宗族是一种独特的社会意识形态,也是一种独特的社会经济关系"[3],更是地方与王朝中央之间的正统纽带[4]。弗里德曼(Maurice Freedman)建构出中国宗族研究的经典范式——"世系群"(lineage)分析模型,认为中国宗族是父系实体性组织,属世系群单系亲族组织,族谱是明确世系群成员范围的基本制度,族产则是维系宗族关系的纽带。[5]在弗里德曼研究的基础上,又有贝克尔(Hugh D. R. Baker)、波特夫妇(Sulamith Heins Potter & Jack M. Potter)、帕斯特耐克(Burton Pasternak)、孔迈隆(Myron L. Cohen)、华如璧(Rubie S. Watson)、华琛(James L. Watson)等人对我国华

---

〔1〕 [美] 丹尼尔·哈里森·葛学溥:《华南的乡村生活——广东凤凰村的家族主义社会学研究》,周大鸣译,知识产权出版社 2012 年版,第 90—94 页。

〔2〕 Hsien Chin Hu, *The Common Descent Group in China and Its Functions*, The Viking Fund, 1948.

〔3〕 科大卫、刘志伟:"宗族与地方社会的国家认同——明清华南地区宗族发展的意识形态基础",载《历史研究》2000 年第 3 期。

〔4〕 科大卫:《皇帝和祖宗:华南的国家与宗族》,卜永坚译,江苏人民出版社 2010 年版,第 11—18 页。

〔5〕 [英] 莫里斯·弗里德曼:《中国东南的宗族组织》,刘晓春译,上海人民出版社 2000 年版,第 161—178 页。

南、香港、台湾等地区的农村宗族问题展开了研究。[1]

国内外学术界对中国农村宗族的研究已取得了较为丰富的成果，建构出一些经典的理论范式，为后续研究奠定了坚实的基础。然而，已有研究大多关注汉族宗族，较少关注少数民族地区的宗族问题；所选区域多为东南、华南地区，较少关注西南地区；研究的内容多为宗族组织结构、世系群类型、内部分化、复兴原因、祭祀仪式等方面，较少关注宗族在乡村治理中的运行及秩序功能；所涉学科多为历史学、社会学、人类学等，对法学学科关注较少。鉴于此，本章拟从法律人类学角度探讨宗族自治理规则及参与乡村治理的方式，进而讨论乡村治理法治化过程中如何合理嵌入宗族等自组织资源问题，从多元主体合作共治路径健全自治、法治、德治相结合的乡村治理体系，这也正是本章试图探讨的核心问题。

笔者所在研究团队曾于 2016 年 7 月 22 日—28 日，10 月 1 日—7 日，2017 年 8 月 23 日—31 日进驻黔东南地区锦屏县文斗、魁胆、黄门、平山等村寨调查村规民约问题，调查过程中收集到"清明会""桃园节""阿瓦节""尝新节"等节庆活动的组织资料，发现各项活动中均有"房族"的身影，房族是当地各项公共活动得以顺利开展的重要力量。房族不仅出现在村寨内部，而且会跨村参加并支持其他村寨的活动。这一现象引

---

[1] See Hugh D. R. Baker, *A Chinese Lineage Village: Sheung Shui*, California: Stanford University Press, 1968; Sulamith Heins Potter and Jack M. Potter, *China's Peasants: The Anthropology of a Revolution*, Cambridge University Press, 1990; Burton Pasternak, *Kinship and Community in Two Chinese Village*, Stanford University Press, 1972; Myron L. Cohen, *House United, House Divided: The Chinese Family in Taiwan*, Columbia University Press, 1976; Rubie S. Watson, *Inequality Among Brothers: Class and Kinship in South China*, Cambridge University Press, 1985; James L. Watson and Rubie S. Watson, *Village Life in Hong Kong: Politics, Gender, and Ritual in the New Territories*, The Chinese University of Hong Kong Press, 2004.

起了笔者浓厚的兴趣。笔者深入田野调查并收集了平山、魁胆等侗族村寨的房族资料（族规及案例），这将是本章展开研究的资料基础。

一、房族组织结构及其特点

平山村地处贵州省锦屏县西北部九寨地区侗乡腹地[1]，现属平秋镇，全村512户2132人，其中99.3%为侗族，辖14个村民小组，是平秋镇第二大村，全村辖区面积25平方公里，为全镇第一。与当地人交谈过程中，"房族"是出现频率比较高的词汇（如"某某房族""我们房族"等），甚至见于官方正式文件表述。那么，当地人说的"房族"是什么意思？其组织结构是怎样的？

汉人宗族话语体系中"房"的含义相对较为明确。弗里德曼在研读林耀华关于宗族裂变的材料时，从人类学角度对一些"从汉学角度来看不合常规的术语"进行了系统化转译：宗族（Tsung-tsu）译为宗族（lineage），房（Fang）译为房（sub-lineage），支（chih）译为分支（branch），户（hu）译为户（compound），家（Chia）译为家（family）。[2]何国强教授认为汉人宗族中的"房"指称单元性分支，"房族"指称复合性分支。[3]郭正林认为"房族"是基于或近或远血缘关系形成的"次级的

---

[1] "九寨"是贵州锦屏县西北部彦洞、瑶白、黄门、石引、高坝、皮所、平秋、魁胆以及小江九个比较大的村寨以及一些小村寨的统称。侗乡九寨地处清水江与小江之间较为平缓的高地，东起various龙，西起救王，各村寨像珍珠一样缀点于高地平缓坝子之中。平山村东邻平秋村，南临清水江与平略镇平鳌村相望，西邻彦洞乡黄门村，北界孟佰村和圭叶村，辖堂娥、登泵、大坝、崩陆等自然寨。

[2] [英] 莫里斯·弗里德曼：《中国东南的宗族组织》，刘晓春译，上海人民出版社2000年版，第48页。

[3] 何国强："略论'房'概念的语义区分"，载《中南民族大学学报（人文社会科学版）》1997年第4期。

亲缘团体"[1]。刘经富认为宗族拟制重建过程是"先由简单的小家庭发展到由'房'组成的家族，再由有实力的家族联络有世系联系的旁支通过修谱形成小宗，再由若干个小宗扩张到具有泛血缘性质的共通谱、共祠堂的大宗族"[2]。尽管学术界对汉人宗族组织中"房"的认识存在一定分歧，但都承认"房"是宗族内部分裂后的次级性组织，是宗族的下位概念，汉人宗族组织结构从大到小大致可列为"宗族-房-分支-户-家"。

"房族"在侗语中有多种表达方式。湘西南侗语"wangc"即"房族"之谓，表示"'聚族而居'，即'聚房而居'"[3]。南侗同一曾祖的"房族"称"卜（补）拉"（bux ladx），意为"父与子"[4]。北侗九寨社区"最小的社会基本单位是家庭；比家庭大的社会单位是宗族，九寨人称为屋山头；比宗族大的社会单位是款组织"[5]，"族"绕鼓楼而居，形成较大的群落。平山位于北侗九寨，亦用"屋山头"表达"房族""宗族"，"屋山头"意指某个血缘群体聚居于一个平缓山坡。相较而言，侗族中的"房族"比汉人宗族中的"房族"要复杂，内涵相对较为模糊。一般而言，屋山头是联系家庭的组织，其组织形式既包括了基于血缘关系的同宗同姓，也包括了小姓之间通过盟誓结拜而成，还包括同一姓氏内部派系之间联合而成。因此，屋山头组织的范围甚广、伸缩性很大，可能含有较近的血缘关系，

---

〔1〕 郭正林："中国农村权力结构中的家庭因素"，载《开放时代》2002年第3期。

〔2〕 刘经富："江西修水客家陈姓拟制宗族的个案分析"，载《江西社会科学》2012年第11期。

〔3〕 吴治德："侗族古制变迁一瞥"，载《贵州民族研究》1992年第3期。

〔4〕 杨进铨："侗族'卜拉'文化试析"，载《民族论坛》1992年第1期。

〔5〕 傅安辉、余达忠：《九寨民俗——一个侗族社区的文化变迁》，贵州人民出版社1997年版，第60页。

包括已出五服的同姓成员,以及可能包括非血缘关系的成员。

平山村有刘、吴、陆、龙、陈、任、徐、邵、傅、全10个姓氏,陆、刘姓人口较多。[1]经过十多年发展,陆、刘两姓仍然是村中人口较多的姓氏,房族规模也相对较大。刘姓有三支房族,分别为L1、L2、L3;陆姓有三支房族,分别为M1、M2、M3。刘姓"哦先恩"房族(L1)是三支房族中较大的一支,包括72个家庭,这72个家庭又组合为40户,一户由1—4个家庭组合而成,是否分家是"户"设立的依据,每一户又设有户长。"哦先恩"房族成员主要集中在平山村二组、三组,另外在十一组、十二组也有一些房族成员。房族成员并不都是刘姓,个别也有全、陆等其他姓氏。陆姓"高步房族"属于三支房族中较大的一支,共计20户,包括52个家庭,房族成员主要集中在平山村四组、五组,也有一些房族居住在邻村。

值得注意的是,刘姓三支房族并不都供奉同一先祖,他们之间相互独立,各修有自己的族谱,这与汉人宗族中"房"的区别比较大(同一先祖之下的次级组织)。换言之,刘姓"哦先恩"房族(L1)与L2、L3之间尽管姓氏相同,但并不是同一先祖之下发展出的三个小宗。根据L1房族族谱记载,其有据可查的先祖为湖南靖州邵越公,邵越公两个儿子分别为钰湘公、钰明公,钰明公于嘉靖四年迁往黎平府天甫地区,其后人又于乾隆四年迁到锦屏县铜鼓地区。同治八年,L1房族与固本、大同两地的刘姓联合修谱,固本、大同两地刘姓族人认为其先祖来自铜鼓,于是L1就作为先祖邵越公下的第一支房族,固本的刘姓后人为第二支房族,大同的刘姓后人为第三支房族。由此可见,L1与该村L2、L3房族之间本无宗族渊源,只是后来出

---

[1] 锦屏县地方志编纂委员会编:《锦屏县志》(1991—2009)(上册),方志出版社2011年版,第225页。

于现实需要（也有可能是基于"天下刘姓为一家"的观念）才于 20 世纪 40 年代进行联合修谱，L2、L3 续上 L1 族谱，但 L2、L3 族谱上仍然保留着各自的先祖。[1]更为复杂的是，"房族"同时还指称原有房族（宗族）分裂后的分支，如 L1 分裂出 L1-1 和 L1-2 两支（分别处于不同村寨），这两支也可相互称为房族，但他们有共同的先祖。陆姓三支房族的情况较为类似。笔者在锦屏县彦洞乡瑶白村调查时也有类似发现。瑶白村有龙、滚、杨、范、龚、耿、彭、宋、万、胡 10 姓，滚、杨姓人口较多。瑶白村目前共有闷银龙、时公、三包卷、奥包岩、海龙姣、铜钱网、富宁亲、镜台满、三解丘、铜钱关、宁富你催、保公、汉公十三支房族，每支房族之下的姓氏都比较杂乱，基本上每支房族均存在两个以上的姓氏，没有单独由一个姓氏组成的房族。由于历史上杨、王姓曾改为滚姓，王姓后来又复为耿姓，龚姓原为汉族，与侗族杂居后成为侗族。[2]所以，杨、王、耿、龚几个姓氏与滚姓都是接续族谱之后的房族分支。黄门村以王姓人口为主，该村王姓分为上、中、下三支，三支房族各自有其宗祖，互相可以通婚。[3]有些房族的产生甚至是基于某个关于先祖的传说，将本无联系的同姓房族接续在一起，如同平山

---

〔1〕 张银锋考察锦屏县魁胆村王姓房族时也有类似发现，当地王姓两支房族主动将自己房族的族谱接续在别人族谱的上面，实现房族之间的"联宗"。这种情况在北侗九寨房族形成过程中较为常见。参见张银锋："'屋山头'的文化嬗变：对清水江流域一个侗族村落的历史人类学考察"，载《原生态民族文化学刊》2011 年第 4 期。

〔2〕 锦屏县地方志编纂委员会编：《锦屏县志》（1991—2009）（上册），方志出版社 2011 年版，第 236 页。

〔3〕 张银锋、张应强对魁胆历史上"龙改王姓"现象的研究也表明当地房族变迁过程中客观存在"同姓不同宗"的情况，这也是当地房族演变的一个基本特点。参见张银锋、张应强："姓氏符号、家谱与宗族的建构逻辑——对黔东南一个侗族村寨的田野考察"，载《西南民族大学学报（人文社科版）》2010 年第 6 期。

当地"嘎伬"花歌起源于陆、刘两姓联姻传说。[1]

从上述讨论可以看出,北侗房族组织结构存在三个特点。首先,房族结构较为简单。平山侗寨房族并不同于汉人宗族世系中的次级组织"房",房族组织是"房族-户-家庭"三级结构,而汉人宗族的"房"存在于"宗族-房-分支-户-家"五级结构之中。侗族房族范围可大可小,既可以大到类同于宗族,又可小到仅有十几户的房族世系分支,但在实践中多以"房族-户-家庭"三级结构为主导,一般房族之上并无宗族。其次,房族的姓氏构成相对较为灵活复杂,既包括"同姓不同宗"的情况,也存在"同宗不同姓"的现象,同姓之间可以通婚,不同姓氏也可以是同一房族,房族与姓氏之间是动态调整关系,一个姓氏群体可以根据某个传说或现实需求接续上本无血缘关联的房族族谱。最后,房族组织结构有一定延伸性,包括房族发展演变过程中分裂出的小宗,房族也可以向村寨之外同姓族群拓展,吸收更多的房族成员。侗族房族组织结构呈现如上特点与其历史发展及现实需求有密切关系。房族采用"三级结构"可以避免铺陈过宽、范围过大,本房的人长期聚居、情感相通、利益相连,方便组织活动和有效管理,这也是侗族传统组织与汉人宗族文化相互融合的结果。房族姓氏的构成灵活复杂的直接原因在于改姓、续谱等方式的运用,根本原因在于不同宗的

---

[1] 早在始祖时代,由于当时陆、刘两姓祖公是金兰结义入寨定居,其他姓氏的又晚若干年后才到平山,所以二姓之间互不联姻,多与现启蒙一带的婆洞、腊洞通婚。后有陆姓男青年同辽和刘氏现女均已与启蒙一带定了婚期,不料清水江江水涨洪,婚事无果,于是祈祷各自先祖,如果同意陆、刘两姓联姻则将墓门打开。祈祷过后,墓门打开,于是联姻开始。后来,亲戚之前有了"还娘头"的婚俗,即女儿必须许配给舅家当儿媳妇,自由恋爱为了抵制这种包办式婚姻,把许多话语用"嘎伬"形式表达,于是形成了独特的"嘎伬"花歌。参见《魅力侗寨——九寨平山村》(内部资料),刘美云提供,资料编号:2017823007。

同姓以及其他小姓氏为了更好地融入当地社区，获得某种宗法血缘上的正当性。符号人类学（Symbolic Anthropology）认为，符号本身承载着一定的文化意义和功能。格尔兹对巴厘岛斗鸡仪式的研究表明，雄鸡（当地人称为"Sabung"）一词在当地有着丰富的含义，至少可以被隐喻为"'英雄''勇士''冠军''有才干的人''政治候选人''单身汉''花花公子''专门勾引女性的人'，或者'硬汉'"[1]，因为雄鸡是巴厘岛男性象征的表达与放大，是自恋的男性自我的动物性表达。通过改姓、续谱等方式获得某个姓氏的做法同样是出于对姓氏符号背后代表的权力体系和文化意义的认可，意味着族群的文化认同、归属及区分，以便本姓氏在当地的生存和发展。"房族"概念还包括分裂之后的小宗，这种现象如同汉人宗族中的"房"支系的分离，尽管称为"房族"，但是更多的是代表原有房族之下的"次级组织"。对于次级组织统称为房族，或许能够更好地团结族内成员，防止房族频繁分裂削弱宗族力量。综合来看，平山侗寨房族组织结构特点都是在房族日常治理实践的基础上逐步形成的，由房族的治理功能决定，有很强的实践意义。

二、房族之治与乡村社会的秩序生产

尽管平山侗寨的房族与汉人宗族的"房"含义有一定的差别，但是两者之间也存在一定的共性，如都是传统宗法文化下的产物、都承认姓氏符号蕴含着族群认同、都曾经或现在广泛存在于乡村社会等。黔东南锦屏地区苗侗村寨中普遍存在房族组织，房族在乡村日常活动中比较活跃。从某种意义上来说，房族已经深入平山村日常生活的方方面面，深深植根于当地文

---

[1] [美]克利福德·格尔茨：《文化的解释》，韩莉译，译林出版社2014年版，第491页。

第三章 房族组织与乡村治理法治化

化传统,得到村民的普遍认可,是乡村治理中的重要力量。那么,房族如何参与乡村治理进而会生产出何种乡村社会秩序呢?

房族参与乡村治理的方式首先是协助村务。笔者观察到,近两年平山村组织的桃园文化节、春醮会等大型活动都有房族参与,村两委在活动策划、募捐钱款、活动分工时基本上都召集了各个房族的"房长"(相当于汉人宗族的"族长")进行商议,再由房长向房族成员进行传达和动员。村里公共性事务需要通过房族协助完成,如黄门村的尝新节、瑶白村的摆古节也都有房族协助和参与。除了协助村务之外,房族也积极参与乡村公益事业。为了给村民提供纳凉聚叙之便,平山"哦先恩"房族主动组织修建"和兴亭"。[1] 和兴亭动工之际,有众多仁人志士自愿出工捐款,不足之数由房族成员补齐。亭子名称"和兴亭"也是经与房族成员征求意见后确定的("考哦家人"房族微信群里征求意见)。建亭的整个过程没有村两委参与,全部由房族自发组织。

房族通过制定族规引导约束房族成员,这是一种较为常见、有效且比较重要的方式。《哦先恩房族族规》共计 16 条,内容涵盖较广,规定得非常细致,涉及移风易俗、清明会扫墓、村集体活动人员安排、大小工雇佣以及山林土地使用权让等方面。[2] 为了移风易俗、遏制铺张之风,族规第 1 条对举办酒席、送礼行为方面进行规定:"为厉行节俭,房族中只许办结婚、出嫁、上梁(兄弟共屋进新屋)、老人葬礼酒席,高考升学酒按村级相关规定执行,未办过婚酒的夫妇,可办一堂周岁酒,除此之外的不许办,执意要办的,房族成员可以到位帮忙,但不要送

---

[1] 《和兴亭(序)》(平山村村民委员会提供,资料编号:20170823002。
[2] 《哦先恩房族族规》(2017 年 1 月 27 日全房族各户在家人员议定),资料编号:20170827003。

礼。"族规第 2 条至第 6 条是关于房族成员之间红白喜事互助方面的规定，具体内容如下："二、红白喜事活路多，需要人员做事，要求在家成员都必须参加，外出的主要成员要回家帮忙，实在不能回家的，由户主安排一名能做事的家庭成员到位帮忙；三、外出家庭中人口多的，应安排至少二人到位帮忙，能全部返回的更好；四、参加红白喜事做事，参加人员必须主动，不能偷懒；五、家庭主要成员都不能返回帮忙的，红喜交200元、白喜交300元以上作为房族事务经费，由房长保管，房族内部协商使用；六、遇到别人家有事，家庭成员无故不帮忙的，到其家中有事，全体房族成员不必前往帮忙。"族规第 7 条、第 8 条是关于清明会扫墓的安排，具体内容如下："七、清明会各年集中时间为大众扫墓的第二天，要求在家的成员全部于十一点集中，十二点扫墓后就餐，召集人由年度轮值家庭担任；集中时间如有变动，临时通知；八、60周岁以上成员不安排做事，但其本人愿意的，不予阻拦。"由于村集体活动的分派一般以房族为单位，族规第 9 条规定："如遇村集体有活动需要本房族参加的，人员由房长据实安排，如果产生费用，由各户均担。"族规第 10 条是关于房族成员遵纪守法、遵守规章制度、爱护集体等方面的概括式规定，尤其是关于矛盾纠纷解决方面的规定，即"内部在此前有矛盾或纠纷的自行和平化解，以后不要产生任何新的矛盾纠纷"。由于房族成员人数有限，如果在同一天办两场喜事，显然房族成员人数不够，族规第 11 条规定："房族中不许同一天办两笔喜事，先定日子的优先，后定日子的必须改日，实在选择不了的，可以协商安排人员。"当老人去世后，房族成员有义务为族内去世老人守夜，这是一个辛苦活，应由房族成员陪同事主完成。于是，族规第 12 条规定："白喜守夜可以通过抽签的形式，由多户轮流安排人员陪同事主。"族规第

13条、14条是关于族内大小工雇佣和山林土地使用权转让方面的规定，如果房族成员"在农事、建设要请大小工的，在能完成同等工作量的前提下，可以考虑请房族人员；族内部家庭如有山林、土地需要转让，由于政策不允许强行买卖，在同等价钱的前提下，本房族成员如有需要，可以考虑转让给本房族成员"。当然，这种族内帮工雇佣与山林土地转让方面的规定由事主自愿，不作族规强制性执行。

陆姓《高步房族族规》相对较为简单，共计6条，与《哦先恩房族族规》类似，内容大致包括红白喜事互助、清明会组织、村集体活动安排、纠纷解决，以及红白事举办时间冲突的处理等方面。具体内容如下："一、房族内有红白喜事时，各户户主夫妻双方必须到位帮忙（有特殊情况除外）；二、房族清明会要求各户夫妻双方有一人到位参事；三、如遇村集体有活动需要本房族会参加的，人员由房长据实安排，如果产生费用，由各户均担；四、房族内部在此之前有矛盾或纠纷的自行和平化解，以后不要产生任何新的矛盾纠纷；五、有红白喜事必须互相帮忙，外出或在家不去帮忙的，以后全房族都可以不去他（她）家帮忙；六、房族内不能有两家同一天办喜事，如有必须办的，房族成员只能到先议定的一家帮忙。违反以上族规的，处罚人民币壹仟圆（1000元）。"[1]与《哦先恩房族族规》不同的是，《高步房族族规》对违反族规的行为明确规定了处罚措施，如处罚人民币1000元。

从以上房族族规可以看出，房族族规调整的范围是比较广泛的，主要涉及互助合作关系、山林土地使用权转让、村集体活动承担以及纠纷解决等方面，所调整事项基本上都涉及村庄

---

〔1〕《高步房族族规》（2016年10月31日全房族集中议定），资料编号：20170827001。

公共性事务。其中，纠纷解决是比较重要的村庄公共性事务，也是房族参与乡村治理的重要方式。实践中房族可以解决房族内部成员之间、房族与房族之间的纠纷，其解决纠纷的方式以调解为主。笔者在调查过程中接触到一起房族调解族内成员纠纷的典型案例。案情如下：

平山村两同父异母兄弟陆君（47岁）、陆兵（37岁）之间因责任田、责任山分配问题已经产生纠纷30多年，相互不来往，也不赡养父母（父亲陆向德69岁，继母黄翠云65岁）。纠纷产生于1984年分山。陆君的父亲陆向德是铁路工人，1982年第一任妻子王某去世后又与邻村黄翠云结婚，黄翠云与陆向德先后育有一女一子，女儿陆玉桂（1979年生），儿子陆兵（1986年生）。1984年分山时，陆家山林按人头分为3份（即黄翠云、陆君、陆玉桂，陆向德系铁路职工无份额），但此时黄翠云的户口尚未迁入，因此长子陆君占一半，陆玉桂和黄翠云共同占另一半。1988年分田时，陆家的田则按人头分为4份，具体分配方案是陆君1份（陆君妻子的户口在邻村没有迁入，故无分田资格）、黄翠云1份（此时黄翠云的户口已经转入本村）、陆兵1份、陆玉桂1份。这样一来，黄翠云在分田中就很占优势，等于是拥有了三份（自己、儿子及女儿的份额）。在陆兵成家后，黄翠云和陆玉桂（外嫁）的份额都给了陆兵。而陆君的妻子李雪妹对这种分配方案不满，原因有二：一是不愿看到陆家的田落入继母手中（肥水不流外人田）；二是觉得自己家分的田不如继母等人分得田好。陆兵这边觉得当时山林分得少，而且大杉木都在哥哥山上，自己山上的树木太小，不值钱。这样双方就产生了矛盾，两家20多年不来往，而且陆君对自己的父亲和继母也颇有意见。在此之后双方分了又闹，闹了又分，经过多次都没有解决好，村里面也束手无策。2016年2月土地山

第三章 房族组织与乡村治理法治化

林确权工作开展，双方矛盾进一步激化。2016年6月双方在家里重新对责任山、责任田进行分配，但是对于分配结果，双方都不服气。2017年4月想找村里调解，这时村委组织委员陆正华（与当事人一个房族）知道后主张先在自己房族内部进行调解。于是2017年7月29日晚上5点多，房族各祖公代表（小房支）、当事人、在家户长等10多人去陆君家调解。先听双方诉求，了解矛盾的焦点，然后每个参会人员都发表意见，最后综合多方意见并且双方当事人都乐意接受的办法进行分配，到晚上12点多才解决好，并形成书面协议。具体分配办法是，由于双方的山、田各有优势，于是就将山林、田地的优势部分、劣势部分各分成两半，双方抓阄确定；责任山现有大杉木按兄弟二人到场人的调解结果落实，在陆君经管范围内标划一块由陆兵经管；两兄弟共同赡养父亲陆向德，而陆兵单独赡养自己的母亲黄翠云。[1]

在乡土社会纠纷解决过程中，房族的确发挥了重要的作用。本案中的责任山林、田地纠纷发生了30多年，由于关系错综复杂，村里面也一直没有办法解决，最终房族介入才得以解决。房族可以利用基于血缘产生的信任关系（纠纷属于家事，先在房族内部解决），以房族传统型权威为基础，秉承公平公正的方式调解，其结果更能让当事人信服、接受。

房族通过协助村务、主导公益、族规引导和纠纷解决四种方式参与乡村治理。从房族参与村治过程中可以看出，房族在很大程度上支配着乡村社会秩序生产。房族生产乡村社会秩序的基础是自治，生产出的秩序是一种内生性秩序。如同传统社

---

〔1〕 根据房族成员陆正华的访谈录音整理，资料编号：20170827LXB001。调解协议可参见《家庭责任山责任田调解纪事》，资料编号：20170827005。

会宗族治理，房族首先是传统乡村社会组织，基于血缘、地缘、情感认同以及共同利益等进行自我管理，一直是传统乡村社会中重要的治理力量。房族自治规范（族规）完全产生于民治系统，是典型的非正式规范。道格拉斯·C. 诺斯（Douglass C. North）认为，制度包括正式约束和非正式约束两类，然而"正式规则，即便是在那些最发达的经济中，也只是形塑选择的约束的很小一部分（尽管非常重要）……正式规则虽然是非正式规则的基础，在日常互动中，它们却极少是形成选择的明确而直接的来源。"[1]非正式规范在人类社会交往中普遍存在，在一定程度上是正式制度的延伸阐释或修正。罗伯特·埃里克森（Robert Ellickson）通过考察加州夏士塔县农村家畜越界侵权纠纷解决过程，发现当地村民并不依照法律等正式规则解决纠纷，而是通过一整套非正式规则来解决纠纷。[2]法律人类学从法律多元的角度讨论非正式规范，将其视为特定共同体内部的"地方性知识"[3]，或称"非官方法"[4]。非正式规范经由社会互动和实践演化而生，具有自生自发性与内在性，基本上没有国家权力的介入，主要包括习惯规约等自治性规范形式，平山侗寨的房族族规就是典型的非正式规范。

尽管如此，房族生产秩序的过程并不是封闭的，而是开放式的，这主要是为了体现房族与村级"半行政化"自治组织和

---

〔1〕〔美〕道格拉斯·C. 诺思：《制度、制度变迁与经济绩效》，杭行译，格致出版社、上海三联书店、上海人民出版社2014年版，第43—44页。

〔2〕〔美〕罗伯特·C. 埃里克森：《无需法律的秩序——邻人如何解决纠纷》，苏力译，中国政法大学出版社2003年版，第349—350页。

〔3〕〔美〕克利福德·吉尔兹：《地方性知识——阐释人类学论文集》，王海龙、张家瑄译，中央编译出版社2000年版，第278—295页。

〔4〕〔日〕千叶正士：《法律多元——从日本法律文化迈向一般理论》，强世功等译，中国政法大学出版社1997年版，第190页。

第三章 房族组织与乡村治理法治化

国家正式权力之间的互动。由于村民委员会在实践中接受基层政府的指导，国家通过财政支持、项目制、第一书记驻村制等方式将村级政权纳入管控之中，村级政权成为国家正式权力的自然延伸，村干部具有"代理人"和"当家人"双重角色[1]，村级政权具有一定的行政化色彩。相较而言，房族则是完全基于民治产生的自治型主体，行政权力难以介入其中。然而，房族在运行过程中一般会将村两委议定的相关政策、建议等融入房族规约之中。例如，《哦先恩房族族规》第1条就是关于"移风易俗"的，这主要是根据村两委移风易俗会议精神修改议定，而村两委又是根据基层党政机关部门的文件要求推行移风易俗。为了响应村里建设文明村寨的要求，达到"革陋习，树新风，厉行节俭，共建文明"的目的，哦先恩房族根据村两委的建议，专门向房族亲友发布公告，劝告大家在吊唁期间"不要燃放烟花爆竹、不要送花圈"。[2]与此同时，房族也会与国家正式权力进行互动，号召房族成员遵守国家法律法规。例如，《哦先恩房族族规》第10条明确要求房族成员"遵纪守法、遵守规章制度、爱护国家、爱护集体、爱护村寨"，要求成员之间和谐相处，不要产生纠纷。在山林、田地转让时不允许强行买卖，同等价钱下本房族成员可以优先购买，根据买卖双方意愿自治。换言之，房族族规虽然主要体现出自治性，但是也会考虑法律法规及村两委的决策，在与村民自治制度、国家法律互动、调适过程中生产出一种新型的内生性秩序。贺雪峰等人根据村庄能否自主生产秩序将村庄秩序区分为内生秩序和外部秩序两种类型，前者由村庄自主生产，后者则由外部力量生产。对于内

---

[1] 徐勇："村干部的双重角色：代理人与当家人"，载《二十一世纪》1997年第42期。

[2] 《"哦先恩"房族敬告亲友戚》（2015年8月4日），资料编号：20170827006。

生秩序又可根据村庄自主生产秩序时是否主要借助自上而下的制度安排区分为原生秩序和次生秩序两种类型，认为原生秩序即主要依据村庄内非正式组织的力量来生产村庄秩序，比如依靠村庄舆论和血缘组织来实现合作，获取秩序[1]。房族生产的秩序是在自治基础上主动与外部秩序进行调和之后的结果，既包括了国家法律、村两委决议的成分，也包括了房族内部意思自治的内容，不同于完全自生自发的"原生秩序"。房族生产乡村内生秩序的双重特性，也为其"嵌入"乡村治理法治化进程提供了可能的基础。

三、乡村治理法治化中自组织资源的嵌入

乡村治理法治化就是指在党的领导下，根据法律来管理乡村事务，乡村政治、经济、文化及生态环保等一切活动都纳入法治化轨道，基层党政机关依照法律治理乡村，在法律法规框架下实现村民自治，村民依照法律行事，村两委成员以法治思维开展工作。乡村治理法治化是当前基层治理法治化的关键，是解决法治社会建设"最后一公里"问题的重心，也是实现国家治理体系和治理能力现代化的重要标志，更是实现乡村振兴战略中"治理有效"目标的主要方向。乡村治理法治化区别于传统治理方式和理念，突出国家法律法规在乡村治理规范体系中的主导性地位，强调将现代法治观念、思维、规则等融入乡村治理全过程。对于乡村社会内部自生规则而言，乡村治理法治化依靠的法律制度属于典型的"外来规则"，在向乡土社会强行输入过程中很有可能会造成"语言混乱"（confusion of tongues）问题，其原因就在于源自逻辑实证主义的西方社会科学对日常

---

[1] 贺雪峰、董磊明："中国乡村治理：结构与类型"，载《经济社会体制比较》2005年第3期。

第三章 房族组织与乡村治理法治化

实践中的社会规范进行的革命性改造。如何避免"语言混乱"问题，需要"以当代的整体论哲学观察和解释中国社会的规范秩序或者'法'"[1]。简言之，整体性进路需要从日常生活实践入手理解草根社会融贯"外来规则"，消除"语言混乱"的方式，而乡村自组织则是乡土草根社会融贯"外来规则"的重要力量，乡村治理法治化需要探索"嵌入"自组织资源。

组织社会学认为，社会组织是由相互关联的众多个体有机结合组成的协作系统，组织化过程就是事物有序化过程和结构方式。组织化过程有两种方式，一种是通过自身力量组织实现有序化，另一种则是通过外部力量干预走向有序化，前者称为自组织（self-organize），后者称为他组织。[2]自组织是一群人基于自愿的原则主动地结合在一起，它有以下的特性：①一群人基于关系与信任而自愿地结合在一起。②结合的群体产生集体行动的需要。③为了管理集体行动而自定规则、自我管理。[3]自组织是介于市场与层级之间的第三种治理方式，个体基于意思自治自愿组合成小团体，小团体形成后会明确成员身份，团体制定内部规范以确保团体目标达成。根据自组织理论，本书所讨论的房族就是典型的自组织。首先，房族基于血缘、地缘及共同利益等纽带自发而生，房族内部组织结构清晰有序（三级结构），具有共同的价值或身份认同，自主制定房族规约进行管理，集体行动动员快捷有序。除了房族之外，乡村社会还有很多自组织（服务性、公益性、互助性社会组织）。平山侗寨于

---

[1] 朱晓阳："'语言混乱'与法律人类学的整体论进路"，载《中国社会科学》2007年第2期。

[2] 孙瑜："乡村自组织运作过程中能人现象研究——基于云村重建案例"，清华大学2014年博士学位论文。

[3] 罗家德："自组织——市场与层级之外的第三种治理模式"，载《比较管理》2010年第2期。

2011年10月10日成立"互助会",搭建起家乡和外乡务工人员的桥梁,制定了"兴村、交流、互助、共进,团结友爱、互助互惠、联系乡情、共谋发展"的宗旨。"互助会"在募捐、助学、帮扶等方面发挥了重要的作用。[1]同县茅坪镇上寨村的"长生会"也是当地村民自发形成的互助组织。"长生会"组织于1982年恢复,两年一届。"长生会"的宗旨是:"一户有难全会相帮,'老有所终,安息无忧',做到破旧立新,移风易俗,增强团结,互相帮助;协助孝家,以俭办丧事,全心全意圆满地把亡者送葬登山安息,做到阴安阳乐。"[2]当会员家中有人去世,长生会就会组织其他会员帮助孝家办理丧事。此外,在广东云浮、河北辛集、山西阳城等地有"老年协会",由公道正派、有奉献精神、热心公益、群众威信高的老党员、老干部、老教师、致富能人等组成,在乡村治理中发挥了重要的作用。为了推进移风易俗,方便节俭办理红白喜事,清徐县村民自发组织起红白理事会。[3]这些乡村自组织的形成过程基本上都是由村民根据需要自发成立,围绕自组织行动目标制定相关规范制度,依托这些规章制度进行自我管理。

自组织运行需要构建制度规范及实施机制,自组织运行过程就是从事社会治理的过程,因此自组织在乡村治理中具有十分重要的作用。乡村自组织对于乡村治理的作用主要表现在三个方面。其一,乡村自组织协助村务,有效弥补村民委员会、乡镇政府在公共职能行使上的不足。如平山房族协助村里组织、举办大型节庆活动,积极参与村里公益性活动,完成村里下派

---

[1]《乡邻互助 助人助己——记锦屏县平秋镇平山村互助会》(平山村民委员会提供),资料编号:20170827008。

[2]《茅坪上寨长生会会章》(1991年4月21日会委修改通过,1991年5月10日执行),资料编号:20160930MP3796。

[3]《山西清徐县红白理事会章程资料汇编》,资料编号:20170321QX001。

的各项任务，配合县里移风易俗、清洁风暴等行动。其二，乡村自组织制定自治理规范，约束成员行为，生产乡村社会秩序。乡村自组织一般都会根据需要制定切实可行的自治理规则。这些自治理规则不同于国家法律和村规民约（狭义），基本上都由具有特定关系纽带（如血缘、利益等）的小团体根据实际需要自行制定，调整的事项非常具体，具有很强的针对性，实施效果往往也比较好，所制定的制度规范及运行策略能够比较好地被共同体成员接受和遵守，因此在乡村社会生产出一种内生性秩序。其三，乡村自组织的秩序生产要保持一定的开放性，与外部力量之间保持一定的互动关系，消除乡村内外治理力量之间的紧张关系。如平山房族族规中积极引入国家法律法规、村两委相关决议等，体现出与外部力量积极互动且保持一致的努力。可见，乡村自组织治理不同于政府的层级制治理，也不同于市场的契约式治理，而是基于自治规则的自治理。乡村自组织践行自下而上的治理方式，相对而言比较符合村民的实际需求，基本上能够实现良性运行。

乡村自组织的秩序生产功能及自治理特点，在特定条件下极有可能会成为乡村治理的主导性力量，乡村治理法治化过程中应该合理"嵌入"乡村自组织资源。更重要的是，乡村自组织本身并非与国家权力主导推行的法治为敌，而是具有一定的开放性，存在相互衔接容纳的空间及可能性。如果不重视乡村自组织资源，合理处理与乡村自组织之间的关系，很有可能增加乡村治理法治化过程中的巨大成本。如果重视并合理嵌入乡村自组织资源，乡村治理法治化很有可能会节约成本、事半功倍。笔者认为，当前乡村治理法治化"嵌入"自组织资源的方式有三种。其一，制度保障。乡村自组织的地位需要进一步明确，宜界定为"法治之下的完全自治性组织"（村民委员会为

"半行政化组织"），从制度设计层面缓解自治与法治之间的紧张关系。只有明确其法律地位，将其纳入现行乡村治理体制之内（如人民调解、基层群众自治等），才能更好地发挥其乡村治理功能。其二，规制引导。乡村自组织具有自治性，需要进行规制引导。平山高步房族族规对违反族规的成员"处罚人民币壹仟圆（1000元）"，再如红白理事会章程对于违反移风易俗规定的行为同样也是处以罚款，这些规定的合法性显然值得讨论。乡村自组织制定的规约也有可能与村规民约相冲突。例如，《平山村移风易俗管理制度》第1条规定："除新屋上梁（或兄弟同建一幢房屋乔迁）、男婚女嫁、高考升学二本以上、老人百年大事允许办酒，办酒桌数控制在30桌以下，办菜碟数在12碟以下。其余的一律不准办酒"。[1]但是《哦先恩房族族规》根据实际情况作出变通规定（见前引族规第1条），允许办酒，只是限制成员送礼。乡村自组织规则与国家法律、村规民约之间存在冲突，而消除这种冲突的有效方式需要基层党政部门和村两委通过建议的方式予以规制引导，如果引导超出必要限度则会破坏乡村自组织的自治性。其三，融贯规则。乡村治理法治化过程中"嵌入"乡村自组织资源，还需要注意不同治理规则之间的吸纳融贯。乡村自组织尽管遵循自治方式，但是并不完全是封闭的，会在一定程度上融贯外部规则，吸收援引国家法律等正式规则及村规民约等准正式规则，为自身运行寻求合法性基础。如前引房族族规中对国家法律、村两委决议的概括性援引。与此同时，国家法律政策、村规民约等也应尊重乡村自组织的治理规则及运行规律，在实施过程中尽可能将自组织规则融贯其中，尊重乡村自组织运行的基本规律，这样才能取得

---

〔1〕 贵州锦屏《平山村移风易俗管理制度》（2015年3月14日），资料编号010172。

比较好的效果，依托乡村自组织的法治化才能真正落地。实践表明，国家法律政策的贯彻执行需要乡村自组织与之对接，通过借助乡村自组织内部规约、舆论等自治理机制实现"正式权力的非正式行使"[1]。

当前乡村治理法治化的一般化进路是单向度的自上而下简约推进，这种推进进路的效果并不理想，实践中出现了诸多问题。随着国家治理能力与乡村社会性质的转变，乡村治理法治化的路径创新日渐凸显，合理嵌入乡村社会中的自组织资源可以有力推进乡村治理法治化。乡村自组织可以通过多种方式对接国家法律政策，此举不仅增强了乡村自组织的权威性，而且也将国家法治精神引入乡村社会深处。

四、本章小结

党的十九大报告提出实施乡村振兴战略，提出"产业兴旺、生态宜居、乡风文明、治理有效、生活富裕的总要求"。[2]"治理有效"就是要加强和创新农村社会治理，加强基层民主和法治建设，"加强农村基层基础工作，健全自治、法治、德治相结合的乡村治理体系"，打造共建共治共享的社会治理格局，实现政府治理和社会调节、居民自治良性互动。实施乡村振兴战略的核心要素是"人、地、钱"[3]，乡村实现"治理有效"的基

---

[1] 孙立平、郭于华："'软硬兼施'：正式权力非正式运作的过程分析——华北B镇定购粮收购的个案研究"，载清华大学社会学系主编：《清华社会学评论》（特辑），鹭江出版社2000年版，第42页。

[2] 本书编写组编著：《党的十九大报告辅导读本》，人民出版社2017年版，第31—32页。

[3] 参见高云才、朱隽、王浩："乡村振兴，顺应亿万农民新期待——中农办主任韩俊解读中央农村工作会议精神"，载《人民日报》2018年1月14日，第2版；叶兴庆："新时代中国乡村振兴战略论纲"，载《改革》2018年第1期。

本方向是乡村治理法治化，而乡村治理法治化亦需充分发挥"主体"的作用。通过在黔东南平山侗寨调查，本书试图得出如下三个方面的结论：

第一，平山侗寨房族组织结构相对简单，但是内涵较为复杂，具有明显的治理功能。当地房族在乡村治理中频繁出现，是一类颇为重要的治理主体。平山侗寨房族的组织结构一般是三级结构，即"房族－户－家庭"，相较汉人宗族的"房"要简单。但是，侗族的"房族"内涵比较丰富，既包括类似于汉人宗族中的房支，同时也指类似于汉人宗族的组织。在房族范围、姓氏组成、血缘渊源等方面具有一定的灵活性（如通过改姓、续谱等方式向外拓展），而这种灵活性恰恰是侗族为了强化和实现房族的治理功能，在日常治理实践过程中逐步形成的。

第二，房族参与乡村治理，在一定程度上主导着乡村社会的秩序生产。通过协助村务、主导公益、族规引导和纠纷解决四种方式参与乡村治理，其中又以后两种方式为主。房族治村的方式是自治，即通过房族成员自治生产出一种内生性秩序。但是，这种内生性秩序并非传统宗族组织所生产的"原生秩序"，而是融入一些外部规则（如国家法律、政策、村规民约）之后的新型内生秩序。因此，房族主导下的乡村社会秩序生产并不是封闭式的，而是开发式的，可以根据实际情况"嵌入"国家政权、村级政权等外部力量。在房族赖以存在的传统权威日渐衰退的今天，选择性地"嵌入"包括国家正式权力在内的外部力量，也可以为房族治理提供新的权威基础，有利于其秩序生产。

第三，合理嵌入自组织资源是乡村治理法治化推进的关键。乡村自组织的本质特征就在于，村民根据需要自发成立，围绕自组织行动目标制定相关规范制度，依托这些规章制度进行自我管理。乡村社会中存在很多自组织，这些自组织多以服务性、公益性、互助性组织为主，除了本书讨论的房族之外还包括老年协会、红白理事会、长生会、互助会等乡村自治组织。当前乡村治理法治化的困境就在于，由国家自上而下单向度推进法治在乡村治理实践中遭遇"语言混乱"，受制于多种结构性因素而导致推行成本很高。解决乡村治理法治化困境的有效途径是嵌入乡村自组织资源，具体包括制度保障、规制引导以及融贯规则三个方面。在乡村治理法治化过程中"嵌入"自组织资源不仅有利于国家法律政策在基层社会的推行贯彻，而且有利于乡村自组织在法治化轨道下运行，因此"嵌入"是国家政权、村级政权以及自组织三者之间互动调和的结果。

反思以往乡村治理法治化进路，乡村治理法治化不能脱离特定的时空条件，而是需要依靠乡村社会本土化资源。乡村自组织就是当前乡村社会最为重要的自治资源，完全产生于民治系统，国家正式权力在基层社会的有效运行必须依靠乡村自组织生产的非正式运行系统，这正是乡村治理法治化乃至基层治理法治化的关键。

第四章
"能人治村"及其法律规制

一、"能人治村"现象及其学术方位

改革开放以来,农村地区在政治、经济、文化等方面经历了重大变迁,农民以离开土地等方式进行多元的社会流动,部分人实现了社会地位与经济状况的改变。"农民"这一身份所指涉的乡村群体也日渐复杂,既包括了传统意义上的农民群体,也包括了新型的农民企业家、个体工商户、种植大户以及养殖大户等群体。农村社会的转型与变迁促使乡村成员间固有的社会纽带与关系结构呈现多元化,乡村治理面临多元挑战。在此过程中,伴随着基层民主政治尤其是村民自治制度的发展,一些经营能力强、资源丰富、社会交往能力强的人进入村庄公共治理领域,成为村庄经济运行的代表性人物。这些人在乡村社会发展中的某些方面具有超凡能力并卓有成就,在乡村社会秩序维持、法治建设、基层民主、经济发展等方面发挥着重要作用。毋庸置疑,村级治理模式的有效性与从事治理的人有关,"能人治村"现象在当下乡村治理中的普遍存在符合乡村治理的内在规律。

"能人治村"表现为多种类型,大体包括经济能人、管理能人和社会能人三类。早在20世纪90年代初期,民营经济在东南沿海地区兴起,先富能人大量参与乡村治理,当选为村干部。[1]

---

[1] 1993年开始,浙江、重庆、吉林、山西等地在农村选举过程中,一些先富裕起来的私营企业主、个体工商户以及养殖业大户积极参加竞选。

第四章 "能人治村"及其法律规制

"苏南模式"〔1〕衰落后,江苏等地也开始出现大量先富经济能人参与乡村治理的现象,并且得到官方的鼓励。2000年以后,中西部地区也开始大量出现经济能人治村现象〔2〕。尤其是2005年以后,经济能人参与乡村治理的现象在东中西部地区更加普遍,乡村经济能人通过村庄选举的方式进入乡村治理体系中。〔3〕与经济能人共存的另外两种类型是管理能人与社会能人。管理能人主要指退休乡贤;社会能人主要指在乡村治理过程中具有一定社会地位且社会活动能力强的群体,包括传统老人、宗族族长、乡土法杰等。经济能人是当前最为主要的能人治村类型,而管理能人和社会能人则处于次要地位。在以新农村建设为中心的后税费时代,经济能人参与乡村治理的热情普遍较高,在一定程度上管理能人和社会能人的竞争力稍显薄弱。然而,这并不意味着管理能人和社会能人的隐退,而是根据不同的地区及村庄类型,三类能人在村庄中各自的功能不同。

现阶段,"能人"已经成为当前乡村治理中日趋普遍且重要的力量,地方政府对此寄予了较多的希望和期盼。大多数地方政府以"带头致富能力强、带领致富能力强"(简称"双强")作为村两委建设的主要目标,全国农村基层组织工作也以"带头致富、带领致富"(简称"双带")作为指导性方针。〔4〕在

---

〔1〕 20世纪80年代初,费孝通首次提出苏南模式,通常是指苏南的苏州、无锡、常州等地通过发展乡镇企业实现非农发展的方式。

〔2〕《商界》杂志社于2004年组织一项调查,重庆渝北玉峰镇6个村的24名村干部中,私有资产在100万元以上的村干部占了一半以上。

〔3〕 商意盈等人的调查数据显示,2009年浙江全省新当选的村委会主任中,企业家、工商户、养殖户等经济能人的比例已经达到2/3。

〔4〕 尽管一些地方赋予"双强双带"新的内涵,但是大体还是以经济致富能力为核心。如江苏连云港市在实施强村固基工程以来,把打造一支"领导发展能力强、做群众工作能力强,带头创业致富、带民共同致富"的"双强双带"型村干部队伍作为发展壮大村集体经济的切入点和突破口,在村党组织换届中普遍推行党员

"双强双带"政策的驱动下,乡村能人尤其是经济能人极大地促进了乡村的转型及发展,在"项目制"下使村级财务发生了根本性的扭转和改善,在一定程度上提高了村民的生活水平且提升了村庄的经济地位。实践证明,能人治村模式还会在乡村社会存在较长的时间,乡村治理格局将是由多元化精英能人主导的、村民配合参与的合作共治。这种独特的乡村治理格局杂糅了历史传统、经济变革、社会转型等多重因素。尽管能人治村模式广泛且将长期存在,并且有其积极作用,但是随着能人治村模式的普遍深入,其弊端也十分明显,已在一些地区逐渐暴露[1]。

鉴于此,本章以新时期"能人治村"模式为研究对象,拟对当前能人治村的主要类型、治村方式、运行机制及基本功能等多个方面展开讨论,进而思考当下中国乡村治理可能发展的趋向及可能面临的问题。本章试图解决的问题是,在健全乡村治理体系背景下,如何既充分发挥能人治村的积极作用,又有效遏制能人治村过程中可能存在的不确定性及偶然性,淡化能人治村的人治色彩。通过法律手段对其进行引导规制是一种可能的途径,具体方式包括规范能人进入乡村治理体系的选举机制、健全能人治村的监督机制、构建合理的乡村资源使用机制、建立回应性良好的利益表达机制、整合乡村法律服务资源引导能人治村实际运行等。这样既可以充分发挥"能人治村"的积极作用,同时又通过制度约束机制防范其弊端,从而将"能人治村"模式进一步纳入法治化轨道,努力提高乡村治理法治化水平,

---

(接上页)直选村书记的方式,一批企业家和家庭农场主竞选当上村支书,使许多村很快清偿外债,实现了盈余。参见人民网:"江苏连云港村党组强发展打出'组合拳'",载《人民日报》2014年7月1日,第11版。

〔1〕近几年一些新闻报道揭露出"能人治村"的弊端,如《瞭望》新闻周刊将其概括为:能人权力过度集中、村民民主热情受到压制且对村务参与度降低、治理不规范等方面。

第四章 "能人治村"及其法律规制

推进乡村治理走向政府与基层群众共同期待的善治，从而保持农村政策的持续稳定性和公平公正性，这对于促进当前乡村法治建设具有重要的实践意义。与此同时，本章将对"能人治村"模式的利弊及其作用机制进行实证分析，在乡村自组织运作的基础上探讨"能人治村"过程中法律与自组织内部其他互动规范（信任、面子、人情法则等）的关系，这对于当前村民自治理论发展及农村治理规范的协调优化具有重要的理论意义。

20世纪90年代后，随着市场化改革的进程与农村自治的推行，一些学者对乡村精英或能人参与乡村治理的现象展开研究，并产生了一系列研究成果。为了更好地知晓国内学术界对能人治村的研究状况，有必要对相关研究文献作一个简单梳理，进一步明确研究重点和研究成果。笔者采用文献检索的方式，选择了中国知网（CNKI）中的中国期刊全文数据库、中国博士学位论文全文数据库以及中国重要会议论文全文数据库[1]，选择数据库中的"社会科学Ⅰ辑"和"社会科学Ⅱ辑"两个学科项进行检索，以"能人""富人""强人""精英"[2]为关键检索词，并且包含的关键检索词为"村"，以全部期刊为检索范围，以主题为检索项，精确匹配，检索1990—2017年所有文章[3]。

---

[1] 在数据库的选择上，本书并未将中国优秀硕士学位论文全文数据库列入。

[2] 之所以以"能人""富人""强人""精英"为检索词，主要是因为当前学界对"能人"的界定并不统一，"能人"本身是一个内涵模糊且外延极其广泛的概念，这也就导致称谓上的不一致。以上述四项为检索词，尽可能涵括当前关于能人治村问题讨论的文献。

[3] 以1990年为检索起点，主要是因为：其一，能人治村现象产生于改革开放尤其是20世纪90年代以后，农村地区一些先富起来的村民进入乡村治理领域，并逐渐成为一种重要性力量。在此之前能人治村的现象并不是十分普遍，因而没有引起学界过多的关注，相关的研究文献也比较少（笔者检索1978—1990年的相关文献仅为3篇）。其二，从1990年以后，国内人文社会科学逐渐兴起和发展，特别是20世纪80年代以后法律社会学的兴起，直接推动了乡村治理领域的研究。其三，从1990年直至当下，这一时间段内的学术成果全面反映了学界对能人治村现象发现、铺

采用上述方法检索文献的结果如下（见表4-1）[1]，而后经过筛选共得721篇相关文献[2]。

表4-1 1990—2017年文献检索结果（中国知网CNKI）

检索词	中国期刊全文数据库	中国博士学位论文全文数据库[3]	中国重要会议论文全文数据库
	数量（篇）	数量（篇）	数量（篇）
能人/村	591	12	5
富人/村	28	0	0
强人/村	4	0	0
精英/村	551	66	13

将经过筛选的文献按照时间顺序排列，我们发现文献数量总体呈现递增趋势（见表4-2、图4-1），并且出现了三个高峰。第一个高峰是1995年前后，这次高峰出现的原因可能在于1993年浙江、江苏等东南沿海地区开始大量出现经济能人积极参加村庄选举，这些经济能人对传统革命干部及宗族长老等传统村庄治理主体构成了挑战，此种现象引起了学界的关注和讨论。第二个高峰发生于2005年前后，这可能主要是由于2003年农村税费改革对农村治理结构产生了巨大冲击，大量的经济能人等其

（接上页）陈、展开、挖掘及成熟的全过程，便于我们在整体上把握这一问题的研究动态。综上，本书把检索的时间点选在1990年。

〔1〕 检索的时间为2017年10月1日14时30分—10月1日16时58分。由于数据库存在更新，不同时间检索的结果会有不同，有必要在此简单说明。

〔2〕 筛选已检索文献主要是基于两个方面的考虑。其一，由于检索技术，各检索词检索出的文献可能存在重复，检索出的重复文献应该予以排除。其二，有些检索出的文献并不具有学术参考价值，比如工作总结、新闻报道之类等。

〔3〕 检索时，中国博士学位论文全文数据库收录论文的时间期限为1999年—2017年，故选择此时间段为检索时间段。

他乡村精英得以占据乡村治理空间,成为乡村治理的重要性力量,使农村治理结构发生了根本性的转变,学术界关注并研究此现象,形成了一些具有代表性的成果[1]。第三个高峰产生于2013年以后,这可能是由于党的十八大以后江浙等地"新乡贤"治村的兴起,一些学者从乡村精英治理的角度讨论乡贤治村现象及相关的理论问题,并形成一个热点问题。

表4-2 1990—2017年"能人治村"问题研究文献数量年份分布

年份	数量(篇)
1990年	0
1991年	0
1992年	0
1993年	1
1994年	4
1995年	28
1996年	10
1997年	8
1998年	14
1999年	12
2000年	6
2001年	10
2002年	12
2003年	38
2004年	26
2005年	48

---

[1] 徐勇、贺雪峰、卢福营、金太军、郎友兴、郎友根等人的讨论产生了一些代表性文献,中国知网统计的引证次数基本上都在50次左右,个别文献甚至达到156次。

续表

年份	数量（篇）
2006 年	23
2007 年	40
2008 年	29
2009 年	30
2010 年	32
2011 年	39
2012 年	51
2013 年	58
2014 年	52
2015 年	49
2016 年	64
2017 年	37
合计	721

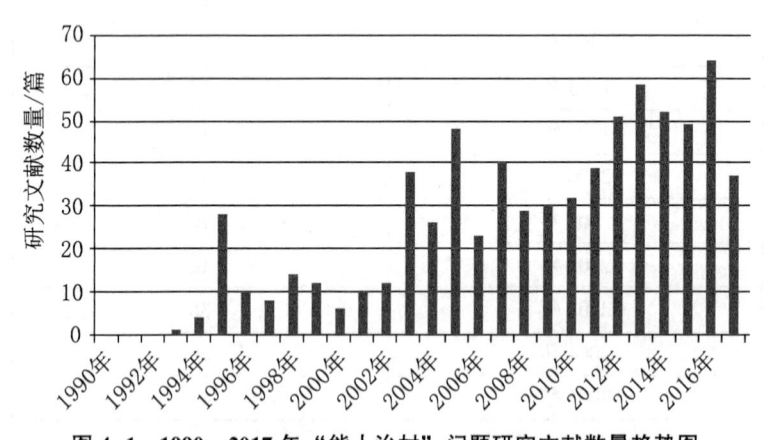

图 4-1 1990—2017 年"能人治村"问题研究文献数量趋势图

与此同时，我们还将文献按照内容大致分为 9 类（见表 4-3）。

表 4-3 文献内容分类

类　别	篇数（篇）
能人治村的基础理论研究（概念、内涵、类型等）	107
能人治村的运行模式研究	48
能人治村在乡村治理中的作用研究	127
能人治村与传统村治模式比较研究	21
能人治村的权威基础研究	69
能人治村的经典个案分析	121
能人治村存在的主要矛盾及问题研究	155
能人治村的完善路径研究	58
其他	15
合计	721

从文献的内容分类可以看出（见表 4-3），学术界对能人治村现象的研究主要集中在"能人治村的基础理论""能人治村在乡村治理中的作用研究""能人治村的经典个案分析"以及"能人治村存在的主要矛盾及问题"四个方面；相较而言，"能人治村的运行模式""能人治村的权威基础"和"能人治村的完善路径"等方面则较为薄弱。

具体言之，有四个重要研究议题值得关注。第一，能人治村模式分析及转换研究。徐勇认为，在分权式的经济体制改革和农村社会转型时期，一批懂经营、善管理的经济能人崛起，并在乡村治理中居重要地位，形成能人型治理模式。这些经济能人推动了乡村经济发展，但因缺乏有效约束而存在弊端，从而徐勇认为能人治理应向依法治理转变。[1]在 1999 年的另一篇

---

[1] 徐勇："由能人到法治：中国农村基层治理模式转换——以若干个案为例兼析能人政治现象"，载《华中师范大学学报（哲学社会科学版）》1996 年第 4 期。

论文中，徐勇以广东万丰村为个案深入考察了能人治村的崛起及转变问题，认为"农村的政治改革最重要的是改变农民传统的生产和生活条件，能人的崛起有一定必然性"，并据此判断："随着经济变革，特别是产权的明晰化，农村基层治理将由能人治理走向法治治理。"[1]卢福营比较了浙江两个能人型村庄的领导体制，概括为"集中决策、分权管理型"与"集权统一型"，并认为这两种领导体制的实际运作明显偏离了国家制度安排，应该尊重农民的现实选择。[2]随后2011年的一篇论文中，卢福营从"民主-权威""多元-一元"及"精英-群众"三个层面分析了经济能人治村模式，认为"经济能人治村"势必会产生一种具有乡土性和本土特色的能人治理现象。[3]

第二，能人治村在乡村治理中的作用研究。大多数学者认为能人治村在乡村治理中具有积极作用，如经济能人治村可以减轻农民负担，使农民增收，带动农村经济和民主政治的发展[4]；创新村庄治理理念，推动村庄治理模式转型，提升村庄公共服务[5]；乡村管理精英在乡村治理中具有较高的绩效，但在管理过程中也存在一定的行为限度。[6]与此同时，不少学者指出能人治村存在负面作用，如贺雪峰认为，能人治村压制了农村基

---

[1] 徐勇："权力重组：能人权威的崛起与转换——广东省万丰村先行一步的放权改革及启示"，载《政治学研究》1999年第1期。

[2] 卢福营："论能人治理型村庄的领导体制——以浙江省两个能人治理型村庄为例"，载《学习与探索》2005年第4期。

[3] 卢福营："经济能人治村：中国乡村政治的新模式"，载《学术月刊》2011年第10期。

[4] 党国英："民主政治的动力：国际经验与中国现实"，载《战略与管理》2003年第5期。

[5] 郭剑鸣："浙江'富人治村'现象剖析——基于浙江金台温三市7个村的调查研究"，载《理论与改革》2010年第5期。

[6] 孙双义："能人治村的绩效与限度探讨——以河南省南召县四棵树乡盆窑村为个案"，载《山西农业大学学报（社会科学版）》2010年第5期。

层民主的发展，破坏和消解村庄的公共性，垄断村庄公共资源的使用机制[1]；郭剑鸣认为，能人滥用职权发展家族企业或转移集体资产[2]；等等。

第三，乡村精英的选拔以及竞选行动策略研究。吴毅认为，村庄中处于非官方治理地位的精英阶层通过公共参与与传统意义上的官方治理精英的博弈可促使民主精神形成。[3]贺雪峰认为，村庄精英治理在相当程度上代表了村民自治的较高水平。[4]王汉生[5]、肖唐镖[6]等人探讨了宗族精英在村庄内部权力竞争中的作用。

第四，乡村精英的结构性分类研究。贺雪峰将乡村精英划分为传统型与现代型两类。[7]周沛按照韦伯权威类型标准将乡村精英划分为法理型、传统型和魅力型。[8]陈柏峰将富人治村模式分为经营致富型、资源垄断型、项目分肥型、回馈家乡型等四种类型。[9]高其才系统研究了乡村法律精英，认为"乡土

---

[1] 贺雪峰："论富人治村——以浙江奉化调查为讨论基础"，载《社会科学研究》2011年第2期。

[2] 郭剑鸣："浙江'富人治村'现象剖析——基于浙江金台温三市7个村的调查研究"，载《理论与改革》2010年第5期。

[3] 吴毅：《村治变迁中的权威与秩序——20世纪川东双村的表达》，中国社会科学出版社2002年版。

[4] 仝志辉、贺雪峰："村庄权力结构的三层分析——兼论选举后村级权力的合法性"，载《中国社会科学》2002年第1期。

[5] 王汉生："改革以来中国农村的工业化与农村精英构成的变化"，载《中国社会科学季刊（香港）》1994年秋季卷。

[6] 参见肖唐镖等：《村治中的宗族——对九个村的调查与研究》，上海书店出版社2001年版。

[7] 贺雪峰："村庄精英与社区记忆：理解村庄性质的二维框架"，载《社会科学辑刊》2000年第4期。

[8] 周沛："农村社区中的权威结构"，载《社会》1999年第11期。

[9] 陈柏峰："富人治村的类型与机制研究"，载《北京社会科学》2016年第9期。

法杰"是农村法治的现实推动者与践行者，在习惯法的传承与弘扬、国家法律的实施、固有文化的接续等方面发挥着积极的作用，是乡村治理的重要主体。[1]

国外学术界提出精英"循环论"和"再生论"用于描述转型期的社会主义国家乡村精英的流动转变。撒列尼（Szelenyi）认为，市场化产生的平等化效应促使农村精英有循环趋势，原来非精英中将会出现一大批新的向上流动的精英。[2]倪志伟（Victor Nee）认为，农村干部身份并没有在市场经济中带来优势地位。[3]奥伊（Jean C. Oi）认为，作为管理精英的村干部是乡村改革最大的利益获得者。[4]魏昂德（Andrew G. Walder）认为，市场化改革使精英再生，权力精英向经济精英转化。[5]

综上可知，国内外学术界对"能人治村"已展开研究并取得较为丰富的研究成果。当前研究学科分布主要集中在社会学和政治学，法学领域较少涉及；研究旨趣多侧重精英理论及能人功能，对能人治理模式的法律规制缺乏深入探讨；学理探讨多于实证研究，尤其对能人治理与乡村法治建设之间的关联缺乏扎实的实证研究；已有的实证研究也多集中于个案分析，建立在多样本比较上的能人治村类型比较研究相对较少，对经济能人关注较多而忽视管理能人、社会能人等其他能人类型，极

---

[1] 高其才："全面推进依法治国中的乡土法杰"，载《学术交流》2015年第11期。

[2] Szelenyi, Ivan, *Socialist Entrepreneurs Embourgeoisment in Rural Hungary*, University of Wisconsin Press, 1988.

[3] Nee, Victor, "A Theory of Market Transition: From Redistribution to Markets in State Socialism", *American Sociological Review*, Vol. 54, 5 (1989).

[4] Oi, Jean C, *State and Peasant in Contemporary China: The Political Economy of Village Government*, The University of California Press, 1989.

[5] Walder, Andrew G, "Markets and Income Inequality in Rural China: Political Advantage in An Expanding Economy", *American Sociological Review*, Vol. 67, 2 (2002).

少结合乡村内部结构特点考察能人治村类型的形成及运行机制。本章将针对这些问题进一步推进此研究。

本章的研究资料主要来自实地调查所得第一手资料。其一，笔者所在研究团队于2013—2017年收集了关于浙江、甘肃、湖南、云南、贵州、湖北、广西、北京、山西等地共9位"乡土法杰"的人生史资料以及"能人治村"模式的运行情况，已经公开出版《桂瑶头人盘振武》《浙中村夫王玉龙》《洞庭乡人何培金》《滇东好人张荣德》等"乡土法杰"系列丛书，包括"乡土法杰"访谈录音、工作日记等资料。其二，笔者自2011年3月以来一直从事乡村治理相关问题研究，已经收集到四川大邑、湖南临湘、广西博白、北京房山、贵州锦屏以及甘肃皋兰等地的乡村治理情况，尤其对上述调查点的村规民约、宗族规约、基层民主、村级决策及执行、"能人治村"类型及特点等方面关注较多，积累了大量的案例资料及村治档案，这些研究资料将作为辅助性资料运用于本章分析之中。其三，2017年3月笔者前往山西清徐县调查所得资料，此次深度访谈了5个村庄治理能人，挖掘出的个案比较具有典型性，也将是本章的重要研究资料。

二、"能人治村"的理论基础及其解释力

一般认为，"能人治村"主要是指村民因富、因义、因贤而获得社会威望进而取得村治资格，特指在农村经济发展和村民自治不断完善的背景下，一批先富起来的村民凭借其在经济发展、乡村治理和公共服务中的引领性作用，获得村民认可，他们采取自荐或村民举荐等方式，在村民选举中获胜，成为村治体系中的重要力量。[1]从以上界定可以看出，乡村治理中的"能

---

[1] 郭剑鸣：《浙江'富人治村'现象剖析——基于浙江金台温三市7个村的调查研究》，载《理论与改革》2010年第5期。

人"应该属于地方精英，是地方精英在乡村领域的具体呈现，学者们也多从精英理论的角度来理解"能人治村"现象。因此，本书将从精英理论的角度来阐述"能人治村"的理论基础及中西方精英理论的解释力问题。

近年来，学界用"地方精英"一词指称近代中国在社会阶层结构急剧转变过程中出现的具有一定权威性的力量或者阶层，并俨然成为一种潮流。西方精英理论发展颇具渊源，内容也极为丰富。从古希腊亚里士多德到近代马基雅维里，到现代的马克斯·韦伯（Max Weber）、帕累托（Pareto Optimality）、莫斯卡（Gaetano Mosca）、米歇尔（Robert Michels），再到米尔斯（C. Wright Mills）等人，都曾不同程度上充实了精英理论研究。精英理论认为，权力必然掌握在少数人手中，其色彩与内涵仅是各有差异而已，进而区隔出精英与非精英两个阶层。韦伯为精英研究勾勒出不同权力类型间的差异，归类了那些经统治者赞成后有基础的支配权力形式，进而细致区分了合法支配和不合法支配，并在合法支配之下进行了传统型支配、克里斯玛型支配和法理型支配的经典类型区分。[1]意大利经济学家兼社会学家维尔弗雷多·帕累托（Vilfredo Pareto）创造经典精英理论，认为社会结构由精英与非精英（the non-elite）构成，精英则包括统治精英（a governing elite）和非统治精英（a non-governing elite）。统治实践表现出的差异就源于"组合的本能"和"聚合的维续"两种行为取向何者在群体中占据上风，这种斗争也就导致精英与非精英之间的流动。[2]美国社会学家米尔斯提出"权力

---

[1] [德] 韦伯：《经济与历史 支配的类型》，康乐等译，广西师范大学出版社2004年版，第303页。

[2] [意] 维尔弗雷多·帕累托：《精英的兴衰》，刘北成译，上海人民出版社2003年版，第15—30页。

精英"概念，认为当代社会是由一个单一、整合的精英团体所统治。在运用精英理论研究社会结构的过程中，米尔斯将"精英"界定为一种"居于社会统治地位的权力集团"，并将美国历史上的精英划分为政治精英、经济精英和军事精英，在他看来精英是指少数高智商的人们，他们居于社会上层，拥有较高的个人素质并运用大量社会和政治权力，以此与大众相区分。[1]显然，西方的精英理论主要以一种二元对立的视角（精英-大众）来进行严格区分，用来解释和剖析社会结构层面，并且充斥着权力话语。精英概念与现代社会科层制结构相适应，用来指代社会管理的"非正式权力"[2]

相较而言，中国传统儒家的"贤能政治"以及科举考试制度与西方精英主义有着相似之处，但是也存在明显的差异。儒家话语体系中的"精英"更强调其道德伦理色彩，"圣人-君子-小人"结构区分的关键在于个体对儒家伦理的体悟与践行情况。儒家政治理想是王道政治，主张将个体修养与国家治理、王道理想紧密结合，故精英主要限定于政治精英，即从格物致知出发，进而修身齐家，最后治国平天下。通过科举考试获取功名，进入文官集团或士大夫阶层的才能称为精英，乡绅就是儒家精英理论在乡村的具体呈现。乡绅主要由科举及第未仕或落第士子、当地较有文化的中小地主、退休回乡或长期赋闲居乡养病的中小官吏、宗族元老等一批在乡村社会有影响的人组成，这些人在皇权乡村控制过程中发挥了重要的作用，在一定程度上

---

[1] See Berth Berberoglu, *Class Structure and Social Transformation*, Praeger, 1994, p. 9. 转引自王先明："士绅构成要素的变异与乡村权力——以 20 世纪三四十年代的晋西北、晋中为例"，载《近代史研究》2005 年第 2 期。

[2] 瞿同祖：《清代地方政府》（修订译本），范忠信、何鹏、晏锋译，法律出版社 2011 年版，第 266 页。

实现了县以下区域的有效治理。[1]20世纪30年代杨开道、梁漱溟等人致力于乡村自治之下的农村领袖治理实践。杨开道从农村领袖的界定、人物、资格，以及农村领袖的训练、对人治事的方法等方面阐述了其乡村精英思想，认为培育农村领袖对乡村自治及农村社会文化发展具有极为重要的意义。[2]晚近儒家文明圈中的"新威权主义"主张精英治国且取得了突出的成绩。

然而，在对当下中国社会阶层结构研究的过程中，西方精英理论在解释"能人治村"问题时呈现出不足之处，这也体现了西方话语在解释中国社会历史进程上的局限性。例如，地方精英的划分标准多样化，按照教育程度、经济实力以及政治地位等划分是否恰当？再如，在传统中国，由于国家权力机构最低只到县级，在乡村控制上实际存在许多薄弱地带，并不是十分严密。在县以下的乡村地区，构成了以士绅为主、地方政府为辅的治理模式，士绅实际上成为国家政权在地方上的代言人。对于这种传统士绅群体，瞿同祖先生称为"非正式权力"，并且认为他们在地方行政上承担着决策咨询、官民调停、民众代言等功能。[3]那么，在近代革命致使传统士绅阶层崩解后在农村形成的新的精英群体是否可以笼统归为"单一、整合的精英团体"？同样，儒家精英理论也存在一定的局限性。儒家所主张的精英主要存在于科层官僚体制之中，更强调精英的身份及地位属性。然而，在社会日趋多元化的今天，精英的来源更加多元化，单纯的科层官僚精英显然无法解释基于致富能力和财富积

---

[1] 黄宗智将帝制中国时期由乡绅协助县级政府的共同治理模式称为"集权的简约治理"。参见[美]黄宗智："集权的简约治理——中国以准官员和纠纷解决为主的半正式基层行政"，载《开放时代》2008年第2期。

[2] 参见杨开道：《农村领袖》，世界书局1930年版。

[3] 参见瞿同祖：《清代地方政府》（修订译本），范忠信、何鹏、晏锋译，法律出版社2011年版，第266、288—290页。

累而崛起的经济能人。

不管学者们的质疑如何,有一点是可以肯定的,那就是"精英"是对社会阶层进行分析的理论模型。与传统相比,在中国转型期的地方精英可能呈现出两个特质:一是地方精英赖以存在的"地方"更广泛,并不是仅仅存在于城市社区,而有可能存在于乡土社会,在某个基层社区中也会有"精英"的存在(比如改革开放之后在农村出现的"经济能人");二是地方精英的来源日益趋向多元化,可能来自政治、经济、文化、社会、宗族、法律等领域,这与传统来源领域单一化明显不同。

笔者所在研究团队调查的9位乡村能人分别来自不同的领域,具有不同的身份,如广西金秀下古陈盘振武,由于其长期担任宗族"头人",属于"宗族精英";湖南临湘何家冲何培金曾经从处级干部岗位退休,大体属于"管理精英";浙江东阳岭腰王玉龙一直担任乡村干部,热心于所在社区的日常工作,处事公平公正,经过日积月累在社区中取得一定的信任,属于"管理精英";湖北黄石刘仁八湾刘克龙担任过刘氏宗族理事会的理事长,当地老老少少刘姓人都熟悉他,属于典型的"宗族精英"。需要注意的是,上述这几种"地方精英"属于何种性质或者类别都不是绝对的,相互之间可能存在一定的交叉与重合。例如,何培金不仅属于"管理精英",还可能是"宗族精英"(何也处理当地宗族事务);盘振武不仅属于"宗族精英",还可能是"文化精英"(盘虽只有初中文化,但在当地属于文化水平较高的人);刘克龙不仅从事宗族活动,而且还开过古建公司,也是一名生意人。再者,这几位代表性人物之间都存在着一个显著的共同点,即他们都知晓法律风俗,熟悉乡土规范,广泛参与民间活动,热心调解社会纠纷,也属于地方"法律精英"。由此可见,在中国基层,尤其是传统士绅阶层解体之后的乡土社会，精英呈现出一种复杂化和多元化的趋势。精英并不仅仅存在于社会上层，在不同的社会阶层（即使是社会底层）都可能有精英的存在。

乡村能人这类精英群体，实际上就是转型时期乡土精英复杂化和多元化的具体体现，较好地概括出转型时期中国乡土精英身份多元化的特点。也许，正是由于作为乡土精英代表的乡村"能人"的存在，乡土社会才能够自治"迎合"社会的急剧变迁，同时也是乡土社会内生性秩序衍生和维持的需要。也正是乡土精英身份的多元化，使得乡土精英来源多元化以及秩序维持方式的多样化。因此，西方"精英-大众"二元对立的理论范式显然无法透彻解释中国乡村"能人治村"的复杂性与多元性，但在一定程度上可以作为我们分析的理论参照。

三、"能人治村"的基本类型及村治特点

以"能人"产生领域为划分标准，"能人治村"大体可分为经济能人、管理能人与社会能人治村三种类型。各种"能人治村"结构类型的运作逻辑不同，需要有针对性地研究其特点，进而提出法律规制方案。

（一）"能人治村"的基本类型

2013—2017年笔者所在研究团队先后前往浙江、甘肃、湖南、云南、贵州、湖北、广西、北京、山西等地进行调查，其中包括乡村能人的个体性调查，同时也对山西清徐县近十年村党支部书记的来源进行了整体性调查，并对其职业来源进行了综合分析。从第一份资料中，我们可以知晓"能人治村"结构类型的复杂性（见表4-4）；从第二份资料中，我们可以获悉经济能人参与村治基本趋势及其在村治中的重要地位（见表4-5）。

表4-4　乡村能人基本情况汇总[1]

姓名	出生年份	地理位置	基本情况描述
盘振武	1954年	广西壮族自治区金秀瑶族自治县六巷乡六巷村下古陈屯	念书不多却懂文识字，由于爱好和勤动脑子，从法律到一般的农业农机修理使用、驾车、泥水工、木工什么的都能做。人际关系好，不论男女贫富的人都交往，村里的习俗、唱歌、跳舞等样样都了解。热心公益，修过公路，乐于助人，曾担任三十多年村干部，护过山林、做过八角收购生意，懂治病，瑶族石牌头人之后
何培金	1938年	湖南省岳阳市临湘市聂市镇国庆村易家山组何家冲	1959年8月中师毕业后在临湘市云溪完小、临湖一中短暂教书一年；之后在临湘报社、临湘县委整风整社工作队、临湘县委办公室、临湘县委调查研究组、岳阳地区革委写作小组、岳阳地委办公室、岳阳地委研究室、岳阳市委政策研究室、岳阳市人民政府地方志办公室等部门工作，任过岳阳市委政研室副主任、地方志办公室主任，1998年退休时为正处级干部。致力于修史编志，用功于地方文化，主要研究洞庭湖地区的历史文化，对岳阳市特别是临湘市的地域文化颇有心得。广泛收集乡村文献，热心乡村公益事业，调解农村纠纷，参与乡村事务，威望颇高

---

[1] 表中人物的调查资料均来自课题组整理完成的"能人治村及其法律规制"数据资料库。

续表

姓名	出生年份	地理位置	基本情况描述
王玉龙	1936年	浙江省东阳市魏山镇岭典村民委员会岭腰村民小组	小学文化，做了一辈子村干部。从1958年担任岭腰村粮食保管员开始，先后担任岭腰村食堂会计、岭腰村副大队长、岭腰村大队长、岭腰村财务负责人、文书，一直到2008年退休。精通村中乡规礼俗，熟悉法律政策，热心公益，解纷扶弱，威望甚高
张荣德	1946年	云南省曲靖市马龙区月望乡深沟村民委员会火烧箐村	小学文化，1976年由村里推荐当选村小组长，1983年土地承包到户后，三组并为一村，任（火烧箐村）副村主任至1986年。1986年至今任（深沟）村民委员会人民调解员。热心解纷工作，解决婚姻、土地、交通肇事、坟地及企业进村等纠纷多起，2014年被评为曲靖市第二届道德模范
马永祥	1955年	甘肃省临夏回族自治州东乡族自治县东塬乡东塬村	没有上过学，但有着丰富的社会知识和良好的人际交往能力。做过生产队长，改革开放后又经商务工，发家致富。先后贩卖过牛羊，搞过工程建设，后又承包村里的河滩地开设了农家生态园。热心公益，修路建校、捐资助学，解决纠纷，极具威望，曾任两届东乡族自治县政协委员，现在是东乡族自治县的人大代表
刘克龙	1953年	湖北省黄石市大冶市刘仁八镇刘仁八湾	毕业于大冶师范学校，中学语文教师。热爱写诗，在地方报刊和《湖北日报》上发表过诗作；主编了《中华刘氏统宗民谱》《湖北刘氏通谱》等姓氏文化宝典。致力于宗族事业，1999年发起成立刘氏宗族理事

第四章 "能人治村"及其法律规制

续表

姓名	出生年份	地理位置	基本情况描述
			会，做理事长十多年，2016年又重新担任理事长。2007年秋发起成立"大冶刘氏联谊会"。2008年号召大冶刘氏合修家谱。组织过玩龙灯等活动，开过古建公司
易遵华	1956年	贵州省黔东南苗族侗族自治州锦屏县河口乡文斗村	中学文化，曾任小学教师。担任村干部二十余年，精通苗语，长期从事文斗村民族文化资料收集整理和锦屏文书研究保护工作，曾受邀前往西南政法大学讲授锦屏契约文书。组织村庄建设，积极为村民解决纠纷，热心村中事务
陈威宁	1963年	山西省太原市清徐县清源镇平泉村人	1986年通过自学考上了西南交通大学的硕士研究生。1989年硕士毕业后成立太原市通用控制技术研究所，研究开发了国家级重点新产品"微触发功耗交流开关"，在电气控制领域得到了广泛推广。1996年在太原筹办了山西华控伟业科技公司，后公司业务发展壮大，分别在深圳、交城开了子公司，成了三个独立公司的领导人，资产雄厚。2009年回乡当选为平泉村村民委员会主任，成为太原市首位"硕士村主任"
王全	1964年	北京市怀柔区渤海镇北沟村	十二届全国人大代表，北京市怀柔区渤海镇党委委员，长城国际文化村联合党总支书记，北沟村党支部书记、村委会主任，先后荣获"北京市优秀村官管理工作者""北京市群众心目中的好党员"等称号。当过兵，退伍复员后一直在外经商，颇

续表

姓名	出生年份	地理位置	基本情况描述
			为成功。2003年冬放弃经营多年的企业（转由妻子管理），2004年当选为村党支部书记至今。在任期间带领村民共同致富，制定村规民约进行治理，化解纠纷，取得良好的效果

表4-5　山西清徐县近十年村党支部书记汇总（2006—2016年）[1]

年份	村支书总人数（位）	致富能人数（位）	百分比（%）
2006	195	23	11.8
2007	195	36	18.5
2008	195	38	19.5
2009	193	44	22.8
2010	193	41	21.2
2011	193	43	22.3
2012	193	57	29.5
2013	193	62	32.1
2014	192	78	40.6
2015	192	87	45.3

[1] 从2006年到2016年，清徐县进行过乡镇调整与合并，行政村数量发生过细微的变化。截至2017年清徐全县总面积609平方公里，辖4镇5乡1个街道办事处、192个行政村和6个社区居委会。其中"致富能人"主要是指私营企业主、大型货车运输司机、个体工商户、村里种植大户、养殖大户、农产品经销商以及其他经商者等，这些人作为乡村先富群体，被吸纳入党并被选举或任命为村党支部书记。表中村党支部书记的职业信息及相关数据主要由清徐县党委组织部提供，部分职业信息由笔者实地访谈收集。需要指出的是，由于数据收集的工作量较大，对于全县行政村的村委会主任的职业来源构成情况没有作相应的统计。

第四章 "能人治村"及其法律规制

续表

年份	村支书总人数（位）	致富能人数（位）	百分比（%）
2016	192	102	53.1

根据上述人物的基本情况，乡村能人大体包括如下类型。第一，经济能人。经济能人包括私营企业主、大型农户等，主要通过雄厚的资本和技术带领村庄经济建设。如山西清徐的陈威宁资产雄厚，回乡担任村主任，带领村民种植葡萄而发家致富。又如北京北沟村的王全，退伍后长期经营企业并且获得成功，即便担任村支书也没有放弃企业，而是转给亲人管理。以经营企业的方式来经营乡村，通过开发农家院发展旅游的方式，仅2010年就接待了旅游观光者3万多人次，实现纯利润40余万元。北沟村村民人均收入也从几年前不足5000元跃升到2010年的14 000元，成为远近闻名的富裕村。再如，甘肃东乡马永祥，虽然只有小学文化，但是凭借其头脑在改革开放后发家致富（贩卖牛羊、承包工程、开设农家生态园），积累了一定的财富（需要指出的是，笔者在实地调查过程中发现，各地经济能人数量比较多，为了阐述方便，此处仅列举以上几位经济能人，表4-5以山西清徐为例分析经济能人的构成情况）。

第二，管理能人。管理能人包括村干部、退休乡贤等。例如，从1958年开始一直在村担任村干部的王玉龙，熟知村庄的治理模式与特色，善于与人打交道，能够争取到对村庄发展有益的资源。再如湖南临湘的何培金，长期在地方政府部门工作，1998年退休时为正处级干部，退休回家后服务于乡村发展建设。由于其曾经的工作性质，熟悉与政府有关部门沟通的程序，在处理乡村事务时，能更快、更好地解决。例如，他曾帮助当地民营企业打官司。该案先是在岳阳市中级人民法院一审胜诉，后被告方上诉至湖南省高级人民法院，经调解最终达成赔偿协议。他不仅精通纠纷解决方式及渠道，而且熟悉法律知识，为维护村民企业的利益发挥了重要作用。

第三，社会能人。社会能人则相对较为广泛，身份构成也颇为复杂。主要介绍以下两类：其一，传统老人、寨老、宗族族长等，这些人主要是通过传统型的威望进行治理，其身份也主要来自传统社会文化。如湖北大冶的刘克龙就是典型的宗族族长；广西金秀的盘振武是头人后人，颇具宗族威望；贵州锦屏黄门村的王化龙为各房族推选的寨老，在乡民中威望很高。其二，乡土文化能人。这些人掌握的知识颇为丰富（不一定是书本知识），见多识广，熟悉乡土规范以及国家法律政策，能够为村里发展出谋划策，凭借其特有的广博知识而在村庄治理中具有一定的话语权。如笔者所在团队曾经实地调查的"乡土法杰"就是非常典型的文化能人，他们大多通晓当地乡规民俗和国家法律规范，村民遇到问题普遍倾向于向其咨询，寻求帮助。从这两类社会能人可以看出能人身份来源的复杂性，社会能人治村具有多样性。

上述三类乡村能人类型的划分并不是绝对的，而是有着颇为复杂的交叉关系。一个人可能既是经济能人，又是管理能人。如北京北沟村的王全，既是企业家，同时又是渤海镇党委委员、十二届全国人大代表；也有可能既是管理能人，又是社会能人，如何培金退休后利用其对国家法律政策方面的知识帮助村中企业起草民事起诉书，有时候也为村民拟定合同等一些文字性的东西，实际上是当地的社会能人；也有既是经济能人，又是社会能人的，如山西清徐陈威宁不仅是企业家，还是"硕士村主任"，具有较高的学历，见多识广，朋友众多。笔者与其交谈的过程中深切感受到他的眼界及学识。当然，也有同时具备管理能人、经济能人和社会能人三种身份的。

从村庄结构的角度来看,能人类型的产生与乡村结构特点具有一定的关联性。笔者比较不同地区能人及其所在村庄的特点后发现,如果是结构较为稳定的传统型村庄,寨老、族长等依托于传统力量的能人比较明显;如果是结构处于急剧变化的转型村庄,经济能人一般比较多一些,也有一部分社会能人随之产生。至于管理能人,则与村庄结构没有太多密切关联,不管是何种村庄结构,均会产生管理能人。尽管身份有重叠,但毫无疑问,占据重要性的还是经济能人。经济能人在笔者调查的各个省份均有,而且占据绝大多数,即便是黔东南地区也不例外。

从表4-5和图4-2可知,清徐县190多个行政村的党支部书记中,致富能人数量是逐渐递增的,这些致富能人主要通过党员大会选举或上级党组织委任的方式产生。从2011年开始,致富能人的占比增长加快,这可能与县里在2010年开展推进"双强双带"工程有关,使得一大批致富能人积极参与村庄治理,担任村支书职务。致富能人占比从2011年的22.3%增长到2016年的53.1%,仅5年的时间就占了全部行政村村支书数量的一半左右。笔者在调查的过程中也发现,很多村不仅村支书和村主任在经商,而且村两委成员中也有很多经商的。该县马峪乡的东马峪村村民委员会主任是一位黄姓中年妇女,经营着村里的一家私立幼儿园,家庭年收入在四五十万元。该村原来的村主任是由其丈夫王某担任,后因其丈夫忙于经营公司,故卸任并由其妻子当选。[1]

---

[1] 黄云霞访谈录,资料编号:HYX20170322。

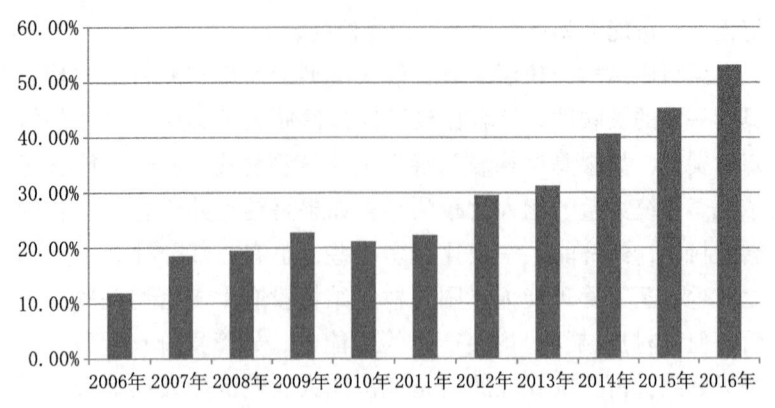

图 4-2　致富能人在全县村党支部书记中的占比变化趋势

（二）能人的权威基础及治村方式

乡村能人是一种类似于"地方精英"的独立个体，他们掌握一定的资源，知晓法律风俗，熟悉乡土规范，在基层社会广泛地参与社会纠纷解决，热心于乡村公共事务，说话办事十分高效。我们不禁要问，这些"能人"为何会在乡土社会中具备威信？他们具有何种特质？而自身的这种特质又如何使他们"摄取"到一种权威，从而有效地介入乡村治理之中……对于这些问题，我们需要回到权威理论之中寻找答案。

一般而言，权威（authority）是指对权力的自愿服从与支持，是权力获得正当性的基础。韦伯曾对权威进行了类型化分析。在韦伯的政治社会学讨论中，"权力（Macht）""支配（Herrschaft）"和"正当性"是三个极为重要的概念。[1]首先，权力是指"在一种社会关系内部某个行动者将会处在一个能够不顾他人的反对去贯彻自身意志的地位上的概率，不管这种概

---

[1] [德] 马克斯·韦伯：《经济与社会》（第一卷），阎克文译，上海人民出版社 2010 年版，第 121 页、147 页。

率的基础是什么"。而支配是指"某项包含了特定明确内容的命令将会得到某个特定群体服从的概率"。然而，不同于支配与暴力控制的是，正当性的支配才被称为权威。正当性是指"行动，尤其是社会行动，更不用说还有社会关系，可以受到正当性秩序是存在的这一信念的引导"。由此可见，权威实际上是一种正当性支配，其要素有二：一是自愿服从，而不论所服从的命令内容如何；二是社会行动者服从，原因在于相信"正当性秩序"的存在，而不论支配的正当性基础（包括传统、信仰及成文法规）如何。

因此，在构建这些概念的基础之上，韦伯将正当统治（权威）的类型分为三类：传统型权威、超凡魅力型（卡里斯玛型）权威以及合法型权威。在韦伯看来，传统型权威的效力主要是来自对悠久传统的神圣性以及根据这些传统行使权威者的正当性（传统型权威）的牢固信仰，这是一种习惯性的力量；超凡魅力型权威的效力主要来自对某个人的英雄品质或者典范特性以及对他所启示或创立的规范模式或秩序（超凡魅力型权威）的忠诚；合法型权威的效力主要来自对已制定的规则之合法性的信仰，以及对享有权威而根据这些规则发号施令者之权利（合法型权威）的信仰。[1]传统型权威的主要表现形式是老人统治、家长制、家产制及父权制；超凡魅力型权威的主要表现形式是精通律法的智者、战争英雄以及引导群众的知识分子等；合法型权威的主要表现形式是现代社会中的理性法。

当然，韦伯给我们提供的也只是权威的类型化分析方法，分析的对象也主要是针对西方传统社会，由于历史条件和社会现实的原因，在解释当前中国乡土社会权威类型时可能会存在一定的局限性。从乡土法人权威"摄取"的过程来看，笔者认

---

〔1〕 [德]马克斯·韦伯：《经济与社会》（第一卷），阎克文译，上海人民出版社2010年版，第322页。

为，按权威的具体来源和实质大致可划分为四类。一是传统型权威，这主要表现为权威"摄取"自传统宗族长老统治；二是知识型权威，主要是基于"知识-权力"结构[1]而产生；三是代理型权威，主要是指依赖国家力量而存在的乡村治理中的代理人（如村、组干部）；四是公权型权威，权力的来源主要是国家公权力，如乡镇派出法庭、派出所等。然而，尽管对乡土权威类型化分析如此，但在现实中绝对地只符合上述某种权威类型的现象并不存在。通过对上述权威理论的分析，我们再结合上述乡村能人经历的描述就不难发现，乡村能人的权威可能是混合的，并不仅仅局限于某一种。对此我们不能犯简单归类的错误，而应考虑到这种混合性的存在。比如，湖南临湘何家冲何培金曾经是政府工作人员，知晓法律，退休后还运用现代法律知识为企业追回债务，从这个意义上来说应属于知识型权威。但是，他在当地修建宗祠，在宗族中也有较高的声望，故而又属于传统型权威。浙中村夫王玉龙曾经长期担任村干部，其权威"摄取"主要是基于国家代理人身份，由国家公权力所赋予。陈威宁等经济能人正是基于其经营能力，而被当地村民视为具有能力的人，从而获得一种财富型权威，这种权威在农村经济改革转型过程中甚至一度超越其他类型的权威。正因为乡村能人身份的综合性，导致了其权威来源的多样化，某个乡村能人

---

[1] 福柯认为，知识是可以产生权力的，权力也能促使知识产生，这也成为他考察监狱刑罚的基点。"这种现实的非肉体的灵魂不是一种实体，而是一种因素。它体现了某种权力的效应，某种知识的指涉，某种机制。借助这种机制，权力关系造就了一种知识体系，知识则扩大和强化了这种权力的效应。围绕这种'现实-指涉'，人们建构了各种概念，划分了各种分析领域：心理、主观、人格、意识等等。围绕着它，还形成了具有科学性的技术和话语以及人道主义的道德主张。"参见[法]米歇尔·福柯：《规训与惩罚：监狱的诞生》，刘北成、杨远婴译，生活·读书·新知三联书店2007年版，第32页。

第四章 "能人治村"及其法律规制

可能是几种权威类型的综合。

既然乡村能人的权威获取渠道是多样化的，权威类型也是混合的，那么这种具备多重权威类型的乡村能人是如何进行乡村治理的呢？实际上这个问题进而追问"能人治村"的运行机制。"能人治村"模式运行的关键在于，在乡村自组织持续演化的过程中能人带领成员随着环境的变化而不断生成适应性的新规则和自治理机制。乡村是村民生活的"共同体"，也是一种"自组织"（self-organize）。自组织指的是一个有人数边界的团体，通过系统内部自我治理机制的建立和操作使得这个团体由无序走向有序的过程。村民自治背景下的农村社区就是这种"自组织"形态，村民自发组成小团体，继而小团体内部生成特定的共同目标，再针对这一目标进行内部的分工、合作和社会行动，从而发展出自我管理的一套机制。"能人治村"主要通过乡村自组织进行运作，"能人"带领村民形成自我管理的机制，并随着环境变化不断调适生成新的自治理机制。在此过程中，能人在乡村自组织内部进行动员和自治理主要依靠的规则包括国家法律、民间规约、人情法则以及信任规则等多种。通过选择组合和灵活适用这些自组织规范，能人得以顺利实现治村目标，形成乡村自治理机制的再生与循环。

一直以来，作为正当性支配的权威与秩序是政治学与社会学关注的重要问题。如果从国家与社会的视角来看，权威与秩序可分为两种类型：一是社会内在力量形成的内生性权威以及依靠这一权威力量整合社会形成的自然型秩序；二是由外部的国家力量加之于社会的规定性权威及依靠这一权威力量整合社会所形成的建构型秩序。[1]贺雪峰、董磊明等学者在广泛深入

---

[1] 吴毅：《村治变迁中的权威与秩序——20世纪川东双村的表达》，中国社会科学出版社2002年版，第6页。

调研的基础上,将转型期中国乡村的权威与秩序大致分为三种类型:原生型权威、次生型权威和外生型权威。其中,原生型权威主要是指村庄内的非正式组织和精英;次生型权威主要是指被体制、制度吸纳,而获得力量保证的地方精英(即村、组干部);外生型权威就是指介入村庄生活中的强大外在力量,主要是国家力量。[1]事实上,在转型期的乡土社会,无论是自然型秩序与建构型秩序,还是原生型秩序、次生型秩序及外生型秩序,都有可能同时存在。但是,无论是何种类型的权威与秩序关系,两者之间都有着密不可分的关系。如果要做更为宽泛的理解,权威可以理解为控制与影响力的来源,正如韦伯所提到的"正当性支配",只不过后者排除了暴力控制与支配,范围可能更为狭小。而秩序则可以理解为各种权威运行与互动的结果。[2]所以,从某种意义上来说,权威构建秩序,秩序依赖权威。

在中国传统的乡土社会,权威与秩序的结构趋于稳定。权威的主要来源是绅权与族权,国家行政力量对乡土社会的控制并不深入。黄宗智通过满铁资料来考察分析清代基层治理模式,认为清代基层治理进路主要表现为"集权的简约化治理"。在这种治理模式下,政府一方面将行政权威聚集在中央,另一方面则采取一种简约化的正式官僚机构(只到县一级),政府的力量无法深入控制基层社会,不得不依赖准官员和纠纷解决机制进行治理的半正式的简约行政进路。[3]尽管作者试图证明在国家

---

[1] 参见贺雪峰、董磊明:"中国乡村治理:结构与类型",载《经济社会体制比较》2005年第3期。

[2] 吴毅:《村治变迁中的权威与秩序——20世纪川东双村的表达》,中国社会科学出版社2002年版,第30页。

[3] [美]黄宗智:《过去和现在:中国民事法律实践的探索》,法律出版社2009年版,第78页。

第四章 "能人治村"及其法律规制

与社会之外的"第三领域"的存在，但不可否认的一点是，传统中国基层治理主要是依赖于一种内生性权威与秩序，来自国家的外部强制性力量则相对较为薄弱，对基层的控制十分有限，这也就促成了传统中国基层社会权威与秩序结构的稳定性。20世纪以后，随着村民自治制度的出现，乡村权威与秩序的构造呈现出新的形式。这种新的形式集中表现为权威来源更大程度上的混合性以及维持秩序方式的多样化。在乡村能人身上，我们不难理解这一变化。

乡村能人权威来源是混合的，可能是多种权威类型的综合。因此，通过依赖不同的权威来源，乡村能人在不同场合下选择不同的处理纠纷的策略，维持地方秩序。这也表现出乡村能人在处理纠纷和维持秩序时手段的多样化。以盘振武为例，他的身份是复杂的，既是瑶族石牌"头人"，又是地方文化的代表性人物（六巷黄泥鼓艺术团团长，在下古陈屯文化水平较高），还是乡村干部（下古陈屯村主任），身份的复杂性导致了权威的混合性。瑶族石牌"头人"的身份，使其获得的是传统型权威；地方文化代表性人物的身份使其获得一种知识型权威；乡村干部身份使其获得一种来自官方的法理型权威。正是依靠这种混合性的权威，盘振武在维持地方秩序的同时也会采取不同的策略，根据不同的场合和纠纷情况依赖较为合适的权威类型进行处理。盘振武有一个较为有意思的案例。案情很简单，转述如下：

一位阿婆（60岁）向盘振武（盘时任村主任）告状，说自己的丈夫（60岁）帮别的女人做工，怀疑丈夫出轨，请求盘振武主持公道，并让盘叫上其他人第二日去现场查看。通过调查发现，前一日该处没人做工，没有痕迹，草也不动，田基也不动，是这位阿婆看错了，属于谎报，丈夫并无出轨之事。按照当地村规民约，谎报要赔偿。但盘并未按照村规民约进行处罚，只是对阿婆进行警告，并在开会时公告。阿婆对这种处理结果很满意。[1]

从这个案例中，我们可以看出，盘振武在处理纠纷的过程中，首先展示的是作为国家权力基层代理人的村干部角色[2]，这一角色所带来的权威主要是国家赋予的。本案中阿婆在怀疑自己的丈夫出轨时，首先想到的是盘振武，希望作为村干部的他能出面主持公道。而盘振武通过调查，发现该事纯属子虚乌有，须按照村规民约对其处罚时，却做了灵活的处理，只是对其进行警告和公告。此时，在执行村规民约时，盘振武表现出的是一种依据"头人"身份而取得的传统型权威，俨然是地方的"长老"，依据其在宗族内的威信而对村规民约变通执行。除此之外，盘振武还利用自学的法律知识，热心为瑶族村民代写诉状，帮他们向法院等国家有关部门表达自己的诉求、维护自身的利益。在这个过程中，盘振武充分利用自己的"知识型权威"（地方文化精英，精通国家法律及当地习惯法），从而有力维护村民利益，整合乡土社会秩序。综上，盘振武身上的各种

---

〔1〕 盘振武访谈录，资料编号：PZW2013062101。
〔2〕 关于村干部角色问题的研究一直是乡村政治研究中关注的重点，对此已经形成不同的观点。戴慕珍认为，村级领导人一方面扮演代理人的角色，执行上级的指令，另一方面为维护村民的利益而不断与上级政府沟通。徐勇认为村干部群体扮演着政府代理人和村民当家人的"双重角色"。吴毅认为村干部的现实角色是村庄秩序的"守夜人"和村政中的"撞钟者"，充当村庄秩序的守望者和村政的维持者。贺雪峰认为村干部扮演的角色更加复杂：保护型经纪、赢利型经纪、撞钟者、动摇于代理人与当家人之间。但无论村干部是何种角色定位，都与国家政权有着亲密关系。参见徐勇："村干部的双重角色：代理人与当家人"，载《二十一世纪》1997年第42期；吴毅：《村治变迁中的权威与秩序——20世纪川东双村的表达》，中国社会科学出版社2002年版，第219—225页；贺雪峰、阿古智子："村干部的动力机制与角色类型——兼谈乡村治理研究中的若干相关话题"，载《学习与探索》2006年第3期。

权威类型之间是相互作用和影响的。比如,作为文化精英的"知识型权威"和作为宗族"头人"的"传统型权威"密不可分,前者推动后者,后者又反作用于前者。权威与秩序的结构化以及维护秩序方式的多样化是一个长期累积的过程,但在他身上最为凸显的权威类型当属作为宗族"头人"的"传统型权威"。

乡村能人在村治过程中能够善于运用多种自治理规则进行,这些自治理规则包括了国家法律、民间规约、人情法则以及信任规则等。乡村能人根据不同的情况选择运用自身隐含的权威类型,并根据需要运用国家法律、民间规约等自治理规则。例如,浙江岭腰村王玉龙主持解决的一起再婚案例就是如此,案情如下:

岭腰村村民俞桂花(女,72岁),育有2个儿子和2个女儿;另一村民王德普(男,75岁),育有3个儿子,两人于2000年夏相好。在相好一年多后的2001年底,两位老人决定结婚。在年底其子女们回家过年之际,王德普和俞桂花分别和子女们商量两人结婚的事情,结果却遭到了子女们的一致反对。

当时,在俞桂花家中,其子女一致认为俞桂花已经60多岁了,父亲去世也没几年(去世时已经66岁),两人是"一路夫妻",如果改嫁,他们无法接受。更让他们不能接受的是,在俞桂花丈夫去世时,子女为父母修建了双人墓,要是俞桂花改嫁,俞桂花去世之后,该安葬在哪,是和他们的父亲葬在一块儿,还是和王德普葬在一块儿?无论怎样,俞桂花的子女都觉得俞桂花的行为是对父亲的背叛,让子女们无法向父亲交代。而在王德普家中,情况也并不乐观,其儿子们虽不反对王德普再婚,但是他们不同意王德普和俞桂花再婚。因为他们觉得,如果俞桂花和其丈夫只是"一路夫妻"还能够接受,但俞桂花的子女已经为他们修建了双人墓，如果王德普和俞桂花再婚，会让他们做儿子的在村里没有面子，被人笑话。

两家子女虽意见一致，但是两位老人就是不肯听子女的话。后来两家子女一起来找我，问我怎么办，还求我劝劝二人，不要一辈子的好名声就在老年的时候败坏了。王德普和俞桂花知道他们的子女来找我，他们俩也来找我，向我诉苦，说他们养了几十年的子女，到头来还干涉他们。

这种事情是很难处理的，我也很为难。从道理上说，我觉得两个老人，年龄这么大了，也没必要再折腾，何况俞桂花还和丈夫修了双人墓，但是子女都不在村里待着，两个老人生活在农村也不容易。后来我想了很久，想到了一个互相妥协的办法，就是他们两个不要结婚，只是子女们允许他们两个在一起生活，让他们互相做个伴，但不是以夫妻的身份。我把这个想法告诉王德普和俞桂花，也告诉了他们的子女，经过讨论，他们都同意。这件事情就是这样解决的。[1]

事实上，岭腰村的再婚习惯，存在许多男女不平等的地方，通常对妇女再婚限制较多，对男子再婚则几乎没有限制。本案中有一个十分重要的习惯——"一路夫妻"，即对于丧夫的妇女，如果丈夫去世时已满50岁，村民会认为两人是"一路夫妻"，应一路相伴，所以村里尊重这类妇女不再改嫁的想法。反之，若改嫁遭受非议，在本村则难以立足，所以即使改嫁也只会改嫁到外村。但是，王玉龙对此并未严格按照固有的习惯法规则进行处理，而是通过采取"事实婚姻"（即不以法律上夫妻的身份，而只是互相做个伴）的方式予以灵活变通适用。这种处理方式取得了良好的效果，并得到当事人和村民的广泛认同

---

〔1〕 王玉龙访谈录，资料编号：WYL2014080501。

（该处理结果并未招致村民非议，并且在日后遇到类似案件时遵循这一处理方式），从而逐渐形成一种"成例"，产生一种新的关于再婚的习惯法规则。应该说，新习惯法规则的产生离不开"乡土法人"处理纠纷时所发挥的"聪明才智"，同时也是集体智慧的结晶。相关案例还有许多，例如，在分家析产习惯法方面，由于社会经济环境的变化，出嫁女在继承父母财产方面也从原来的绝对禁止转变为特定条件下的允许；在分家析产时，"成家者优先选择权"与父母意愿矛盾时的处理；[1]金秀下古陈屯的瑶族传统石牌习惯法与该村1982年、2002年制定的村规民约之间的传承关系。[2]这些案例都说明了一个问题，即乡村能人在村庄治理过程中会灵活运用自身权威，具体情况，具体分析，选择适用各类乡村自组织规则。当然我们也要看到，虽然乡土能人具有特定权威，但是这种权威的运用有时候会突破既有规则，进而形成一种"威权式治理"。

四、"能人治村"的作用分析

乡村治理归根结底是人的治理，乡村发展离不开人的推动。"能人治村"过程可能会产生积极与消极两方面的治理效果。一方面，乡村能人通过运用自身独特的超凡能力，在乡村经济发展、村庄秩序维持、解决乡村纠纷、增强乡村凝聚力、争取各类资源等方面发挥了积极作用。另一方面，乡村能人在乡村治理过程中会存在一些消极作用，在一定程度上阻碍了乡村发展。

笔者研究团队在调查过程中发现，能人治村的积极作用有很多，发挥了诸多功能，涵括秩序维持、经济发展、乡村建设、文化振兴等多个方面。限于篇幅，本章将重点从五个方面阐述

---

[1] 王玉龙访谈录，资料编号：WYL2014080504。
[2] 盘振武访谈录，资料编号：PZW2013062104。

能人治村的积极作用。

第一,减轻国家治理乡村成本。乡村能人参与乡村治理,进入乡村公共空间领域,大多是村民根据村情民意自主选择的结果,符合乡村治理的客观实际和现实需求,也是基层群众自治发展的必然结果。20世纪80年代,党和国家在总结新中国成立以来农村治理经验与教训的基础上,创造性地将城市街道居民委员会制度推广到农村,建立村民委员会基层群众性自治组织,在农村实行基层群众自治,从而收缩国家行政权力,减轻了行政负担。彭真认为,乡村问题如果都"由派出所去管,靠法院、检察院去办,越搞负担会越重",因此他在广泛调研和总结经验后强调人民群众要自己管理自己的事情,充分发挥村民委员会的作用。[1]从乡村治理历史实践来看,村民自治是我们党和国家在治理农村问题方面经验教训的总结,通过村民根据自身需要选举产生能带领乡村发展致富的能人,符合党和国家在乡村实施的基层民主自治制度要求。

在笔者调查的广西博白县,由于当地属于客家人聚居区,宗族文化及传统十分悠久,产生了许多宗族能人。亚山镇派出所所长庞正兴表示:"上任之前需要拜访当地各姓'族头',方便日后开展工作。如果和这些'族头'有良好的沟通,遇到一些案件可以找他们帮忙解决,宗族之间发生矛盾也能够向我们及时汇报,这样很多案件都可以做好预防工作,我们的工作压力会小很多。"[2]陈威宁所在的清源镇的政府工作人员王光明也表达了类似的观点。2014年平泉村因为地质灾害发生山体滑坡,村民被转移安置到新修建的平泉小区,村民们的思想工作、安

---

[1] 彭真:《论新中国的政法工作》,中央文献出版社1992年版,第335—337页。

[2] 庞正兴访谈录,资料编号:PZX2012072503。

置问题都是陈威宁在负责。王光明认为："平泉村有陈威宁管，我们基本上不用怎么操心。"[1]由此可见，通过实施村民自治制度，由懂经营、善管理的能人治村，可为地方党政机关减轻负担。

第二，推进乡村经济发展。"能人治村"能够极大地带动乡村经济发展，推进村庄经济建设，这一点在经济能人上表现得尤其突出。在笔者调查的平泉村，陈威宁在经营企业的同时，抱着为乡村办好事的心理回乡担任村主任，带领平泉村父老乡亲致富。陈威宁在该村西北区域建设了近200亩的葡萄园，统一栽种葡萄新品种（由陈威宁提供品种），村民入园种植采取自愿原则，凡自愿入园者，每亩地每年发给300元的补偿金。4年后葡萄挂果，土地有了收入，入园土地归还农民，或自管或联合经营（另行商议）。这样当地葡萄种植就具有规模化、科学化的经营方式，建葡萄园的一切花费均由陈威宁承担，不让村民掏一分钱。在该村灾区移民新村建设方面，陈威宁也是付出甚多，盖成的小区按人头分配，多出部分销售则仅收取成本价。在陈威宁的带领下，平泉村村民通过种植葡萄，人均年收入由过去的3000元增加到16 000元。[2]在清徐县徐沟镇东南坊村，该村村支书杨胜武在村里开办印刷包装企业，资金雄厚且担任村支书多年，平时村里水、电、打井、道路修建等公益设施的维护、维修费用均由其垫付，一年承担的费用至少也得三四十万元。与此同时，杨胜武还将村民招工至自己厂里，解决村民的就业问题。[3]调查资料表明，乡村能人往往具有经营头脑，具有一定的商业经验，在乡村发展建设决策上能够找准方向，行动能力强，执行效力显著，能够及时抓住发展机遇。一般由

---

[1] 王光明访谈录，资料编号：WGM2017040501。
[2] 陈威宁访谈录，资料编号：CWN2017032401。
[3] 杨胜武访谈录，资料编号：YSW2017032301。

经济能人进行治理的村庄，村民经济状况相较过去都有一定程度的好转。

第三，整合、积累及调动社会资源。调查过程中发现，乡村能人具有强大的社会动员整合能力，能够最大程度为村庄发展积累社会资源。这些社会资源包括商业资源，为乡村发展引进投资或寻找农产品销售渠道；或是文化资源，为乡村发展打造文化名片，从而寻求商业发展契机；或是寻求传统宗族资源，通过整合宗族力量为乡村发展寻求资源和动力。例如，刘克龙通过整合宗族资源为村里修路、基础设施建设等募集资金；易遵华通过对锦屏文书的开发利用和保护，为村里的发展积累了不少文化资源，与学术界专家学者实现合作，正是由于前期的文化积累，现在锦屏县主要发展文化资源。

第四，维持乡村社会秩序。无论是经济能人、管理能人还是社会能人，乡村能人在治村过程中大多都能凭借其威信有效解决社会纠纷，维持乡村社会秩序，增强村庄凝聚力，最大程度地团结村民。前文列举的 9 位乡村能人，都有着解决乡村纠纷的经历，甚至有些是乡村纠纷解决的主要力量。例如，张荣德长期担任村民委员会人民调解员，多次替村民解决婚姻、土地、交通、坟地及企业进村拆迁等纠纷，为此还被评为道德模范；王玉龙为村民调解过多起纠纷，被村民戏称为"劝说达人"，同时还接济灾民、帮幼助残等；马永祥调解邻里纠纷、协调事故赔偿、解决工程经济纠纷以及调停砂场生产冲突等，也是当地十分突出的纠纷解决能手；刘克龙纠纷解决工作包括调解村民赡养纠纷、解决邻里矛盾、协处伤害案件、平息邹刘之争及处置埋坟冲突等。乡村能人在解纷过程中一方面运用传统习惯法等社会规范，另一方面遵守并运用国家法律，对于乡村法治建设也有一定的积极作用，有效地化解了矛盾，维持了乡村社会秩序，实现了乡村社会秩序的和谐。

乡村能人在治村的过程中除了表现出一定的积极作用，同时在基层民主、资源分配、法治建设等多个方面存在消极作用，给乡村建设造成了不良的影响。这些不良影响集中表现在破坏基层民主、滋生村级腐败以及损益违法等方面。

五、"能人治村"法律规制引导机制的构建

从前文分析可知，"能人治村"的确为乡村发展带来了积极作用，乡村能人不仅推动了乡村经济发展、增加了村民收入、修建了公共设施、争取财政拨款以及维持乡村社会秩序，而且为国家减轻了治理成本，成为地方政府在乡村治理中倚靠的力量。但是，与此同时，乡村能人在村治过程中也表现出一定的消极作用。消极作用产生的根本原因在于乡村能人在村治过程中的权力无法被有效监督和制约。现阶段，"能人治村"是乡村治理的重要方式，我们应该充分发挥其积极作用，同时有效防范其消极作用。本部分将重点从法治的角度思考构建"能人治村"的规制引导方案。

早在1996年，徐勇教授就认为，经济能人虽然推动了乡村经济发展，但是由于其缺乏有效约束而存在弊端，主张能人治理向依法治理转变。[1]在1999年的一篇论文中，徐勇教授判断："随着经济变革，特别是产权的明晰化，农村基层治理将由能人治理走向法治治理。"[2]但是这个判断并未引起学界足够的重视。近几年随着党和国家基层治理法治化战略的提出，乡村

---

[1] 徐勇："由能人到法治：中国农村基层治理模式转换——以若干个案为例兼析能人政治现象"，载《华中师范大学学报（哲学社会科学版）》1996年第4期。

[2] 徐勇："权力重组：能人权威的崛起与转换——广东省万丰村先行一步的放权改革及启示"，载《政治学研究》1999年第1期。

治理法治化成为当前乡村社会建设的重要方向，再加上"能人治村"本身暴露出的一些问题，才逐渐有一些学者主张能人治理应该转变为依法治理[1]，主张将乡村能人纳入法治化管理轨道，通过制度加以规范制约。鉴于此，本书通过实地调查"能人治村"的结构类型、运行机制以及实际功能，结合精英理论和村治基本原理，尝试构建能人主导村治的良性互动模式，研究"能人治村"法律规制引导机制，以期实现能人治理的规范化、制度化以及政府有效的监控。通过构建法律规制引导方案，不仅能在现阶段农村建设中充分发挥"能人治村"的积极作用，还能防范其消极作用。

结合当前"能人治村"的实际情况，本章拟从三个层面设计法律规制引导方案。第一，从法律、党内法规和政策层面做好顶层设计。如前文所述，"能人治村"符合当前乡村发展的客观需要，在相当长的时间内还将继续存在，我们必须正视它的客观存在。①国家法律层面。《村民委员会组织法》第11条至第20条规定了"选举方式"。虽然第15条规定村民提名候选人，应当从全体村民利益出发，推荐奉公守法、品行良好、公道正派、热心公益、具有一定文化水平和工作能力的村民为候选人，但是此项规定比较笼统，缺乏明确具体的道德品质考核办法，在实际操作中往往流于形式。与此同时，《村民委员会组织法》规定了村民委员会的罢免程序。该法第16条规定："本

---

[1] 参见贾锡萍、涂明君、乔贵平："从'能人治村'走向'依法治村'——基于天津市村两委干部法律素养问题的调查"，载《天津行政学院学报》2016年第5期；张扬金："村治实现方式视域下的能人治村类型与现实选择"，载《学海》2017年第4期；徐理响："村庄治理能人的产生：历史嬗变与时代选择"，载《学习与实践》2017年第8期；沈月娣、罗景华、李官金："农村基层治理法治化建设研究——以浙江省湖州市、丽水市为例"，载《浙江师范大学学报（社会科学版）》2017年第1期。

村五分之一以上有选举权的村民或者三分之一以上的村民代表联名，可以提出罢免村民委员会成员的要求，并说明要求罢免的理由。被提出罢免的村民委员会成员有权提出申辩意见。罢免村民委员会成员，须有登记参加选举的村民过半数投票，并须经投票的村民过半数通过。"虽然法律有此规定，但是这项罢免权规定并不明确具体，可操作性不强。例如，村民可以向谁提出罢免？罢免的理由正当性由谁审核认定？村民委员会成员可以向谁提出申辩意见？提出罢免后如何进行补选？这些问题都没有明确规定，也缺乏具体的操作细节，最终导致罢免权无法真正实现。②党内法规层面。根据《中国共产党章程》《中国共产党农村基层组织工作条例》《中国共产党基层组织选举工作条例》的规定，村党支部书记一般由村党支部党员大会选举产生，如有特殊原因则由上级党组织委派。当前乡村能人入党的比例较高，担任村支书的也比较多，应该从党内法规层面进一步规范细化村支书选举、委任程序问题。更为重要的是，顶层设计应注意党内法规和国家法律两个层面的制度衔接，乡镇党委可以通过考察村支书的人选，通过党纪规范村支书的行为，对能人型村干部的决策管理行为进行制约。③政策层面。在从法律层面制定操作细则的同时，可以通过政策给予"能人治村"一定的支持。政策的调整相对较为灵活。因此，可以通过政策的方式将培育农村精英作为基层政权加强乡村治理的重要内容，在乡村自治制度中为"能人治村"模式留出合理空间，规定乡村能人的选拔标准和"能人治村"的形式、范围及权力运用等。

第二，从内部和外部两个方面完善监督机制。从本质上来说"能人治村"仍属"人治"，它依托于能人的能力，突出能人的特殊作用，由能人治理村庄，实现一种权威式治理。要想发挥能人治村的积极作用，同时限制其消极作用，关键就是在顶层设计的框架下完善能人治村的监督机制。

　　笔者根据调查的情况认为，当前对"能人治村"监督机制的构建可以从如下两个方面入手。①完善村庄内部的监督机制。这主要包括村民会议和村民代表会议的监督、村党员大会的监督、村党支部及村民委员会其他成员的监督以及普通村民的监督等。当前村民会议和村民代表会议存在一定的缺陷，最为突出的是村民会议有效组织的困难，在村集体事务中审议监督职能以及相应的议事规则也比较模糊，所以这种监督方式在实践中运用较少，今后应该明确其监督规则。村党员大会的监督可以通过党内法规的方式细化，明确党员大会的监督方式和程序，强化党员监督的力度。村两委也可以进行监督，可以完善村两委对村务决策的监督纠正机制，能人决策应接受村两委其他成员的讨论、质询，但是现在这种监督很难真正发挥作用，尤其在村两委成员是乡村能人的情况下。最为有效的监督，或者说最值得重点关注的监督方式是村民个体的监督，即明确设定村民个体监督的程序和权限，赋予普通村民联名罢免权、检举权、控告权等监督权能，并在村级制度中加以明确具体化，同时提高村民在村务决策中的公共参与，严格执行《村民委员会组织法》规定的表决程序及办法。②完善村庄外部的监督机制。不仅可以从村庄内部进行监督，而且也可以从外部进行监督。按照监督主体的划分，外部监督机制包括乡镇党政机关的监督、县乡人大的监督以及县级监察委员会的监督等。乡镇党政机关要严格把好"选举关"和"用人关"，加强对乡村能人道德思想品行的考察和监督，定期对"能人治村"的情况进行检查，加强对治村能人的引导和控制，使其在法律法规、党内法规的范围内发挥作用。县乡两级人大及人大代表也可以进行监督，行使权力机关的监督职能，更为重要的是，应该充分发挥县级监察委员会的监督职能。根据2016年11月7日中共中央办公厅印发的《关于在北京市、山西省、浙江省开展国家监察体制改革试点方案》的界定,"监察委员会"是建立在党统一领导下的"国家反腐败工作机构",要实施组织和制度创新,整合反腐败资源力量,扩大监察范围,丰富监察手段,实现对行使公权力的公职人员监察全面覆盖,建立集中统一、权威高效的监察体系。在三省市试点一年后,2017年11月4日,第十二届全国人民代表大会常务委员会第三十次会议通过了《全国人民代表大会常务委员会关于在全国各地推开国家监察体制改革试点工作的决定》。该决定明确指出,北京市、山西省、浙江省继续深化改革试点,其他28个省(自治区、直辖市)将在2017年底、2018年初设立省、市、县三级监察委员会。尽管监察委员会只到县一级,但是其监督权限和范围全面覆盖到行政村。2018年《监察法》通过后,各地建立起严密高效的监察体制。因此,可以依托现有监察体制,进一步加强对"能人治村"的监督,明确对于乡村能人监督的权限和范围等。通过内部监督和外部监督,全方位构建健全有效的乡村能人治村监督机制,防止能人权力滥用和村级腐败的滋生。

第三,从村民法律意识、乡村法律服务以及村规民约等角度规范提升乡村治理法治化水平。在实地调查的过程中发现,"能人治村"出现问题比较严重的村庄往往法治建设水平比较落后,法律意识、规则意识比较淡薄,因此需要进一步加强法治配套建设。笔者认为,法治配套建设可以从三个方面入手:①提高村民的法律意识,当能人在治村过程中侵犯村民合法权益时,村民能够用法律手段寻求救济;尤其是要注意提高治村能人的法律意识,从思想上对其进行法治引导,树立法治思维,将治村行为纳入法治框架之中。②整合乡村法律服务资源,将乡村法律服务资源如派出法庭、司法所、律师、农村法律精英等进行整合运用，作为"能人治村"的法律咨询和指导力量，在村庄决策的过程中进行法律风险防范和论证。③充分发挥村规民约对能人治村的规范、调整作用，即通过制定适用村规民约等自治理规则限制"能人治村"的范围和方式，监督其权力的行使。村规民约是村民自治性规范，是村庄治理不可或缺的一部分。村规民约在乡村治理中的作用集中表现在发扬基层民主、管理公共事务、分配保护资产、保护利用资源、保护环境卫生、促进团结互助、推进移风易俗、传承良善文化、维护乡村治安、解决民间纠纷、促进国家法实施等方面。[1]村规民约的作用非常广泛，涉及村庄治理的方方面面，是调整乡村社会生活及社会关系的重要规范，在村庄治理过程中可以通过村规民约推进乡村法治化治理。正是基于村规民约的规范性特征，可以运用村规民约调整、规范能人治村的过程，明确"能人治村"过程中的权力和责任等。具体而言，可以在村规民约中明确规定乡村决策程序、权力行使范围、权力行使方式以及对损害村民利益决策行为的问责方式等，为能人治村设定基本框架和模式。

六、本章小结

"能人治村"是改革开放以来直到今天中国农村持续发生的一个独有现象。"能人治村"现象的出现，背后蕴含着农村社会的深刻变革和急剧转型。传统的老人型、革命型、道德型村治主体逐渐向经济能人型、管理能人型及社会能人型村治主体转变。笔者及研究团队调查了广西、贵州、云南、浙江、湖南、湖北、甘肃、山西、北京等地共9位乡村能人，分析每个能人

---

[1] 参见陈寒非、高其才："乡规民约在乡村治理中的积极作用实证研究"，载《清华法学》2018年第1期。

具有的特质，从而概括出三种能人类型。能人类型的划分并不是绝对的，而是具有一定的交叉性与重合性。本书所概括的9位能人作为地方性代表人物具有多种特征，同时也具有多种权威，如宗族型权威、传统型权威及知识型权威等，能人在治村的过程中会选择不同的权威作为基础。从调查的情况来看，当前农村能人类型中最为重要的是经济型能人。笔者调查的山西清徐县自2006—2016年近十年全县190余个村党支部书记中，乡村经济型能人的占比呈现逐年上升趋势，到了2016年经济型能人担任村支书的比例已经占到53.1%，达到一半以上。经济型能人村支书的职业来源主要包括个体工商户、私企老板、种植大户、养殖大户等。

毋庸置疑，"能人治村"符合当下乡村发展的需求，乡村经济社会发展需要"能人"的带领及引导。乡村能人凭借其突出的资源整合能力、强大的社会动员能力、较高的文化知识水平、相对广阔的视野、丰富的发展经验以及娴熟的秩序维持技巧等，在很大程度上改进了农村公共品供给效率，这在当前农民组织化水平较低、文化素质水平不高的情况下显得尤为突出。乡村能人代表了农村中的先进生产力，是当前乡村发展中至关重要的人力资源。实证调查情况也表明，由能人领导的村庄发展水平一般要高于没有能人领导的村庄。能人型村庄往往结构合理、井然有序，能人通过将政策、资本、财政、权力等外部资源整合转化为村庄发展的内部力量，村庄内部凝聚力较高；松散型村庄则如一盘散沙，缺乏切实有效的村庄治理结构，发展资源极度匮乏，在村庄资源争夺中往往处于下风。因此，笔者将能人治村的积极作用概括为减轻国家治理乡村成本、推进乡村经济发展、整合、积累及调动社会资源，以及维持乡村社会秩序四个方面。与此同时，"能人治村"也存在一定的弊端。

鉴于此，我们应该警惕并防范"能人治村"的这些负面作用。如何通过法律手段规制、引导及培养既具能力和社会资本，又愿意为村庄发展服务的"能人"，从而保证村庄公共服务和公共品的持续性供给，真正发挥能人治村的积极作用，正是本章试图解决的重点问题。笔者结合实地调查的情况，认为应该以法律制度角度规制引导"能人治村"机制，具体包括三个层面的制度构建：从国家法律层面、党内法规层面以及政策层面入手，为"能人治村"做好顶层设计；从内部和外部两个方面完善监督机制；从提高村民法律意识、整合乡村法律服务资源、充分发挥村规民约对"能人治村"的规范调整作用等方面入手，将"能人治村"纳入法治化轨道。

党的十九大报告指出要"健全自治、法治、德治相结合的乡村治理体系"，能人治村既是自治的产物，也应纳入法治轨道，还需强调德治的彰显。三者之中，又以法治最为核心，亦最为可靠，是当前乡村治理的基本制度取向，只有如此，建立在法治基础上的自治和德治才能切实可行。

第五章
能人回归工程：乡贤的培育与制度规训

乡贤治村有着悠久的历史，也有着深厚的文化根基。新时代乡贤治村是伴随着农村权力转型而产生的，需要在乡村权力转型背景下进行理解。如第二章所述，农村权力转型经历了四个阶段。晚近调整政策，提出超越一般经济意义上的能人治理，强调德才兼备的乡贤治理。广东云浮、浙江德清、诸暨（枫桥经验）实践探索出乡贤治村模式，这也引起了学术界的关注。然而，学术界的关注多集中在乡贤治村的功能层面，而对乡贤的培育、选拔及其参与村治的方式缺少关注（参见第一章导论）。本章将集中探讨乡贤的培育、选拔及参与村治过程，尤其是通过具体的案例阐明乡贤是如何长期效力于乡村治理实践的。笔者于2021年3月20日—23日在安徽调查期间，专门针对安徽省金寨县的"能人回归工程"进行实地调查，收集到大量第一手资料，并对实施推进情况做了一些访谈，本章的讨论将围绕此实践案例展开。

一、"能人回归工程"的基本情况

金寨县位于皖西边陲、大别山腹地，是中国革命的重要策源地和人民军队的重要发源地（即"两源两地"）。金寨县有着红色历史传统，革命年代红四方面军主要发源于此地，也是鄂豫皖革命根据地的核心区，解放战争时期是刘邓大军挺进大别山的前线指挥部。战争年代，金寨县10万儿女为国捐躯，走出了洪学智等59位开国将军,被誉为"红军摇篮、将军故乡"。然而,由于地理位置偏僻、资源匮乏等原因,金寨县在新中国成立后一直都比较贫困,是国家首批重点贫困县,2011年被确定为大别山片区脱贫攻坚重点县,当时贫困人口19.3万,贫困发生率33.3%;2014年,建档立卡贫困户4万,贫困人口13.01万,贫困发生率22.1%。在全面脱贫攻坚战中,金寨县是全国人大机关对口帮扶县,安徽省人民政府也作出了"抓金寨促全省"脱贫攻坚战略部署,将金寨作为全省脱贫攻坚的重点。2016年4月24日至25日,习近平总书记视察金寨县,为金寨县发展指明方向。自此之后,金寨县受到官方和社会的多方帮扶,充分利用红色资源走上了"脱贫"快车道。2020年4月,金寨县正式退出贫困县序列。

金寨县的"能人回归工程"即在此背景下展开。"能人回归工程"旨在通过引导外出创业人士回归乡土,参与村级工作,进而为脱贫攻坚贡献力量。在金寨县委看来,"能人回归工程"是"深入推进抓党建促脱贫攻坚、抓党建促乡村振兴的创新举措,是加强农村基层党组织建设、提升党组织组织力的有益探索,是提升村级发展带头人队伍水平,激发农村干部队伍活力的有效途径"[1]。易言之,实施"能人回归工程"的好处在于,不仅可以促进农村经济发展,助力脱贫攻坚和乡村振兴,而且也能实现能人回报家乡、回馈社会和自身发展的有机统一。无论是"公"的层面,还是"私"的层面,"能人回归工程"均可兼顾,是能人(乡贤)与地方政府之间的一种双赢。

金寨县"能人回归工程"按照"试点先行、典型带动、逐

---

〔1〕 赵锦文:"在全县'能人回归工程'座谈会上的讲话提纲"(2019年7月25日),内部资料。

第五章 能人回归工程：乡贤的培育与制度规训

步开展"的工作思路，通过个人推荐、金寨在外创业者协会推荐、乡镇党委推荐等方式，择优选配能人回乡任职，并与县委组织部、乡镇党委分别签订聘用协议（《"能人回归工程"协议书》）。"能人回归工程"于2018年启动，当年5月选择了4个村进行试点，回归能人李德全、童维新等分别担任麻埠镇桂花村、果子园乡白纸棚村等4个村党组织名誉书记、村创福公司董事长[1]，挂任所在乡镇党委委员。2019年，金寨县委根据上年度考核和新的推荐结果，将试点村调整为5个，徐建双、张功国、刘庆3名回归能人分别到古碑镇余岭村、全军乡熊家河村、油坊店乡朱堂村任职。2020年，金寨县委新聘用8名回归能人到村任职。截至2020年11月下旬，能人任职村已增加到11个，回归能人增加至12名，其中有4名能人是"继续聘用"，另有8名是"新任职"。[2] 所有回乡能人均与县委组织部签订了《"能人回归工程"协议书》，明确双方权利和义务。

金寨县通过试点工作，回归能人发挥理念新颖、信息灵通、资金充足等优势，创办经济实体、组建经济合作组织，激发村级活力，取得了良好的效果。例如，能人李德全回村任职后，全身心投入桂花村工作，先后投入500余万元，创办黄大茶加工厂、启动民俗旅游、兴建电商示范街等项目，建立"六安瓜片炒制中心"，打造"老山头"电子商务示范街，形成茶叶种植、加工、销售和茶文化旅游"一条龙"产业链，带领村民增

---

[1] "创福公司"是金寨县村级集体经济组织及其新型集体经济实体所采取的统一名称，全名为"金寨县某某村创福发展有限公司"。创福公司以村集体资产、资源、资金等"三资"为资本成立，作为村级集体经济经营发展的重要平台。金寨县创福公司成立之初主要业务集中于光伏发电领域，后来延伸到中药材、食用菌、特色养殖等特色产业。

[2] 中共金寨县委组织部：《关于乡村治理体系建设试点工作汇报》（2020年11月3日），内部资料。

收致富，有力促进村集体经济快速增长。又如，童维新系外出创业能人、曾于2019年被评为"全国十佳农民"。童维新于2009年从日企辞去部门主管职务，放弃一年30万元的高薪工作，带着积攒的全部积蓄回到金寨县果子园乡白纸棚村创业。在其创业任职的果子园乡白纸棚村，童维新先后投入1000余万元，成立金林生态养殖专业合作社，引资6000万元创办石沁泉水有限公司，投资48万元成立新农梦生态农业开发公司，带动46名村民增收8000元，村集体入股年分红达10万元。[1]金寨县斑竹园镇大力推进"能人回归工程"，2020年发展王宇为斑竹园镇街道村的名誉书记、创福公司董事长，其推进街道农产品的深加工建设项目，实现了所任职的街道村集体经济增收10万元的目标。[2]

以上从金寨县"能人回归工程"的背景、缘起、实施方式、发展情况以及实施效果等方面进行了简要介绍。在此基础上，我们可以总结出"能人回归工程"具有如下几个方面的特点：其一，"能人回归工程"的推进路径是从上而下的，主要由县委组织部负责推进；其二，"能人回归工程"主要强调回乡能人在经济层面的贡献，尤其是村集体经济增收方面的贡献；其三，从全县层面来看，"能人回归工程"所吸收的"能人"数量并不多，自试点实施以来仅12名能人，可能是由于吸引力不够；其四，在实施"能人回归工程"之前，就已经有一些能人返乡创业（如童维新），"能人回归工程"只不过是从官方层面再次确认其能人身份；等等。

---

[1] 中共金寨县委组织部：《关于乡村治理体系建设试点工作汇报》（2020年11月3日），内部资料。

[2] 《斑竹园镇乡村治理体系建设试点工作汇报》（2020年10月25日），内部资料。

从上述四个特点出发，我们需要进一步追问的是，"能人回归工程"中的能人有什么样的标准和条件？这个问题涉及对能人（乡贤）的培育和选拔。此外，在"能人回归工程"实施推行以前就已存在返乡创业乡贤，为何官方重新关注并通过"能人回归工程"（重点是签订《"能人回归工程"协议书》）再次确认能人身份？这些问题实际上指向能人（乡贤）的培育、选拔机制，以及在此基础上对乡贤采取的规训机制，试图将乡贤培养为可助推乡村振兴与乡村治理的重要力量。

二、谁能成为能人：乡贤的培育与选拔

作为乡贤的能人不同于以往的能人、富人、强人等，这是新时期乡贤治村的一个基本前提。然而，一方面现实中乡贤式的能人与上述人很容易混淆，因为乡村主体之间界限并不是十分明确，也很难进行标签化认定；另一方面，如果不精准识别，不加甄别地选拔能人、富人、强人（尤其是"带病"选拔任用），又会与上级文件精神不相符。这使得地方政府陷入一种"两难境地"，为了解决这一矛盾，在推进乡贤治村的同时，地方政府一般会制定明确而严格的标准，在确定人选时慎之又慎。

谁能成为"能人"？按照金寨县的标准和要求，"能人回归工程"中的"能人"必须符合如下条件：其一，创业有成，社会口碑较好，且能达到"五有"标准（有过硬的政治素质、有较高的领导水平、有良好的群众基础、有较强的发展思路、有一定的经济基础）；其二，乐于奉献，长期支持工作，能够一直心系群众，对群众怀有深厚的感情，多年来长期坚持扶贫济困、助人为乐，积极奉献爱心，捐资助学助教，热爱农村公共事业和公益事业，积极支持家乡建设和中心工作；其三，就近就便，实行双向选择，外出创业"回归"的能人，一般回户籍所在的乡镇所辖村参与村级工作，实行"能人"与乡镇、村"双向选择"的方式，鼓励引导外出创业成功人士回村"挑大梁"。[1]从上述条件来看，作为乡贤的"能人"应该具备事业、口碑及情感三个方面的要求。所谓"事业"主要是指经济层面的要求，即"能人"首先要在外创业成功；"口碑"主要是指道德层面的要求，即"能人"应该有较好的社会口碑，具有一定的道德感召力；"情感"主要是指心理层面的要求，即"能人"应有乡土情结，乐于奉献并支持家乡的发展。在这三个条件中，最为关键、最好衡量、最有说服力的是经济层面的要求，"能人"自身在事业上的成功是其获得准入的门槛，至于后两个条件解释及弹性比较大。如果一个"能人"经济上足够成功，后面两个要求也可以做适当的让步。

随着后期"能人回归工程"的不断试点推进，"能人"主体范围也不断扩大。在2020年上半年，金寨县结合农村产业发展带头人培育工程，细化"能致富、会发展、守法纪、讲公道"的能人标准，将"回归能人"的范围扩充至四类人员：一是在外创业有成、愿意支持家乡建设、有强烈回归意愿的人士；二是全日制大专及以上学历大学生；三是退役士官；四是本土农村产业发展带头人、农村经纪人、农民企业家以及现任村（社区）干部中的致富带头人。[2]显然，后期的标准要更为宽泛，"能人"主体范围也更加灵活，但有一点仍然未变，那就是"能人"的经济实力，这似乎直接决定了"能人"对

---

[1] "六安市金寨县实施'能人回归工程'助力脱贫攻坚"，载金寨县农业农村局编：《乡村治理体系建设试点汇报材料（典型案例）》，内部资料。

[2] "全面推广'能人回归工程'助力老区脱贫攻坚"，载金寨县农业农村局编：《乡村治理体系建设试点汇报材料（典型案例）》，内部资料。

第五章 能人回归工程：乡贤的培育与制度规训

当地经济发展带来的贡献，这也体现了当前乡村振兴中"产业兴旺"的目标和要求。

在明确主体范围和选拔条件后，选拔"能人"大体包括如下步骤。首先是"摸排"，即各乡镇（开发区）调查摸排"能人回归"工程人员，建立农村外出创业能人信息台账和"能人回归工程"人员信息库，实行动态管理。摸排信息主要包括所在村、姓名、性别、出生年月、入党时间、能人类别（分为四类）、已有产业或简要工作经历以及是否已在村任职及所任职务等（见表5-1）。这一步骤是实施"能人回归工程"的前提和基础，各乡镇单位对此非常重视，投入了大量的精力。在此步骤中，各乡镇重点了解外出创业能人在外工作情况以及其回乡创业的思想，听取他们回乡创业的意见，采取开座谈会、发慰问信、派人专访、建立联系网等形式，加强与外出创业能人的联系，对符合条件、有回归意愿的能人则指定专人联系。其次是"确定"，即在"摸排"的基础上，每年初通过个人申请、村党组织初审、乡镇（开发区）党（工）委审核、县委组织部审定程序，正式确定各年度"能人回归工程村"。在此步骤中，金寨县驻上海、苏州、广东等地区的三个创业者协会党委发挥了重要作用，率先联系推荐"能人"进行试点。最后是"签约"，即选拔"能人"并确定能人回归后，由县委组织部与"能人"签订任职协议，赋予职责和权利等，向回归能人颁发聘书。县委常委、组织部部长出席签约仪式，并与回归能人逐一签约。

表 5-1　金寨县斑竹园镇 2021 年度"能人回归工程"回归能人摸排统计表

所在村	姓名	性别	出生年月	入党时间（非党员不填）	类别（在相应类别下打√即可）				已有产业或简要工作经历	是否已在村（社区）任职及所任职务
					类别1	类别2	类别3	类别4		
长岭关村	罗先平	男	1968.6	2009.10				√	建设金寨县土生金家庭农场，带动群众增收	否
沙堰村	余宾扬	男	1990.6		√				中药材加工	否
漆店村	张传旺	男	1963.6	2011.5				√	所建洪家寨合作社带动贫困户脱贫致富，向贫困户低价提供仔猪、技术指导，种植油茶200亩，大棚蔬菜89亩，成立金寨胜和开发有限公司，签订用工合同	否

续表

所在村	姓名	性别	出生年月	入党时间（非党员不填）	类别（在相应类别下打√即可）				已有产业或简要工作经历	是否已在村(社区)任职及所任职务
					类别1	类别2	类别3	类别4		
金山村	邢朋程	男	1984.12	2013.7				√	承接建筑工程带动20户以上贫困户就业，新建双语幼儿园、新承包茶厂，预计带动10户以上贫困户就业	否
斑竹园村	漆先勇	男	1972.4				√		金寨县农门客栈宾馆	
街道	王宇	男	1972.9	2017.7	√				金寨展宇新材料有限公司年销售额5千万，街道农产品深加工厂	是，街道村党支部名誉书记，村创福公司董事长

续表

所在村	姓名	性别	出生年月	入党时间（非党员不填）	类别（在相应类别下打√即可）				已有产业或简要工作经历	是否已在村（社区）任职及所任职务
					类别1	类别2	类别3	类别4		
桥口村	王功仲	男	1990.2		√	√			安徽百益天成机械有限公司	否
王氏祠村	方临科	男	1986.9	2008.7	√				安徽百益天成机械有限公司	否
万何村	严之莽	男	1984.11	2019.8				√	万合家庭农场，种植桑园170亩，养蚕基地3500平方米	否
小河村	姜兴贵	男	1978.2					√	在斑竹园镇建立多家羊肚菌大棚，带动贫困人口经济收入	否

【备注】类别1：在外创业有成、愿意支持家乡建设、有强烈回归意愿；类别2：全日制大专及以上学历大学生；类别3：退役士官；类别4：本土农村产业发展带头人、农村经纪人、农民企业家以及现任村（社区）干部中的致富带头人。本表根据斑竹园镇所提供的信息进行统计，省略了原表中与研究主旨无关的内容。

第五章 能人回归工程：乡贤的培育与制度规训

从斑竹园镇所摸排的能人统计信息表不难看出，斑竹园镇所辖的10个行政村每个村一个能人，能人的性别均为男性，出生年月最早的为1963年6月，最晚的为1990年6月，年龄段分布在30岁到60岁，其中又以70后、80后居多，90后能人2名。从能人类别来看，主要集中在类别1（即在外创业有成、愿意支持家乡建设、有强烈回归意愿）和类别4［即本土农村产业发展带头人、农村经纪人、农民企业家以及现任村（社区）干部中的致富带头人］，相较而言类别4在数量上又略占优势。类别4能人的特点在于，在推进"能人回归工程"之前就已在乡村发展产业，属于在地乡贤；而类别1能人则属于在外创业有成的返乡乡贤；类别2和类别3能人数量极少，仅有的一名类别2能人（也是一位90后）同时也属于类别1，而所任职的公司系家族企业，这名能人应属回家接管家族企业的大学生；至于类别3（退役士官）则没有。从能人所从事的产业来看，有从事农产品加工、中药材加工、菌类种植、家庭农场等新型农业的企业，也有从事新材料、工程机械等工业产品制造的企业，民宿等旅游服务行业相对较少，仅有一名能人，而且都特别强调能人带动贫困户就业、致富的能力。从任职情况来看，仅有一名类别1能人，也是所有能人中资产最雄厚的能人担任街道村党支部名誉书记、村创福公司董事长，其他能人均未在村任职。通过表5-1我们可以得到以下信息：其一，能人前期摸排工作需要做得非常细致，只有摸排清楚能人的基本情况后才能更好地选拔、培育；其二，能人摸排工作强调的是能人的经济实力，也就是带动经济增长、解决贫困户就业增收方面的能力；其三，并非所有的能人都能够在村任职，在村任职的能人需要满足更高的标准；其四，如果以经济实力作为重要标准，那么大学生和退役士官是否可列入能人范围则值得商榷。

培育能人既可以发生在能人正式选拔之前，也可以发生在能人选拔之后，而真实的情况往往是在能人选拔之后。尽管"能人"的选拔很关键，但是"能人"的后续培育是一个系统性工程，需要多个部门协作与合力。从金寨县的情况来看，"能人"培育主要从以下两个途径展开。

第一，政策激励。具体措施包括：对符合事业、口碑及情感三个条件的回归能人，直接挂任村名誉书记或名誉主任；对回乡大学生、退役士官回村担任后备干部学习半年后，通过比选的方式吸收进入村两委班子；对于本土农村产业发展带头人、农村经纪人、农民企业家，可在乡镇党委考察研究后担任村两委委员。此外，对参与村级事务管理和重大事项决策、挂任村名誉书记的回归能人，可从村集体经济经营性收入净增长部分拿出30%对其进行奖励；将回归能人纳入村级集体经济发展绩效报酬发放范围，按村两委干部绩效总额同步发放绩效报酬；对全日制本科以上学历的回归能人，比照乡镇新录用的公务员试用期满工资水平确定基本薪酬；对示范带动作用明显、担任村名誉书记的回归能人，可在尊重本人意愿的基础上，直接将其确定为村党组织书记人选，优先推荐为县委组织部直管书记，享受直管书记相关待遇。[1]。每年评选"十佳"回归能人并进行表彰，对发展较好的回归村每年提供10万元专项经费。由此可见，政策激励主要从经济（奖励、报酬）和政治（回村任职、享受一定政治待遇等）两方面入手激励培育回归能人，为回归能人提供保障。

---

[1] 按照金寨县的规定，从直管之日起，县财政每月另行给予200元职业化管理补贴，养老保险金集体缴费数额年增加300元；每任满1届，离职补贴由县财政按每月增加30元标准计算补助；连续任满2届、考核均称职以上、年龄45周岁以下、大专以上学历的，可招聘为乡镇事业编制人员；连续任满2届、考核均优秀的，可以提拔或通过换届选举进入乡镇党政班子，也可以选拔挂任乡镇领导职务。

第五章　能人回归工程：乡贤的培育与制度规训

第二，资金、金融、税收等方面的支持。首先，在资金方面，将回归能人中符合条件的人员纳入农村产业发展带头人进行培养，优先安排项目，设立"回归能人专项资金"，重点支持回归能人开展农田水利、大棚厂房、仓储物流等基础设施和产品营销渠道建设。此外，金寨县农业、林业、中药、科商、人社、茶美、文旅、扶贫等部门整合农村产业发展带头人培育、新型职业农民培训、就业创业、特色产业（农业、林业、中药）、乡村旅游发展资金、农业综合开发项目、科技支撑、电子商务、农田水利、土地整治、农村人居环境整治等项目资金，会同县"能人回归工程"办公室，建立"能人出单、乡镇审单、部门认单"工作机制，帮助解决回归能人开展创业创新所需项目资金。其次，在金融支持方面，将回归能人领办、创办的项目优先纳入"国元农业产业化发展基金"及"农业产业振兴贷"，提供信贷支持，采取"一项目一方案一授权"的方式。再其次，税收优惠方面，金寨县发改、税务、财政、金融、自然资源、交通、供电、供水、供气等部门全面落实农业生产用电、减税降费、金融支持、招商引资等方面的各项优惠政策，在用地、用电、用水、用气等生产要素方面做好保障。最后，在行政审批方面，金寨县行政审批、规划、林业、生态环境等部门对回归能人创办项目在审批环节开辟"绿色通道"，以确保项目尽早开工、尽快实施。[1]由上可知，金寨县调动各方力量，从资金支持、金融支持、税收减免优惠、行政审批等多个方面积极培育能人，尽可能地为回归能人创业创新营造良好的发展环境，将"能人回归工程"作为全县中心工作来抓。

经过选拔和培育，能人能够顺利地进入乡村治理场域，实

---

[1]《中共金寨县委关于推广实施"能人回归"工程促进乡村振兴的意见》（金〔2021〕2号，2021年1月4日），内部资料。

现扎根乡土的目的，回村发展也更容易取得成功。维系能人回归、乡贤治村的一个重要纽带是乡土情结，地缘和血缘方面的联系是地方政府动员能人回村投资发展的关键性因素。回归能人可以提出利益分享的要求，享受一定的优惠政策，但经济利益并不足以成为其回归的全部动力，更为重要的动力来源于大多数能人所具有的乡土情怀，尤其是早年在农村的生活经历，在外创业成功后愿意回馈乡里，这实际上也为其在乡土熟人社会中提供了一定的人际关系。能人可能在外创业，但是家族亲戚、祖屋宅基地等仍留在农村，回村投资产业不仅可以获得政府优惠政策，而且也能提升家族在乡土社会中的地位，这也是一举两得的好事。斯科特（James C. Scott）的研究表明，农民并不一定都是将逐利作为自身的行为动力的，而是在社区互惠网络中寻求一定的安全保障，此时生存伦理是超越于逐利动机的。[1]对于回归能人（乡贤）而言，逐利也并不一定都是本性，本身也带有试图融入尚未与本我切断却早已脆弱的乡土社会网络之目的，也是为自身和家族寻求乡土社会网络的保障。地方政府的介入和背书，在一定程度上助推了能人回归的内在动力。

三、设定权利义务：乡贤的制度规训技术

根据金寨县能人（乡贤）分类，除了类别4能人中涵括了"部分现任村（社区）干部中致富带头人"，其他类别中的能人均属于"体制外"力量[2]，占较大比例的类别1能人（在外创

---

[1] 参见［美］詹姆斯·C. 斯科特：《农民的道义经济学：东南亚的反叛与生存》，程立显等译，译林出版社2013年版，第16—43页。

[2] 西方语境下"体制"（system of organization）一词主要从组织社会学意义上使用，指的是有关组织形式的制度，包括但不限于上下之间有层级关系的国家机关、企业等，强调上下级之间的管理与被管理关系。中国语境下"体制"一词则有着深刻的社会转型背景。改革开放以前，城市管理实行"单位制"，农村实行政社一

业有成、愿意支持家乡建设、有强烈回归意愿）基本上都是民营企业家。"体制外"能人遵循市场经济运作规律，与体制内运作逻辑并不一致，无论是权力（权利）实现方式、运作逻辑还是价值观念等都有可能使两者之间产生冲突和矛盾（如公私之间的矛盾）。那么，作为外来引入的资本力量，实践中如何才能使回归能人帮助政府实现乡村振兴的目标呢？如果回归能人（乡贤）不服从政府的管理，不仅会使乡村振兴和乡村治理目标无法实现，而且会背离政府治理目标，损害既有的乡村振兴局面。这个问题远比培育和选拔能人更为关键，因此地方政府需要设计一整套制度及相应的权力技术来规训能人（乡贤）。

（接上页）体制，个体都被纳入到分割的社会"单元"之中。此时，并无明确的体制内外区分，仅有"单位"之别，一个单位就是一个小型社会，全能主义式的国家权力触角通过单位载体向基层社会延伸。改革开放以后，政社分开，特别是随着1998年国企改制，原有的单位制逐渐解体，越来越多的私营企业出现，国有企业也卷入到市场竞争之中。此时就出现了体制内外之区分，所谓的"体制内"则更多地倾向于原单位制下未纳入市场化改革潮流而遗留的主体，包括党政机关（包括《公务员法》第2条第1款所定义的广义的公务员所供职的单位，即"本法所称公务员，是指依法履行公职、纳入国家行政编制、由国家财政负担工资福利的工作人员"）、事业单位等，包括一些未完全市场化的国有控股企业，这些主体并不从事生产经营职能（国有控股企业虽从事生产经营，但由国资委管理，不同于一般的市场化主体），人员的工资发放也主要依靠国家财政。所谓的"体制外"则更多地指进入市场竞争的、自负盈亏的主体，以及市场经济下私营企业等。体制内和体制外区分的关键在于是否由国家财政负责人员工资、经费等。当前大多数学者都是从国家权力角度使用"体制"一词，如周雪光认为"权威体制"包括科层制度和观念制度两个维系机制。关于"单位制"研究可参见：刘平、王汉生、张笑会："变动的单位制与体制内的分化——以限制介入性大型国有企业为例"，载《社会学研究》2008年第3期；何海兵："我国城市基层社会管理体制的变迁：从单位制、街居制到社区制"，载《管理世界》2003年第6期；华伟："单位制向社区制的回归——中国城市基层管理体制50年变迁"，载《战略与管理》2000年第1期；等等。另参见周雪光："权威体制与有效治理：当代中国国家治理的制度逻辑"，载《开放时代》2011年第10期。

从金寨县的情况来看，地方政府对能人（乡贤）设计的规训制度是体系化的，其中包括法律、纪律、协议及舆论人情等社会规范，与此同时设计出一整套促使制度实现的权力技术。第一，摸排建档。此项措施已在前文初步阐述，摸排建档环节是整个"能人回归工程"得以顺利实现的前提，包括"摸排"和"建档"两项内容。"摸排"的程序是，各乡镇（街道）对所辖区域内在外创业成功的能人采取乡镇（街道）查询档案、询问各村两委负责人、发动群众推荐、个人自荐等方式摸底，将符合条件的能人纳入信息库，收集的初步信息包括能人的姓名、性别、年龄、政治面貌、文化程度、入党时间、所经营产业信息等。然后对纳入信息库的能人逐一进行研判，研判的主要内容包括能人经营的产业是否符合乡村发展实际情况（可行性）、能人的经济实力、能人在乡土社会的人情网络、能人在乡土社会中的口碑和信誉度（群众基础）、能人回乡参与的意愿、能人的性格特点以及自身存在的缺点等。研判之后，对能人"一人一档"建立档案，报送县委组织部门。最后，根据纳入"能人回归"工程人员的工作经历、从事行业和个人特点，立足所在乡镇（开发区）村实际，分人制定共性和个性目标任务。

第二，体制吸纳。体制吸纳是实现能人（乡贤）规训的重要技术，即通过赋予本属体制外的能人（乡贤）一定的体制内的身份，或享受某种体制内的待遇，从而为其服从后续的管理和考核打下基础。在对能人进行摸排建档后，针对四类能人采取不同的体制吸纳方式。对于类别 1 的能人（在外创业有成、愿意支持家乡建设、有强烈回归意愿），体制吸纳方式主要是"担任村名誉书记（主任）、创福公司董事长，签订任职协议，赋予职责权利"，同时对于优秀回归能人，则"优先作为县委组织部直管村书记推荐人选，挂任所在乡镇领导班子成员，享受

第五章 能人回归工程：乡贤的培育与制度规训

副科级干部待遇，划拨办公经费，实行县领导联系、县直单位联合包帮，优先给予项目扶持，支持带头兴办经济实体、推广致富技术、解决剩余劳力、兴建公益设施、倡树文明新风"。[1]对于类别2（全日制大专及以上学历大学生）、类别3（退役士官）和类别4（本土农村产业发展带头人、农村经纪人、农民企业家以及现任村干部中的致富带头人）中的部分能人，则将其纳入到村级后备干部之中，通过思想培养、经常联系、跟踪观察、挂职锻炼等措施进行培育，从优秀村级后备干部中公开比选村党组织书记助理，对条件成熟的通过换届、正常调整等程序纳入村两委值班干部队伍中，特别优秀的可直接担任村党组织书记。同时，组织"农科班"，每年从上述类别后备干部中招录一批政治素质好、奉献精神强、有意愿积极从事"三农"工作的人选参加"农科班"学习，根据学员的不同情况安排挂任村党组织副书记或村党组织委员等职务，给予一定待遇，学员毕业后经考核、考试合格后，直接纳入村干部队伍中。[2]也就是说，金寨县对能人（乡贤）的体制吸纳是有类别针对性的，一方面对于可以直接吸纳进体制的能人（乡贤），赋予其体制内的身份（如名誉书记或名誉主任，或者作为县直管村书记，挂任所在乡镇领导班子成员）；另一方面对于不能直接吸纳进体制内的能人，则纳入如后备干部储备、"三年行动计划"等培育机

---

[1]《中共金寨县委关于推广实施"能人回归"工程促进乡村振兴的意见》（金〔2021〕2号，2021年1月4日）、《关于推进"能人回归"工程试点工作的通知》（金党建〔2020〕7号，2020年8月18日）、《关于印发〈中共金寨县委组织部2020年工作要点〉的通知》，内部资料。

[2]《关于从村级后备干部中公开比选村党组织书记助理工作的通知》（金党建〔2019〕6号，2019年7月15日）、《关于印发〈金寨县村党组织书记队伍优化提升"三年行动计划"方案〉的通知》（金党建〔2020〕5号，2020年6月5日），内部资料。

制，间接地赋予其某种待遇，待时机成熟后再吸纳进体制内。需要指出的是，此处的体制吸纳并不完全等同于由政府部门组织的体制内考试的体制吸纳，如针对类别1能人的体制吸纳方式（任村名誉书记或名誉主任），总体而言比较灵活。回归能人可参与村级规划、产业发展等重大事项决策，提出意见建议，但不参与村两委班子分工和日常值班，而且也可打破地域限制，实现跨乡镇、跨村任职，可以"一村多人""一人多村"，从而实现回归能人资源统筹利用、优化配置。

　　第三，签订协议。如何才能更好地发挥能人（乡贤）的作用，防止能人（乡贤）"引而不作"的弊病，或是防止能人（乡贤）被引入后随意散漫而造成投资烂尾等问题，抑或是防止能人回归后滥用权利（权力），这是推进实施能人（乡贤）回归工程时必须思考的问题。为了更好地激发能人的作用，以防止回归能人只回归享受待遇而不作为，只享有权利而不承担义务，金寨县与回归能人均签订《"能人回归工程"协议书》，以书面协议的形式明确政府与回归能人之间的权利与义务。为了更好地说明金寨县与回归能人之间的权利义务约定及设置情况，将金寨县委组织部拟定的类别1能人回归需签订的格式化协议录入如下：

金寨县"能人回归工程"协议书

甲方：　中共金寨县委组织部　　　（以下简称甲方）
乙方：　_____　（以下简称乙方）

　　经研究决定，实施以外出创业能人回村任职为主要内容的"能人回归"工程，为明确双方职责，维护双方权益，经甲乙双方协商达成如下协议：

第五章 能人回归工程：乡贤的培育与制度规训

一、聘任职务

甲方聘任乙方为＿＿＿乡（镇）＿＿＿村＿＿＿、创福公司董事长，任期一年。

二、甲方职责

甲方负责乙方的教育、培训、管理和考核，搞好协调服务。

1. 相关待遇。按照＿＿＿＿＿领导职务待遇标准执行。

2. 结对联系。对接落实1名县领导联系帮扶，搞好协调服务，每季度听取一次工作汇报，分析存在的问题，帮助解决工作中遇到的实际困难。

3. 大力扶持。扶持乙方领办创办新兴产业、组建农民专业合作组织，在土地、证照办理、税费减免、贴息贷款等方面予以支持和倾斜。对发展较好的项目可采取个人投资一部分、县、乡镇配套一部分，贴息贷款支持一部分的方式解决资金问题；对投资规模较大、发展前景较好的项目，享受县招商引资优惠政策；对由乙方领办的村级集体经济项目，可按入股比例进行分红。

4. 考核管理。对每年履职情况开展一次集中考核，考核结果分为"优秀、称职、一般、较差"四个等次，对年度考核结果为"较差"等次的，解除聘任关系。对年度考核结果为"称职"以上等次的，优先列入党内表彰、各级"两代表一委员"的推荐人选。对连续3年考核结果为"优秀"等次的，优先推荐担任村主要负责人，符合基层公务员和事业单位招录条件的优先录用。

除上述职责外双方商定的其他职责。

三、乙方职责

乙方参与村级事务管理和重大事项决策，对村级发展提出意见建议，可以不参与村级日常值班。

1. 制定一个发展规划。根据任职村资源禀赋，结合村情民意,制定三年任期发展规划和年度工作计划,建立目标、任务、责任清单,推进村级各项事业科学发展。

2. 打造一项主导产业。按照"一村一品"发展规划,充分发挥资金、人脉、技术等优势,为任职村选好并发展一项特色主导产业,推动产业规模化、品牌化、市场化建设。

3. 组建一家劳务公司。建立任职村劳动力资源信息库,依托村级创福公司组建一家村级劳务公司,提供就业岗位、信息,拓宽就业渠道,提高群众务工收入。

4. 增加一笔集体收入。深入挖掘村级在资源、区位、传统产业等方面优势,努力兴办一个致富效果好、辐射带动能力强、能够增加集体收入的特色项目,村集体经济年递增10万元以上。

除上述职责外双方商定的其他职责。

四、其他

1. 任职村所在乡镇党委需与乙方另行签订具体协议书。
2. 其他未尽事宜,双方协商解决。
3. 本协议一式两份,甲乙双方各执一份。
4. 本协议自签订之日起生效,有效期一年。

甲　方(盖章):

代表人(签名):　　　　　　　　乙方(签名):

　　　　　　　　　　　　　　　　年　月　日

在这份格式化协议中,甲方为"金寨县委组织部",乙方为回归能人。甲方的职责主要包括教育、培训、管理和考核四项,这四项职责在协议中并无明确说明,而是另外设定了四项职责

第五章 能人回归工程：乡贤的培育与制度规训

（措施），主要包括相关待遇、结对联系、大力扶持以及考核管理。尽管甲方将"考核管理"列为一项职责，但其更像是一项职权。"考核管理"所体现的就是一种管理与被管理关系。乙方的职责表述为"参与村级事务管理和重大事项决策，对村级发展提出意见建议，可以不参与村级日常值班"，即能人必须履行参与村级事务管理和重大事项决策，以及对于村级发展提出意见建议的义务。然而，能人大多并不驻村，甚至很多都不在县城居住，故而很难事事都参与，而且这项义务的实现很大程度上也取决于村两委与回归能人之间的信任程度，如果村两委并不十分信任回归能人，或者能人对村两委不够尊重，那么能人参与村级事务管理和重大事项决策是有限的，履行此项义务也是存疑的。[1]

除此之外，回归能人的具体职责可以概括为"四个一"：一是"制定一个发展规划"，即根据任职村的资源，结合村情民意，制定三年任期发展规划和年度工作计划，建立目标、任务、责任清单，推进村级各项事业科学发展；二是"打造一项主导产业"，即按照"一村一品"发展规划，充分发挥资金、人脉、技术等优势，为任职村选好并发展一项特色主导产业，推动产业规模化、品牌化、市场化建设；三是"组建一家劳务公司"，

---

〔1〕 关于这个问题，金寨县委组织部负责人强调，村两委和回归能人之间要相互支持配合。他在讲话中表示，一方面，"无论是作为名誉书记、主任还是创福公司董事长，都是村里的一分子，村两委要敞开怀抱、主动对接，把能人当成战友和伙伴，相互支持，积极帮助规划设计、土地流转、协调矛盾、办理手续、申报项目、兑现政策等，在村级重大事项和规划实施中要让能人参与决定，集思广益，学习他们的新观念新思想"。另一方面，"农村工作包罗万象，能人虽然不参与村级具体事务，但是也要主动去了解村级工作，并帮助协调解决实际问题，对自己不熟悉的领域和工作要多听取村两委干部的意见建议，不擅作主张，不唱'对台戏'，避免出现'各唱各的调，各吹各的号'"。参见赵锦文："在全县'能人回归工程'座谈会上的讲话提纲"（2019年7月25日），内部资料。

即建立任职村劳动力资源信息库,依托村级创福公司组建一家村级劳务公司,提供就业岗位、信息,拓宽就业渠道,提高群众务工收入;四是"增加一笔集体收入",即深入挖掘村级在资源、区位、传统产业等方面的优势,努力兴办一个致富效果好、辐射带动能力强、能够增加集体收入的特色项目,村集体经济年递增10万元以上。协议所设定的"四个一"具体职责主要针对村级各项事业发展、村级主导产业发展、村级劳动力就业、村级集体经济增收四个方面。所设定的四个方面职责将能改善农村产业结构,积极推进农村一二三产业融合发展,充分利用农村闲散资源开展创新创业,实现经济社会发展,促进农民增收致富。回归能人必须围绕这四个方面落实职责,在协议约定的期限内必须做出一定的成绩,后续的考核管理也将主要围绕这四个方面展开。[1]尽管从规范意义上而言,所设定的四个方面的职责并不十分具体、明确,但是这些职责的设定至少明确了回归能人工作的方向及主要任务,在一定程度上能够对其实行监督、管理和考核。需要指出的是,这份协议的性质并不明确,不同于一般的人事合同、民事合同、行政协议、投资协议,也没有规定相应的违约责任及处理方式,协议执行情况的考核认定权限由县委组织部掌握,如果发生纠纷也无明确的救济方式和救济渠道,协议具有模糊性。

第四,监督奖惩。监督、考核和奖惩是从运行结果层面对

---

[1] 在另一份官方文件中,对四项职责进一步细化,提出"主要突出引领产业发展重点,通过主抓一项产业(特色农业、乡村旅游产业等)、领办一个实体(家庭农场、农民专业合作社、产业化龙头企业、农业产业化联合体等)、开办一个平台(销售公司、电商公司等)、建设一批设施(加工厂房、冷链仓储、种养设施等)、完善一批机制(订单农业、入股分红、劳务用工、托管服务等),带领一方群众致富"。参见《中共金寨县委关于推广实施"能人回归"工程促进乡村振兴的意见》(金〔2021〕2号,2021年1月4日),内部资料。

能人进行规训的权力技术，其要旨在于，监督考核体现了权力的运行、主体之间的非平等性地位、管理与被管理的关系。在签订协议书后，县委组织部根据协议书设定的目标任务和具体职责，按照所制定的考核奖惩办法，对回归能人实行目标责任制考核和动态管理。具体措施如下：一是实行分类考核。即综合回归能人特点，将回归能人合理划分为产业发展、招商引资、网络营销、乡风文明等类型，分别制定量化考核指标，由县委组织部对回归能人的每年履职情况开展一次集中考核。二是强化考核结果运用。考核结果分为"优秀、称职、一般、较差"四个等次，对年度考核为"较差"等次的，解除聘任关系；对年度考核为"称职"以上等次的，优先列入党内表彰、各级"两代表一委员"（党代表、人大代表、政协委员候选人）的推荐人选；对连续3年考核结果为"优秀"等次的，优先推荐担任村主要负责人，符合基层公务员和事业单位招录条件的优先录用。此外，每年评选"优秀回归能人"，评选成功的能人挂任所在乡镇党委委员或副乡镇长（开发区挂任社会事务局副局长），优先列入党内表彰、"两代表一委员"，优先推荐参加劳动模范、优秀企业家等各类荣誉的评选，以及优先安排参加学历教育、外出学习考察等。[1] 三是实行晋升和收入的差别化。此项措施主要针对类别2和类别3能人的考核而设定。在一项自2020年1月开始执行的待遇计划中，金寨县对全日制本科以上学历的村两委值班干部，比照该县乡镇新录用公务员试用期满工资水平确定基本报酬；对全日制本科和二期士官退役军人到村任村两委值班干部的，在2019年村干部工资待遇基础上，给予800元/月的人才补助；对全日制大专和一期士官退役军人到

---

[1]《中共金寨县委关于推广实施"能人回归"工程促进乡村振兴的意见》（金〔2021〕2号，2021年1月4日），内部资料。

村任村两委值班干部的，在2019年村干部工资待遇基础上，给予500元/月的人才补助；担任村党组织书记的额外增加800元/月。[1]

金寨县通过实施"能人回归工程"，探索形成了一整套培育、选拔的规训机制。"规训"（discipline）一词源自福柯的生命政治学。在福柯的分析中，生命政治应该具备两个面向：一是对肉体进行个别化和微观操控的"规训权力"（discipline power），即"人体的解剖政治"（anatomo-politics of the human body）；二是对作为整体人的生命进行调节的"人口生命政治学"（biopolitics of the population）。"规训权力"是一种微观权力，这种在17—18世纪产生的特殊的权力技术既是权力干预、训练和监视肉体的技术，同时又制造知识。微观权力的运作主要以纪律为依据，纪律是法律的"子法"。在金寨县能人回归工程实施过程中，主要的规范依据就是官方文件和政策，这些都可视为纪律，权力通过纪律来表达。"通过摸排建档、体制吸纳、签订协议和监督考核权力技术，肉体也直接卷入了某种政治领域；权力关系直接控制它，干预它，给它打上标记，训练它，折磨它，强迫它完成某些任务、表现某些仪式和发出某些信号。这种对肉体的政治干预，按照一种复杂的交互关系，与对肉体的经济使用紧密相联；肉体基本上是作为一种生产力而受到权力和支配关系的干预；但是，另一方面，只有在它被某种征服体制所控制时，它才可能形成一种劳动力；只有在肉体既具有生产能力又被驯服时，它才能变成一种有用的力量。"[2]

---

[1]《关于印发〈金寨县村党组织书记队伍优化提升"三年行动计划"方案〉的通知》（金党建〔2020〕5号，2020年6月5日），内部资料。

[2]［法］米歇尔·福柯：《规训与惩罚：监狱的诞生》，刘北成、杨远婴译，生活·读书·新知三联书店2007年版，第27—28页。

从这段论述中，我们可以看出福柯关于身体不断被权力被动驯服的判断，身体的生产性的一个重要前提就是身体被权力驯化。回到"能人回归工程"，正是由于摸排建档、体制吸纳、签订协议和监督考核等一系列权力技术的运用，本属于体制外的"回归能人"被体制吸纳并驯服后，不断实现身体的再生产，不断激发其创造活力，最终被转化为乡村发展的重要力量。然而，究竟这种力量发挥到何种程度以及是否可以持续，在很大程度上取决于权力技术的运用，一旦权力技术松弛或疲敝，那么权力驯化就难以持续，回归能人甚至有可能转化为乡村治理中的消极力量。金寨县委组织部负责人表达了这一担忧，认为回归能人"不能简单地搞'结对帮扶、拉拉赞助、给钱给物'，要在自己任期内多做有利子孙后代的好事，同时也坚决不能以牺牲环境和资源为代价来换取眼前利益，更不能与全村党员群众的意愿和诉求背道而驰"[1]。

不过从目前的实践情况来看，"能人回归工程"取得了一定的效果。从表5-2可以看出，2020年度全县回归能人共计12人（所统计的为类别1能人），其中有4名能人系2019年度考核合格后续聘，另有8名回归能人系新聘任。按照文件规定和协议约定，这12名回归能人（中共党员身份）均担任村名誉书记（主任）、创福公司董事长，其中有3名同时担任乡（镇）党委委员。2021年，这12名能人继续聘用，同时另新增5名能人。能人回归工程，促进了金寨县村集体经济增长，带领群众增收致富取得了一定的效果。例如，外出能人童维新所任职的果子园乡白纸棚村，投入1000万元成立金林生态养殖合作社，引资6000万元创办石沁泉水有限公司，投资48万元成立新农梦生态

---

〔1〕 赵锦文："在全县'能人回归工程'座谈会上的讲话提纲"（2019年7月25日），内部资料。

农业开发公司，带动46名群众年增收8000元，村集体入股年分红达10万元。又如，2020年斑竹园镇发展王宇为斑竹园镇街道村名誉书记、创福公司董事长，落实回归能人工资待遇，积极争取县级扶贫资金320万元，落实街道农产品深加工厂项目建设，为街道村集体经济增收10万元。

表5-2 金寨县2020年度"能人回归"任职情况一览表[1]

姓名	性别	出生年月	政治面貌	职务	任职乡镇职务（拟任职务）	工作实绩（创业情况）	备注
童维新	男	1987.2	中共党员	金寨县"三个农民"电子商务有限公司负责人、山泉黑鸡养殖场厂长、大别山石沁泉水有限公司负责人	果子园乡白纸棚村名誉书记、创福公司董事长，担任果子园乡党委委员	带动群众发展特色金寨黑鸡养殖，扶持带动贫困户近500户，年培育鸡苗近20万只。发展茶叶种植助力脱贫，栽种面积已过千亩。栽种管护采摘年用工超过1万天，村民直接征收超100万元。发起成立第一个乡级黄金梨产业发展协会，带动全乡种植黄金梨已超5000亩。深入拓展饮用水业务。生产的"石溢源"系列产品，成功进入央视展播。深度拓展"三个农民"电商发展模式。2019年村集体经济收入66.73万元，为村集体经济创收15.25万元	继续聘用

〔1〕 表5-2中的资料信息根据金寨县委组织部提供的材料整理而成，内部资料。

续表

姓名	性别	出生年月	政治面貌	职务	任职乡镇职务（拟任职务）	工作实绩（创业情况）	备注
张功国	男	1968.9	中共党员	江苏省张家港市国旺农业现代生态有限公司董事长	全军乡熊家河村名誉书记、创富公司董事长，挂任全军乡党委委员	主打生态品牌，大力发展生态农业观光休闲旅游产业，持续实施40万平方米大棚蔬菜、8000平方米兰花庄园、2万平方米康养中心建设工程。共吸纳当地群众200余人务工，累计发放农民工工资300余万元，带动当地22户贫困户如期脱贫。2019年熊家河村村集体经济收入累计65.9万元，其中张功国直接或间接贡献36.4万元。2019年为五保老人贫困户捐款4万元，捐资助学14万元	继续聘用
李德全	男	1969.10	中共党员	金寨在外（广东）创业者协会副会长、党委副书记	麻埠镇桂花村名誉书记、创福公司董事长，挂任麻埠镇党委委员	扎根桂花村，先后投入500余万元，创办黄大茶加工厂、启动民俗旅游、新建电商示范街等项目，群众增收明显。2019年村集体经济收入达36.7万元，其中个人产业带动增收10.78万元	继续聘用

续表

姓名	性别	出生年月	政治面貌	职务	任职乡镇职务（拟任职务）	工作实绩（创业情况）	备注
徐建双	男	1972.8	非党员	百计信用管理有限公司董事长、六安市在外人才协会重庆分会会长	古碑镇余岭村名誉主任、创福公司董事长	多次深入到古碑镇、余岭村，谋划苗木基地、中国红岭公路等项目，探索镇村经济发展新路子。2020年投资50万元实施苗木基地项目，对接协调六安在外人才协会与大别山石沁泉水有限公司饮用水项目，使村集体经济收入达到20万元	继续聘用
金诗浩	男	1974.2	中共党员	果子园乡黄金梨协会会长、吴湾村村两委委员	拟任果子园乡吴湾村名誉书记、创富公司董事长	曾在上海经营园艺绿化、餐饮行业，回乡成立金寨县恒发家庭农场，发展苗圃、黄金梨、茶叶、大棚蔬菜等现代农业项目，采取"种养"结合模式，积极引导贫困户参与农场合作经营，将吴湾村打造成集农业观光、采摘、休闲于一体的乡村旅游示范村	新任职
彭作如	男	1979.2	非党员	金寨县开捷置业有限公司、金寨县果园皖维生态农业开	拟任果子园乡牛食畈村名誉主任、创福公司董事长	在上海从事建筑行业，回乡流转1020亩土地，建设黄金梨基地420亩，茶园600亩，并出资4000万元建设茶叶加工厂。以市场为导向，以果子园乡黄金梨协会为依托，合理分配资源，	新任职

第五章 能人回归工程：乡贤的培育与制度规训

续表

姓名	性别	出生年月	政治面貌	职务	任职乡镇职务（拟任职务）	工作实绩（创业情况）	备注
				发有限公司董事长		从资金和技术上帮助农户，发展新型农业，提高种植业经济效益，以达到群众致富、牛食畈村集体经济增收的目的	
俞峰	男	1980.9	中共党员	苏州吴中区政协常委、苏州市直属商会常务副会长、苏州市家装商会常务副会长、苏州市工商联常执委、苏州科技大学和苏州农学院客座教授、苏州市六安青年企业家协会会长	拟任花石乡大湾村名誉书记、创福公司董事长	于2007年创办纳德集团，总部设于苏州，多年来热心于公益事业，先后在苏州、贵州、四川、安徽等地捐资助学，获得社会广泛好评。近年来积极为大湾村农副产品销售拓展渠道，为村集体经济发展出谋划策，带动群众和村集体收入增加，先后在苏州、贵州、四川、安徽等地捐资助学	新任职

续表

姓名	性别	出生年月	政治面貌	职务	任职乡镇职务（拟任职务）	工作实绩（创业情况）	备注
叶静	女	1975.9	非党员	安徽漫思茶生态农业有限公司总经理、金寨县鸿蒙农旅开发有限公司法人、金寨县漫思茶叶专业合作社法人、合肥漫思茶艺培训学校校长	拟任油坊店乡东莲村名誉主任、创福公司董事长	从事茶产业发展，自愿在油坊店乡东莲村创办茶企，并引导其他茶企和茶农走产品专业化、品牌化的运营路线，带领当地茶产业从业者增收创利，把油坊店乡东莲村打造成茶旅融合发展示范村	新任职
刘华武	男	1964.11	中共党员	金寨县奎武生态农业综合开发科技有限公司总经理、金寨县金河冲土鸡养殖	拟任油坊店乡周院村级名誉书记、创福公司董事长	从事养殖业发展，自愿在油坊店乡周院村创办生态养鸡场，带动当地散养农户规模化发展，增加当地群众收入，把周院村打造成生态农业示范村	新任职

第五章 能人回归工程：乡贤的培育与制度规训

续表

姓名	性别	出生年月	政治面貌	职务	任职乡镇职务（拟任职务）	工作实绩（创业情况）	备注
				专业合作社社长			
李文海	男	1968.12	中共党员	金寨县力源食用菌种植专业合作社理事长	拟任沙河乡楼房村名誉书记、创福公司董事长	本土产业带头人代表，自愿在沙河乡开展食用菌种植业发展、农业示范园等项目，实施产业带动，将楼房村打造成特色农业示范村	新任职
王宇	男	1972.9	中共党员	上海创业者协会副秘书长、上海彩艺化工有限公司等多家公司总经理	拟任斑竹园镇街道村名誉书记、创福公司董事长	长期从事企业管理，经验丰富，自愿回乡发挥家乡资源优势，加入旅游市场，依托红色旅游，开展韵动中国，提升改造农特产品一条街以及旅游文化等项目，实施产业带动，将街道村打造成红色旅游村	新任职
汪俊	男	1980.5	中共党员	上海锦丞装饰材料有限公司总经理、江苏新锦丞建筑材料有限公司总经理、常	拟任古碑镇余岭村名誉书记	长期从事建筑业，经验丰富，自愿在古碑镇余岭村发展产业，增加村集体经济和当地群众收入，把余岭村打造成乡村振兴示范村	新任职

续表

姓名	性别	出生年月	政治面貌	职务	任职乡镇职务（拟任职务）	工作实绩（创业情况）	备注
				州丝磊塑料有限公司总经理、金寨在浙江创业者协会常务副会长以及党委书记			

四、本章小结

乡村振兴关键在于人才。为了解决乡村人才的不足，各地在实践中出台了一系列相关的措施和政策，金寨县的"能人回归工程"具有一定的典型意义。"能人回归工程"是金寨县委深入推进抓党建促脱贫攻坚、抓党建促乡村振兴的创新举措，在一定程度上加强了农村基层党组织建设，提升了党组织的组织力，在提升村级发展带头人队伍水平、激发农村干部队伍活力方面取得了一定的效果。

从金寨县"能人回归工程"实施情况来看，主要呈现出如下特点：一是"能人回归工程"的推进路径是从上而下式的，主要由县委组织部负责推进；二是主要强调能人在经济层面的贡献；三是在实施以来所吸收的能人并无明显增长；四是该工程实施之前就已有能人回归，实施后主要从官方层面确认其身份，并赋予其一定待遇。

第五章 能人回归工程：乡贤的培育与制度规训

从具体实施方式而言，金寨县的"能人回归工程"主要从能人的选拔和培育方面推进。能人的选拔须遵循一定的标准，这主要表现为事业、口碑及情感三个方面的要求：所谓"事业"主要是指经济层面的要求，即"能人"首先要在外创业成功；"口碑"主要是指道德层面的要求，即"能人"应该有较好的社会口碑，具有一定的道德感召力；"情感"主要是指心理层面的要求，即"能人"应有乡土情结，乐于奉献并支持家乡的发展。在这些要求中，最为关键的是经济层面的要求，这也就使得"德"方面的要求并未彰显（也不好衡量，仅仅以"口碑"为衡量标准）。围绕"事业"标准，能人的范围不断扩大，大体划分为四类：①在外创业有成、愿意支持家乡建设、有强烈回归意愿的人士（类别1）；②全日制大专及以上学历大学生（类别2）；③退役士官（类别3）；④本土农村产业发展带头人、农村经纪人、农民企业家以及现任村（社区）干部中的致富带头人（类别4）。在这四类能人中，类别1和类别4占据主导地位。

在明确主体范围和选拔条件后，又按照"摸排""确定""签约"三个步骤来选拔确定回归能人。培育能人主要是选拔后培育，主要从政策、资金、金融、税收等方面的支持展开。经过选拔和培育，能人能够顺利进入到乡村治理场域，能够实现扎根乡土的目的，回村发展也更容易取得成功。如何才能使本属于体制外的能人发挥其作用？金寨县亦探索了一套方法。具体而言，金寨县对回归能人的管理是通过摸排建档、体制吸纳、签订协议和监督考核一系列权力技术来实现的。通过权力技术的规训，本属于体制外的能人被纳入体制之中，依附于体制力量，成为可供国家正式权力调动的力量。被规训后的能人不断进行再生产，推进乡村经济社会的发展，填补正式权力在此方面的不足，在一定程度上解决了乡村振兴中"人"的问题。

与此同时，我们也要看到，这种体制化的吸纳和规训在很大程度上依赖于权力技术的运用，一旦源自体制内的规训权力技术松弛或疲敝，回归能人本身所蕴含的与体制的内在矛盾将会释放，不仅难以发挥其助力乡村发展的积极作用，而且有可能转化为乡村振兴中的消极力量。对于这个问题，目前实践中并无现存经验，需要进一步探索思考。从根本上解决农村人才问题是一个系统性的工程，能人回归工程仅仅只是其中有益的探索，还应该从更为宽泛的意义上理解能人（乡贤）。乡村人才不能仅限于外出创业成功的能人，还应涵盖其他技能型、服务型、管理型等人才。

第六章
新乡贤参与乡村治理的法治进路

乡村振兴的关键在于人才的振兴，乡村治理的关键在于人才。城市化进程中人才从乡村到城市单向流动，一定程度上导致了乡村人才凋敝和缺失，乡村发展缺乏主体支撑力量。因此要广泛吸纳多种社会力量参与乡村建设，充分发挥社会各类人才在乡村治理中的作用。新时代乡贤已经广泛参与乡村振兴实践，成为当前乡村治理中的重要力量，多次被中央文件强调。早在2014年两会期间，全国政协委员王志良提议以浙江绍兴上虞区的经验为基础，在全国推广乡贤文化。2015年中央一号文件提出"创新乡贤文化、弘扬善行义举，以乡亲乡愁为纽带吸引和凝聚各方人士支持家乡建设，传承乡村文明"。2015年9月30日，《人民日报》发表了《重视现代乡贤》《用新乡贤文化推动乡村治理现代化》两篇文章，引起了一些地方政府的高度重视，各地纷纷成立"乡贤理事会"等组织，探索新乡贤参与乡村治理的体制机制问题。2016年《中华人民共和国国民经济和社会发展第十三个五年规划纲要》在"加快建设美丽宜居乡村"中再次明确提出，要培育"新乡贤文化"。2018年1月2日，中共中央、国务院印发《关于实施乡村振兴战略的意见》，该意见第六部分为"加强农村基层基础工作，构建乡村治理新体系"，明确指出要"积极发挥新乡贤作用"。2018年9月29日，中共中央、国务院印发的《乡村振兴战略规划（2018—2022年）》提出要"积极发挥新乡贤作用"。

新乡贤是现代化背景下乡村建设的重要力量，唤起他们的乡情，充分利用他们的资源、能力、热情和公益心泽被乡里、反哺桑梓，不失为乡村振兴战略的重要举措。从各地实践来看，尽管新乡贤参与乡村治理在促进乡村振兴方面具有一定积极作用，但也存在一些问题，如过于强调治理者的个体化因素而与乡村治理法治化之间存在张力、缺乏制度保障引导而活力不够、治村过程缺乏有效规制等。鉴于此，本章立足于乡村振兴战略背景，结合田野调查经验，从新乡贤的概念界定、主要范围入手，分析新乡贤参与乡村治理表现出的积极和消极作用，针对既有问题探寻新乡贤参与乡村治理的保障、引导和规制方案，既充分激发乡贤参与乡村治理的活力，同时又防范其弊端，为实现乡村善治、实施乡村振兴战略提供主体支撑力量。

一、新乡贤概念及其主要类型

目前各地实践中对新乡贤的描述表达语词也是多样化的，如乡村优秀人才、乡村杰出人才、乡村精英、乡村能人、乡土能人、新乡绅、乡村贤达、乡贤（前面没有"新"）等，但总体而言出现得比较多的表述是"新乡贤""乡贤"。我们认为，新乡贤在一定程度上延续了古代中国缙绅传统，但又具有新时代的内涵，[1]概念表述上直接用"乡贤"并不妥当，因此，必须在"乡贤"前面加上"新"，以区别于传统乡贤（乡绅传统），意为新时代乡贤。

理论界和实务界对新乡贤的界定可以概括为狭义和广义两

---

[1] 有学者认为新乡贤从传统乡贤发展而来，其形成过程分为三个阶段：双重身份的古代乡贤、呈现劣绅化趋势的近代乡贤、重登舞台的当代乡贤，呈现一种U型曲线的发展走向。参见李艳菲："新乡贤的生成机理、社会基础与发展路径"，载《中共四川省委党校学报》2018年第4期。

种。狭义的"新乡贤"一般强调"德才兼备""反哺乡村""口碑声望""场域空间"等特质。例如,"一般而言,有德行、有才华,成长于乡土,奉献于乡里,在乡民邻里间威望高、口碑好的人,可谓之新乡贤。"[1]有研究者指出,新乡贤主要是"出自乡村,成就城市;成长乡土,弄潮商海"的有特殊城乡内在关联的一批人。[2]有研究者认为,"新乡贤是指从乡村走出去再回归乡土,以自己的经验、学识、专长、技艺、财富,以及文化修养和道德力量,参与社会主义新农村的建设和治理的贤达人士,他们是一批具有奉献精神的时代精英。"[3]有的研究者则强调其为新乡村的代表,在乡村法治秩序和乡村组织建设中具有重要意义,是国家法治和乡约民治的重要衔接机制。[4] 2017年12月广东召开的第十三届中国农村发展论坛将"新乡贤"界定为"心系乡土、有公益心的社会贤达,一般包括乡镇经济能人、社会名流和文化名人,财富、权力、声望是其外在表现形式,公益性是其精神内心"。[5]

广义的"新乡贤"相对较为宽泛,突出强调"反哺农村""建设农村"的特质。例如,钱念孙先生认为,"只要有才能,有善念,有行动,愿意为农村建设出力的人,都可以称作新乡贤"。有研究者指出,"在新的时代背景下,有资财、有知识、有道德、

---

[1] 吴晓杰:"新农村呼唤新乡贤——代表委员畅谈新乡贤文化",载《光明日报》2016年3月13日,第1版。

[2] 王先明:"'新乡贤'的历史传承与当代建构",载《光明日报》2014年8月20日,第1版。

[3] 钱静、马俊哲:"国内新乡贤文化研究综述",载《北京农业职业学院学报》2016年第4期。

[4] 王丽惠:"作为乡村领袖的'乡土法杰'",载《学术交流》2015年第11期。

[5] 吴晓燕、赵普兵:"回归与重塑:乡村振兴中的乡贤参与",载《理论探讨》2019年第4期。

有情怀，能影响农村政治经济社会生态并愿意为之作出贡献的贤能人士"，被称为新乡贤。[1]又如论者指出，"置身于新时代的新乡贤应被赋予新的内涵，凡是积极投身乡村治理和乡村振兴事业，引领和带动村民追求美好生活的人，都可称为新乡贤。外来的乡村治理和乡村振兴力量，如"大学生村官""农村工作者""驻村第一书记"等虽缺乏乡土性等诸多要素，却一样可成为新乡贤的主体。[2]还有研究者强调，"新乡贤是对于乡村社会中各种精英人才的合称，它的主体范围相对广泛，包括村庄中的优秀基层干部、道德模范等先进典型，也包括邻里威望、口碑好的群体。"[3]

目前官方并没有对"新乡贤"作出权威的界定。《〈中华人民共和国国民经济和社会发展第十三个五年规划纲要〉解释材料》仅对"乡贤文化"作出解释："乡贤文化是中华传统文化在乡村的一种表现形式，具有见贤思齐、崇德向善、诚信友善等特点……借助传统的'乡贤文化'形式，赋予新的时代内涵，以乡情为纽带，以优秀基层干部、道德模范、身边好人的嘉言懿行为示范引领，推进新乡贤文化建设，有利于延续农耕文明、培育新型农民、涵育文明乡风、促进共同富裕，也有利于中华传统文化创造性转化、创新性发展。"[4]综上，无论是狭义还是广义的新乡贤，两种界定方式都认为"新乡贤必须积极参与乡

---

[1] 胡鹏辉、高继波："新乡贤：内涵、作用与偏误规避"，载《南京农业大学学报（社会科学版）》2017年第1期。

[2] 尹训洋、吴大华："纠纷解决的新乡贤范式"，载《法治现代化研究》2019年第4期。

[3] 张春敏、张领："民族地区农民再组织与乡村社会有效治理——基于黔东Y自治县乡贤参事会建设为例"，载《云南民族大学学报（哲学社会科学版）》2019年第1期。

[4] 全国人大财政经济委员会、国家发展和改革委员会编：《〈中华人民共和国国民经济和社会发展第十三个五年规划纲要〉解释材料（2016—2020）》，中国计划出版社2016年，第185—186页。

村建设，是乡村建设中的优秀人才和重要的主体力量"。从"乡贤文化"的角度来看，新乡贤的形成与生存具有深厚的文化背景，故不可摒弃其文化特质而作过于宽泛的界定，如果只是一味强调其"反哺农村""建设农村"的特质，可能无法区别以往出现的"强人治村""富人治村""能人治村"等情形。

我们认为，目前对于"新乡贤"的界定应该把握四点。其一，德才兼备。这是"新乡贤"区别于"富人治村""能人治村"的根本点，除了致富能力之外，还必须要突出道德品质，只有这样其行为才能被村民广泛认可和效仿，才能推进乡村德治。其二，情感纽带。即"新乡贤"必须与其反哺的乡村具有一定的地缘、血缘等纽带关系，中国文化中的伦理关系是"同心圆"式的"差序格局"，血缘、地缘、业缘等人情纽带是确定亲疏关系远近的标准，只有在人情伦理关系中，利益的计算才可以暂时模糊化。如果不具备此要素，返乡新乡贤对农村并无情感基础，极有可能演变为"招商引资"和"资本下乡"。其三，建设乡村。新乡贤需要利用其才能和资源，积极参与乡村建设，热心乡村公共事务，具有致力乡村建设的热情和能力。此处的"乡村建设"是广义的，包括但不限于乡村经济建设、基层民主建设、保护发展乡村文化、人居环境整治、道德教化培养、农村法律服务（法律援助、普法宣传、法治文化建设等）、医疗卫生建设、发展乡村教育、科技推广、娱乐体育等领域。其四，具有民主法治精神和社会主义核心价值观。新乡贤区别于传统乡贤的根本之处即在于此，即新乡贤在参与乡村治理、处理乡村事务时，必须贯彻现代民主法治精神和社会主义核心价值观，而不是简单地套用传统社会伦理规则和人际规则。基于以上特点，我们认为，新乡贤是指具有一定的口碑威望、知识才能、品行高尚，秉承现代民主法治精神和社会主义核心价值观，致力于一直生活的或曾经生活在这片乡土的乡村建设的贤达人士。

基于以上定义，目前新乡贤来源范围广泛、类型多元：①从新乡贤流动方向和场域空间来看，既包括"在场乡贤"，也包括"不在场乡贤"和"外来乡贤"。"在场乡贤"主要指生于本土、扎根本土、服务本土，其品德才学受到村民普遍推崇的乡村贤达人士，如乡村老党员、老村干、老教师、复员军人、致富能手、道德楷模、宗族族长及现任村干等。"不在场乡贤"主要指曾经生活在乡村，后因求学、招工、提干、经商、复员转业等原因进入城市，但是关心支持家乡建设，并愿意奉献自身力量的贤达人士，如机关干部（包括在任和退休回村定居人员）、企业家、文化名人、法律工作者、医疗工作者、教学科研人员等。"外来乡贤"是指此前并没有在所建设乡村的生活经历，而是基于业缘关系到农村投资建设的外来生产经营人员和农村公共事务管理人员，这些人进入乡村后迅速融入其中，将所服务的乡村视为第二故乡，愿意为之奉献自己的力量。例如，来到乡村开发旅游的企业、租用民居开展农家乐的人员、扶贫驻村干部、驻村第一书记、农村志愿服务工作者等。②从新乡贤职业来源来看，体制型乡贤既包括乡村干部、退休干部、外来干部等公职人员，[1]也包括科教文卫领域的专业技术人员，如医生、教师、科研工作者、文人学者、文化骨干等；体制外乡贤包括企业家、个体户以及无明显职业特征人员，如海外华侨、族长等。③从受教育程度来看，新乡贤受教育程度参差不齐，既包括受过高等教育的人员，也包括受教育程度比较低的人员，但是受教育程度低的人员并不意味着知识文化水平低，其可能掌握某个领域的专业技能或者熟知当地风俗习惯、村规民约、人际规

---

[1] 吴家虎："内生权威融入式治理：体制型乡贤治村的时代价值与完善路径"，载《社会科学家》2018年第4期。

第六章 新乡贤参与乡村治理的法治进路

则等知识,这样的乡贤往往可以比较好地化解社会矛盾纠纷。④从新乡贤的功能特点来看,可分为经济型乡贤、政治型乡贤、"乡土法杰"型乡贤[1]、文化型乡贤、公益型乡贤、体育型乡贤[2]、道德型乡贤、宗族型乡贤、任务型乡贤[3]、治村型乡贤[4]等。⑤从新乡贤形成机制和返乡动机来看,包括乡土孕育型、告老还乡型、回报家乡型、项目分肥型、海外华侨型等乡贤。乡土孕育型乡贤主要指,本乡本土培养成长的优秀人才,如本土培养产生的党员干部、企业家等;告老还乡型乡贤是指,曾经离开乡村外出经商、做官的人士退休后告老还乡,为家乡发展作出贡献;回报家乡型乡贤是指,离乡创业成功的人士为

---

[1] 高其才在"乡土法杰"系列书系中对"乡土法人"进行描述:"我选择生活在中国社会底层的在世乡土精英列入本系列作为传主。他们现在或生活在农村,或生活在城镇,正直、热心、善良、能干、自信是他们的共同特点。他们非常熟悉乡土规范,广泛参与民间活动,热心调解社会纠纷。他们是乡村社会规范的创制者、总结者、传承者,是草根立法者、民众法学家。他们作风正派,办事公道,能力突出,影响深远,口碑良好。这些人是一些有着独特个性、富有担当、充满活力的人。他们给人以温暖,给社区带来温情,让弱者有安全感。他们是平凡人,自然也有自身的缺点和不足。这些有血有肉的乡土法人深受固有规范的影响,身上流淌着华夏儿女的血液,他们的所思所为维系着中华文明的根脉。本系列力求表达民间社区法人的独特人生、民间智慧者的法事生活、特定社区的秩序维持、中国普通人的文化情怀。"参见高其才:《桂瑶头人盘振武》,中国政法大学出版社2013年,第3—4页。

[2] 体育型乡贤是指,新时代参与乡村体育发展的具有乡土情怀、道德高尚、才能卓越,并做出突出贡献的在政治、经济、文化、社会领域的体育或非体育背景人士。参见董鹏等:"体育新乡贤:概念厘定、时代价值与发展路径",载《武汉体育学院学报》2018年第9期。

[3] 不同于传统乡贤与新乡贤,"任务型乡贤"的运作是一种半正式化的吸纳性治理模式,在参与乡村治理的过程中不仅有助于治理任务的完成,而且从某种程度上激活了乡村社会中的村民自治,提高了农民参与乡村治理的热情。参见许汉泽、徐明强:"'任务型乡贤'与乡村振兴中的精英再造",载《华南农业大学学报(社会科学版)》2020年第1期。

[4] "治村型乡贤"是指乡贤担任主要村干部,在乡村治理过程中发挥举足轻重的作用。参见裘斌:"治村型乡贤主导下'三治融合'的拓展和创新——基于枫桥镇枫源村的探索",载《甘肃社会科学》2019年第4期。

回报家乡而投资办厂、从事公益事业等；项目分肥型乡贤主要指，在回馈乡里投资的同时，也基于官方项目而分取一定利益的乡贤，达到双赢的局面；海外华侨型乡贤是指，年轻时离开家乡的海外华侨通过投资办企、公益捐赠等方式回报家乡。

二、新乡贤参与乡村治理的主要模式与经验

自 2015 年中央一号文件提出"创新乡贤文化"以后，随着《人民日报》《光明日报》等主流媒体对浙江上虞等地的乡贤文化建设的推广宣传，一些地方政府纷纷开展乡贤文化建设，各地在新乡贤参与乡村治理方面取得了一定的成绩，形成了一些典型模式和成功经验。概括而言有如下几种：

第一，乡贤理事会模式。此种模式的特点是通过成立乡贤理事会等乡村自组织，为新乡贤参与乡村治理搭建组织平台，整合新乡贤治村资源，统合行政力量和村民自治力量。此种模式又可具体划分为两种类型：一是行政主导型乡贤理事会治理模式，即通过基层党政力量主导成立"乡贤理事会"等组织，突出乡贤理事会设立、运行、治理等环节中的行政力量。此种类型由浙江省德清县首创，后又发展出广东云浮模式，旨在通过激活新乡贤资源，发挥乡村精英在社会治理、公共服务中的重要作用，以增强政府主导下的多元参与、协商共治能力。[1] 此外，中部地区分散型村庄"原子化程度很高"[2]，难以由村

---

[1] 相关研究可参见卢志朋、陈新："乡贤理事会：乡村治理模式的新探索——以广东云浮、浙江德清为例的比较分析"，载《云南行政学院学报》2018 年第 2 期；原超："新'经纪机制'：中国乡村治理结构的新变化——基于泉州市 A 村乡贤理事会的运作实践"，载《公共管理学报》2019 年第 2 期；赵康、廖祖君："以生计资本为核心构建农村社区建设长效机制——以广东省云浮市'乡贤返乡哺农'为例"，载《农村经济》2014 年第 8 期。

[2] 贺雪峰："村庄类型及其区域分布"，载《中国乡村发现》2018 年第 5 期。

第六章 新乡贤参与乡村治理的法治进路

民自发组织建立,其乡贤理事会也主要表现为政府主导推动。二是基层自治型乡贤理事会治理模式,即新乡贤自发组织、主动联合形成的自治组织,作为新乡贤开展活动的重要平台。此种模式下形成的乡贤理事会自治性比较强,一般独立于基层党政部门,实践中与村两委协同治理。例如,贵州铜仁、印江、思南等地形成的"村两委+乡贤会"基层社会治理模式即是典型,这些民族地区本身就具有深厚的自治传统,形成乡贤理事会独立决策、村组组织执行、其他经济合作组织和村民等广泛参与的较为完善的村级民主治理体系。

第二,乡贤个体式参与乡村治理模式。除了搭建组织化平台参与乡村治理之外,还有一些地区摸索出较为灵活的乡贤个体式参与乡村治理的模式。例如,浙江丽水形成了"乡贤+X"乡村治理模式,[1]即乡贤以个体化的方式参与乡村治理,调动自身资源,深入基层社会各个领域。如"乡贤+文化"主要作用于乡风建设,"乡贤+项目"则着力于经济发展,"乡贤+调解"则致力于民间调解,"乡贤+公益"则表现为慈善捐赠、公益反哺。福建省福清市的海外乡贤也是如此,一些海外乡贤通过公益捐赠、投资办厂等方式反哺乡村,形成"支部主导、乡贤补位、群众自治"三位一体的乡贤参与乡村治理模式。[2]陕西省汉阴县的"任务型乡贤"治理模式则整合吸纳农村党员、人大代表以及中心户长等多元农村精英,形成半正式化的吸纳型治理模式,使非制度精英参与到基层社会治理之中。[3]浙江省诸

---

[1] 刘燕峰:"乡贤参与乡村振兴的方式与途径——基于对丽水市几处典型案例地的分析",载《科技经济导刊》2019年第10期。

[2] 陈拓新:"乡村振兴的战略实践——福清市乡贤参与乡村治理的探索与思考",载《辽宁行政学院学报》2019年1期。

[3] 许汉泽、徐明强:"'任务型乡贤'与乡村振兴中的精英再造",载《华南农业大学学报(社会科学版)》2020年第1期。

暨市枫桥镇枫源村的"治村型乡贤"表现为乡贤直接参与乡村治理（如直接担任村干部），新乡贤担任村干职务后直接主导决策，突出"三治融合"。[1]

第三，乡贤与传统治理资源相结合模式。这种治理模式的特点是，新乡贤往往自身就是传统乡村社会中的治理力量，或者非传统社会治理力量的新乡贤在治理过程中运用传统资源，新乡贤与传统治理资源结合、重叠，这主要出现在传统力量比较强、内部比较团结的村庄。例如，上海嘉定区外岗镇自2004年开始就探索"老大人"化解纠纷矛盾的治理方式，"老大人"是嘉定农村对长者的尊称，即阅历丰富、热心公益、办事公道的老年人，后也逐步容纳一些中青年群体，统一用于指称新乡贤。"老大人"来自民间，大多属于传统型权威，在当地社会治理中具有较高的威望。当地已经形成"老大人联合会""老大人工作室""老大人工作点"三级立体化制度结构，使"老大人"直接与民众建立联系，解决民众问题。[2]广东清远市九龙镇的乡贤治理主要采取"长老（村主任）+房头"模式，"长老"主要是当地低龄老人，"村主任"则由各村民小组的村民自发推荐（区别于行政村的村主任），"房头"则主要指宗族各房支的代表。这种模式充分运用了"在场乡贤"中宗族长老的力量，宗族长老以个体化的方式参与乡村治理。[3]

第四，乡贤研究会治理模式。这种治理模式主要表现在对

---

〔1〕裘斌："治村型乡贤主导下'三治融合'的拓展和创新——基于枫桥镇枫源村的探索"，载《甘肃社会科学》2019年第4期。

〔2〕唐朗诗、郭圣莉："重塑社区的'文化网络'：城镇化进程中的新乡贤治理——基于上海市外冈镇'老大人'治理的实证研究"，载《南通大学学报（社会科学版）》2018年第5期。

〔3〕孙敏："乡贤理事会的组织特征及其治理机制——基于清远市农村乡贤理事会的考察"，载《湖南农业大学学报（社会科学版）》2016年第6期。

本土乡贤文化资源的挖掘与整理，形成当地特有的文化精神资源，强调文化治理和德治，这种模式以浙江上虞为典型，也可能是"乡贤"提出的初衷（"乡贤"概念最早正是从"乡贤文化"角度提出的）。浙江省上虞市（现为上虞区）乡贤研究会成立于2001年1月6日，这是我国最早以"乡贤"名义创设的区域性民间文化学术社团。乡贤研究会将乡贤文化作为德治教化的精神资源，整理上虞本地乡贤资料，塑造现代新乡贤（如爱乡楷模张杰、百姓喜欢的好书记杭兰英等），联络当代乡贤，凝聚乡亲乡情，发挥乡贤文化在民间"外交"中的精神纽带作用。[1]在此过程中，一些被联络的新乡贤通过反哺乡村、支援乡村建设等方式参与乡村治理，形成一种以乡贤文化建设为基础的乡贤研究会治理模式。

三、新乡贤参与乡村治理的积极作用与消极作用

从各地实践来看，新乡贤参与乡村治理发挥了一定的积极作用，涵括乡村法治、经济、政治、文化、环境、扶贫等诸多领域。

第一，发展经济。一方面新乡贤往往具有知识技能，某些新乡贤还具有雄厚资本或丰富的人脉资源、经济资源，因此可以找来投资，发展特色产业；另一方面新乡贤本身可以置身于既有乡政体制之外，不受乡村社会基层体制约束，较为灵活地整合乡村资源，推动乡村社会经济发展，提升乡村社会资源配置能力。此外，新乡贤参与乡村治理还可以为乡村振兴、乡村经济发展出谋划策，提供发展思路，如通过整合当地文化资源，

---

[1] 参见王泉根："中国乡贤文化研究的当代形态与上虞经验"，载《中国文化研究》2011年第4期；陈秋强："乡贤：乡村治理现代化的重要力量"，载《社会治理》2016年第2期。

开发打造文化历史名镇、名村建设，开发乡村旅游等。再如一些技术型新乡贤可以通过自身的专业知识，发展种植业、养殖业和现代农业，通过"互联网+"的方式打开乡村特色农产品的销售。

第二，促进自治。历史上的乡贤是"双轨政治"[1]和"皇权不下县"[2]模式下民间自治的产物，今天新乡贤的形成也是基层群众自治的结果。随着现代化进程的加快，村民自治出现了一些困境，"半行政化"色彩较为浓厚，仅仅依靠村两委治理难以满足农村社会的发展需求。新乡贤的出现不仅可以作为对村民自治的补充，而且充当了政府和村民之间沟通的桥梁。同时，相对于村两委地位的独立性，新乡贤可以在参与乡村治理的过程中对村民自治进行监督。

第三，推进公益。新乡贤可以推进乡村公益，促进乡村基础设施建设，缓解基层政府治理效能弱化趋势。从本质上而言，乡贤投身乡村公益没有独立的利益诉求，在改善民生、谋利桑梓、提供公共产品供给方面具有重要作用。2006年国家取消农业税以后，乡镇财政资金匮乏，乡村公共服务财政供给有限，一般采取项目制方式进行公共产品供给，但项目制在实践运作中存在一些问题，很多项目实施难以达成共识。新乡贤凭借其自身的资源和资金，通过扶贫济困、兴建基础设施、技术和资

---

[1] 费孝通先生认为传统中国政治是"双轨形式"：一是自上而下的政治轨道，它表现为以皇权为中心的中央集权行政制度，"自上而下的单轨只筑到县衙门就停了，并不到每家人家大门前或大门之内的"；二是自下而上的政治轨道，它表现为以绅士、族长为中心的地方自治团体，"自治团体是在当地人民具体需要中发生的，而且享受着地方人民所授予的权力，不受中央干涉"。两条轨道平行而不交叉，但可相互作用，形成"上通下达，来还自如的双轨形式"。参见费孝通：《费孝通全集》（第五卷）（1947），内蒙古人民出版社2009年，第37—40页。

[2] 温铁军："半个世纪的农村制度变迁"，载《战略与管理》1999年第6期。

第六章　新乡贤参与乡村治理的法治进路

金回流以及项目回迁等方式,为乡村社会服务,在诸如乡村道路建设修缮、水电铺设、体育文娱设施建设、公益助学等方面发挥作用。

第四,解决纠纷。由于新乡贤在乡村社会中具有一定威望,自身具有一定文化知识(尤其是熟悉国家政策、法律知识、乡土规则的"法律明白人""法治带头人"),在乡村社会纠纷解决过程中发挥了极其重要的作用,一般表现在法律咨询、民间调解等方面。[1]乡贤调解根植于中华优秀传统文化特别是乡贤文化之中,是多元纠纷化解机制的重要方式。新乡贤一般通过情理规则等进行调解,在契约关系与互惠关系中搭建有效沟通的桥梁。

第五,助力扶贫。扶贫开发与乡贤治理具有相互塑造的效应。扶贫项目激活村庄获利空间,为新乡贤参与乡村治理提供了经济和文化土壤。新乡贤在经济生产、社会关系和文化价值等方面嵌入村庄社区,不仅具有资源、知识和能力,而且熟悉乡村情况,因而可以在政府与村民、市场与村民之间搭建桥梁,在项目设立、项目落地、生产经营、帮扶带动方面有效推动精准扶贫。

第六,德治教化。新乡贤参与乡村治理能够发挥道德示范作用,重建乡村道德体系,培育乡村道德新风尚,以乡贤文化教育和引导村民践行社会主义核心价值观。新乡贤的一个重要特质就是"品德高尚",这正是其在群众中具有口碑威望的原因。新乡贤通过"言传""身教"两个方面进行德治教化,"言传"即指道德宣讲,通过乡贤榜、乡贤事迹、乡贤讲堂等方式宣讲乡贤文化和道德品质;"身教"则注重行动感化,通过"道

---

[1] 魏小强:"通过乡土法杰的乡村纠纷解决",载《学术交流》2015年第11期。

德红黑榜"等方式进行劝导教育。在"三治融合"中，新乡贤主要发挥了"德治"补位的作用，有效弥补了"三治"结构中德治主体的缺失。

第七，践行法治。新乡贤在参与乡村治理的过程中不仅依靠德治力量，还借助法治资源，实现德法结合的乡村治理，维护乡村秩序之稳定。这主要表现在：①建章立制，即通过建立完善村级规章制度（如村规民约），监督乡村社会的政治行为，维持公平有序的状态；②宣讲普法，一些具有法律背景的新乡贤，通过乡村课堂的方式宣讲国家法律法规政策；③维护权益，新乡贤往往具有现代法治精神和法治意识，在征地拆迁、农村集体财产分配等事项中维护村民的合法权益；等等。

与此同时，新乡贤参与乡村治理过程中也存在一定的问题和消极作用。目前主要的问题及消极作用表现在如下五个方面：

第一，新乡贤可能会对乡村民主法治造成破坏。新乡贤参与乡村治理主要是权威型人物治理，本质上还是属于人治范畴，在缺乏制度规范和约束的情况下容易导致假公济私、村庄民主萎缩等问题。当现代法治与乡村社会固有规范之间存在冲突时，新乡贤在参与乡村治理实践中难以采用合理的处理方式，往往因过于注重固有规范而忽略国家法律法规，过于依赖乡土人情而出现以权谋私、操纵选举、破坏基层民主等情况[1]，滥用声誉攫取资源，成为家族或宗族的代言人。新乡贤利用个人威望进行治理，存在"以德代法"的现象。

第二，新乡贤功能定位过于片面或过于宽泛。目前，"经济能人"在被列入乡贤组织时，都忽略了其道德品行要素，只重点强调其经济功能。然而，这在实践中容易演变为"资本下

---

[1] 陈寒非：" 能人治村及其法律规制——以东中西部地区 9 位乡村能人为样本的分析"，载《河北法学》2018 年第 9 期。

乡",形成另一种形式的"富人治村"或"能人治村"。与之相反,一些地区过于强调新乡贤治理功能的多样化,赋予新乡贤过多的任务,不仅要求新乡贤进行经济投资,带动、推进公益事业,解决纠纷,维护治安稳定,还要求其道德宣讲、移风易俗,将原本属于村两委和基层党政机关的工作划分给新乡贤。

第三,新乡贤与村两委组织容易产生"强弱"力量对比下的张力。一方面村两委强势的状态,容易对乡贤组织排斥与控制;另一方面村庄既有的乡贤组织较为强势,容易陷入与村两委的对立甚至将村两委架空的状态。具体表现为:①新乡贤角色关系混乱、权责不清晰,甚至引发过度参与村两委事务,与村两委在村庄治理上进行治权争夺;②新乡贤参与乡村治理固然可以带来私人资源以弥补集体资源的不足,但是容易导致村两委和基层政权对于私人资源的过度依赖;③由于新乡贤掌握丰富的资源,容易在村两委决策过程中"越位"决策,或者村级重大事项中与村两委观点不一致,相互内耗推诿,破坏村民自治。

第四,新乡贤与村民之间的紧张关系容易导致村庄权力结构的失衡。当新乡贤实力较为雄厚并具有显著影响力时,往往会成为村干部的联合对象,从而形成村干部与新乡贤共同分享村庄权力的治理局面。而普通村民由于信息不对称,再加上经济能力、社会资源等处于弱势地位,容易被置于村庄权力格局中的边缘地带,难以有效参与村庄实际治理过程。

第五,一些新乡贤(如不在场乡贤和外来乡贤)回乡缺乏住房、养老等生活保障,加上激励机制不健全、参与制度合法性缺失、社会治理复杂化等因素,使得乡贤回归动力不足,缺乏可持续的长效机制。

四、规制引导新乡贤参与乡村治理的思考

新乡贤作为当前乡村治理中的重要主体，在乡村振兴战略实施过程中必须充分发挥其积极作用，防范其消极作用。农村人才凋敝是当前乡村振兴过程中最大的问题，如果能够利用好新乡贤资源，可以有效解决乡村治理中主体力量不足的问题。因此，我们按照全面推进依法治国和提升社会治理能力现代化的要求，从四个方面探讨引导规制新乡贤有效参与乡村治理的可行方案，健全党组织领导的多元主体共同参与的自治、法治、德治相结合的乡村治理体系。

（一）立法引导

在全面推进依法治国战略下，新乡贤参与乡村治理需要纳入法治化轨道，应从中央和地方立法层面提供法律法规依据，使新乡贤参与乡村治理有法可依、有章可循。目前，全国各地开展的新乡贤参与乡村治理模式仍处于基层探索阶段，国家法律法规中并无明确规定，仅在中共中央、国务院《关于实施乡村振兴战略的意见》《乡村振兴战略规划（2018—2022年）》等政策文件中有笼统要求，但并没有规定具体操作细则。自2018年7月全国人大常委会牵头启动了乡村振兴促进法的立法相关程序以来，乡村振兴立法工作取得了重大进展。2021年4月29日第十三届全国人民代表大会常务委员会第二十八次会议通过了《中华人民共和国乡村振兴促进法》（以下简称《乡村振兴促进法》），其第三章为"人才支撑"，其中第28条对城市人才向乡村流动、社会人才参与乡村建设、返乡人才福利保障等方面作出了规定，对国家、县级以上人民政府及村民委员会、农村集体经济组织等主体提出了更为明确的要求。尽管《乡村振兴促进法》的相关规定仍然比较笼统，但在中央立法层面为

新乡贤参与乡村治理提供了法律依据，明确了中央到地方各级主体在推进新乡贤参与乡村治理中的义务与责任。《乡村振兴促进法》实施细则应与《中华人民共和国民法典》《村民委员会组织法》《中华人民共和国土地管理法》等法律法规相衔接，在现有法律框架下解决社会人才和返乡乡贤的村民资格及宅基地保障等问题，并在实施细则中对此予以明确规定。

地方性法规是乡村治理地方层级立法的主要渊源。例如，2019年5月1日起施行的《昌吉回族自治州乡村治理促进条例（试行）》是新疆首部关于促进乡村依法治理工作的单行条例，从立法层面为农村环境治理等问题提供依据，促进乡村治理的宗旨和依据、适用范围、治理方式和目标、体制机制、职责等。2019年5月1日施行的《湖州市美丽乡村建设条例》第42条明确规定新乡贤参与美丽乡村建设的方式。因此，在《乡村振兴促进法》通过之后，地方可以因地制宜制定相应的"实施条例"（地方性法规），作出更为细化的规定。《乡村振兴促进法》的地方实施条例应该主要围绕进一步明确新乡贤及乡贤理事会的角色定位、权责范围，明确乡贤尤其是在外退休乡贤回流的方式与策略，明确乡贤理事会与村两委之间的关系等问题展开。新乡贤返乡后的宅基地分配及居住保障、外来乡贤或不在场乡贤在返乡后如何获取村民身份等问题至关重要[1]，直接关系到是否能够留住新乡贤。因此，《乡村振兴促进法》地方实施条例应该对新乡贤返乡后生存保障方面的事项进一步明确细化、操作化。例如，将离退休返乡者的养老待遇和医疗保障等实现方便划转和高质量对接；结合2018年以来宅基地"三权分置"改革实践，在落实宅基地集体所有权、保障宅基地农户资格权的

---

[1] 钱念孙："乡贤文化为什么与我们渐行渐远"，载《学术界》2016年第3期。

同时，适度放活宅基地使用权，将农村集体组织以出租、合作等形式利用的空闲农房及宅基地，以租赁的方式出租给外来人才及返乡乡贤使用，租赁期限可以稍长一些，以获得较为稳定的居住使用预期；对于投资农村集体经济的返乡乡贤可以给予集体经济组织"特别成员"待遇，回乡稳定居住的新乡贤如果符合条件则可将户口迁回农村，获得正式村民身份，不符合条件的可以给予其特殊村民资格，赋予其出席参加村民代表会议的资格，虽对乡村事务不具有投票表决权，但可就乡村事务发表意见建议。

（二）政策配套

当前关于新乡贤参与乡村治理的规定主要见于地方政府（地级市、县、乡三级）下发的党政文件，作为新乡贤参与乡村治理的主要政策依据。这种政策试验（policy experimentation）决策模式具有"适应性治理"的特点[1]，可配合国家层面立法对新乡贤参与乡村治理进行灵活推进，进而在总结经验的基础上形成一般性法律法规，予以建制化、正式化，在乡村、城市社区普遍建立乡贤治理制度。[2]政策集中表现为党政文件，可以在法律法规框架下因地制宜地出台一些符合本地实际的办法，大体可以从新乡贤参与乡村治理的方式、新乡贤待遇保障落实、地方党政机关责任及考核等方面进行配套性规定。

在新乡贤参与乡村治理的方式上，通过健全相关的规章制度，将乡贤参与乡村治理与制度治村相结合。新乡贤参与乡村治理包括组织化和非组织化两种形式。组织化形式主要指新乡贤以乡贤理事会等组织平台的方式参与乡村事务，一般新乡贤

---

[1] [德]韩博天（Sebastian Heilmann）：《红天鹅：中国独特的治理和制度创新》，石磊译，中信出版社2018年，第21—22页。

[2] 姚中秋："推动乡贤治理之制度化"，载《文化纵横》2018年第1期。

个人并不直接参与村务。非组织化形式主要指新乡贤以个人名义直接参与乡村治理及相关事务。这两种形式各有利弊,前者更为灵活,但是作用有限;后者成本更高,却能深入广泛参与村务。第一种形式在乡贤参与村治早期或乡贤力量薄弱的地区比较多见,而在乡贤参与村治比较成熟、乡贤力量较强、组织化程度比较高的地区则主要采用第二种形式,这也是今后新乡贤参与乡村治理的发展趋势。由于"乡贤理事会"的自组织性质[1],实践中缺乏规范的指引,也缺失扎实的制度基础,当前可以通过政策形式指导建设"乡贤理事会""乡贤议事会"等组织化平台,为新乡贤参与乡村治理提供组织基础。例如,市、县两级层面可以制定《关于培育和发展乡贤参事会的意见》及实施细则,乡贤理事会可以制定《乡贤理事会章程》《乡贤理事会成员产生办法》《乡贤理事会议事规则》等规章制度,借助乡村内部的村规民约、村民自治以及风俗习惯、道德规范等一整套规范体系,明确新乡贤与村两委、村民之间的关系,明确新乡贤选择标准,明晰权责分配,规范新乡贤参与乡村治理的方式。

在规范新乡贤返乡的组织动员引导、资金配套扶持、精神荣誉鼓励和制度保障等基础上,建立健全相关激励机制,为新乡贤回归乡村创造条件,解决其后顾之忧。一些地方政府已经采取了诸如对有突出贡献的新乡贤予以表彰(如开展"优秀理事长""优秀理事""模范乡贤""杰出乡贤"等评选活动),宣传新乡贤的优秀事迹,以及通过制定政策对返乡乡贤在居住、

---

[1] 自组织是一群人基于自愿的原则主动地结合在一起,它有以下的特性:①一群人基于关系与信任而自愿地结合在一起;②结合的群体产生集体行动的需要;③为了管理集体行动而自定规则、自我管理。参见罗家德:"自组织——市场与层级之外的第三种治理模式",载《比较管理》2010年第2期。

补贴、医疗、养老等方面予以补助等措施。此外需要健全新乡贤参与乡村治理的保障机制，培育契合乡村振兴的新乡贤。[1]政治方面的保障，包括选举权与被选举权，赋予新乡贤一定的政治身份，如通过"镇长顾问""镇长助理""村长助理"等挂职的方式鼓励新乡贤参与乡村治理，从而吸纳杰出优秀的新乡贤担任村干部;[2]经济方面的保障，为新乡贤反哺村庄提供诸多便利和配套措施，如在投资企业的设立、税费减免等方面提供一定的政策倾斜;物质精神方面的保障，确保返乡乡贤的合法权益受到保护，解决其基本的生存发展条件，给予其精神或物质奖励（如对外来乡贤授予"荣誉村民"称号）;管理方面的保障，完善乡贤理事会成员的进入退出机制，增加理事会的流动性，通过各种方式吸引"不在场乡贤"的回归，使其成为乡贤理事会的新生力量。

（三）村规协同

村规民约是村民进行自我管理、自我服务、自我教育、自我监督的行为规范，是引导基层群众践行社会主义核心价值观的有效途径，是健全和创新党组织领导下自治、法治、德治相结合的现代基层社会治理机制的重要形式。新乡贤参与乡村治理必须立足于乡村场域，因而可通过村规民约等乡村自治规范协同规制引导。一方面新乡贤参与乡村治理、推进乡村建设发展必须在乡村场域展开，需要遵守村规民约等乡村自治规范;另一方面新乡贤在乡村治理中具有引领作用，其反哺故里、社会治理、乡风引领等"群贤协治"行为的核心就是带头遵守村

---

[1] 李毅:"培育契合乡村振兴的新乡贤"，载《人民论坛》2019年第34期。

[2] 参见马永定:"新乡贤及乡贤组织参与现代乡村治理的实践与思考——以绍兴市为例"，载《公安学刊（浙江警察学院学报）》2016年第4期;白现军、张长立:"乡贤群体参与现代乡村治理的政治逻辑与机制构建"，载《南京社会科学》2016年第11期。

规民约，为村民们讲解村规民约，引导村民革除陋习，树立正确的价值观，从而推动乡村治理和发展现代化，助推社会和谐发展。

实践中，村规民约可结合本村实际对乡村治理及相关事务进行全方位且更为灵活的规定，因此应充分发挥村规民约的作用，规范、保障、引导新乡贤参与乡村治理。首先，对于返乡在村的新乡贤，由于其长期生活在乡村、实际参与乡村治理，可通过村规民约赋予其特殊身份。如前文所述，通过村规民约的方式约定，对外来乡贤授予"荣誉村民"，对于返乡乡贤可接收户籍迁回农村等。此外一些物质和精神层面的激励性规定都可通过村民会议纳入村规民约，给予新乡贤一定的保障。其次，在村规民约中规定新乡贤的权利和义务，尤其是参与乡村治理及相关事务的范围。新乡贤是特殊的村民，在参与乡村事务方面应该享有一定的权利，如户籍回迁乡村的新乡贤获得村民身份，应赋予与其他村民同等的权利和义务，但在不具备分承包地、责任山条件的村庄可以通过协商的方式让新乡贤放弃这类财产性权利；如户籍未迁回乡村或外来乡贤，则可赋予其除选举权、被选举权之外的其他权利，如出席村民会议、村务建议权、质询权、监督权等。村规民约可以规定新乡贤参与乡村事务的范围，主要围绕村两委班子建设、村庄发展、乡村旅游、村务咨询、道德宣讲等方面，为乡村治理和乡村发展建言献策。最后，村规民约可规定新乡贤参与乡村治理的方式，明确村两委与乡贤理事会之间的关系。新乡贤参与乡村事务的方式主要分为组织化和非组织化两种，村规民约可以结合本村实际情况明确具体的参与方式。如果选择乡贤理事会这种组织化平台参与方式，则应在村规民约中明确村两委与乡贤理事会之间的关系，应将乡贤理事会定位为村两委领导下的乡村治理力量。

（四）多方监督

在制度治村的基础上进一步充分发挥新乡贤参与乡村治理的作用，需要强化对新乡贤及乡贤理事会的监督制约，避免个别返乡的新乡贤在乡村治理中扮演"家父长"角色，防止新乡贤利用自己的影响力干扰乡村治理，甚至出现村级腐败。尽管新乡贤在乡村治理中具有重要地位和作用，但是其权力的获得、运用和监督，都须严格依据村民自治有关法律制度运作，接受多级监督。

第一，基层党政部门的监督。乡镇党委、政府要加强对新乡贤及乡贤理事会参与乡村治理的指导及督促检查，将乡贤理事会等乡村自组织作为基层组织建设的经常性工作，纳入村两委目标责任及考核内容。对于进入村两委，在基层群众性自治组织中从事管理的新乡贤，还应按照纪检监察的相关规定对其进行监督，防止权力滥用。

第二，村两委的监督。村两委是法律和党内法规规定的农村基层组织，新乡贤及其运作平台乡贤理事会的性质类同于红白理事会、移风易俗协会等自组织，各类乡村自组织应在村两委的领导下开展工作，接受村两委的监督。村两委可以通过列席乡贤理事会会议听取通报、参与乡贤投资承包项目检查验收、调查研究收集民意、集体例会审查等方式，对乡贤理事会重大决策、公共服务、投资运行、工程建设、财务公开、廉洁履职等方面进行监督。如发现新乡贤及乡贤理事会在实际运作中存在问题，村两委应向其提出建议、督促整改；发现新乡贤及乡贤理事会涉嫌贪腐谋私、侵害群众利益等违纪违法问题的，应报乡镇纪检监察机关调查核实。

第三，村务监督委员会的监督。村务监督委员会是依法设立的村务监督机构，是村民自治机制和村级工作运行机制的完善,也是村民监督村务的主要形式,主要负责村民民主理财、监督村务公开等制度的落实,其成员由村民会议或村民代表会议在村民中推选产生。村两委成员、人民调解员、村妇联执委和德高望重、办事公道的群众代表共同参与监督,可聘请本村老党员、老干部、老教师、复员军人、经济文化能人等参加,代表村民监督新乡贤及乡贤理事会的运作。村务监督委员会代表村民对乡贤理事会进行监督,其成员要对乡贤理事会的制度运行情况、参与乡村事务情况、各项收支及村两委与乡贤理事会之间的关系等进行监督。村务监督委员会及其成员对新乡贤及乡贤理事会享有知情权、质询权、审核权、建议权等权利,如列席乡贤理事会会议,获悉了解其决策情况;对乡贤理事会运行及参与乡村建设等事项提出质询,要求其作出说明;对乡贤理事会的财务、会务及章程遵循情况进行审核;对新乡贤参与乡村治理的方式及事项范围等提出建议。只有通过完善多级监督机制,才能有效规避新乡贤演变为"富人治村""强人治村"的风险。

此外,新乡贤的情感特质要求乡贤的形成和发展必须依托浓厚的乡贤文化,从文化层面为新乡贤参与乡村治理提供情感土壤。因此,一方面需要培养乡贤文化,挖掘本土乡贤文化资源和乡贤事迹,通过道德讲堂等方式宣讲乡贤的先进事迹,营造乡贤文化示范效应。另一方面要在社会中进一步形成尊重乡贤、重视乡贤、爱护乡贤、信任乡贤的文化氛围,既要营造"回乡光荣""回乡创业"的社会氛围,又要通过亲情、友情、乡情留人,使新乡贤在乡村振兴中找到归属感,提高他们回报桑梓、建设家乡的自信心和自豪感。乡贤文化的培育需要注意整合优秀传统美德和社会主义核心价值观,将传统德治与社会主义道德治理相结合,引导村民形成共同的价值取向,践行社会主义核心价值观。

党的十九届四中全会的主题为"坚持和完善中国特色社会主义制度、推进国家治理体系和治理能力现代化",明确提出要"建设人人有责、人人尽责、人人享有的社会治理共同体"。新乡贤是当前乡村治理中的重要力量,是乡村社会治理共同体建设不可忽视的主体之一。新乡贤参与乡村治理并不意味着其在乡村治理中是唯一的、决定性的力量,而是与基层党政机关、村两委、村民以及乡村其他自组织之间相互互动协商的治理主体,众多治理主体基于各自的特点和角色定位形成乡村社会治理共同体,多元主体合作共治[1],合力推进乡村振兴。

---

[1] 高其才:"健全自治法治德治相结合的乡村治理体系",载《光明日报》2019年2月26日,第16版。

第七章
乡村治理法治化的规范整合

乡村治理的目标之一是构建稳定和谐的乡村社会秩序,规范是秩序形成的前提,乡村治理必须"依规治理",因此规范是健全乡村治理体系的基础。20世纪90年代开始,法律多元理论进入中国法学界,法律社会学、法律人类学领域的研究者们对基层社会治理中的规范资源展开了诸多有益的探索。高丙中、章邵增主张以法律多元为主题的法律民族志研究[1];赵旭东主张从族群互动中考察法律多元对于纠纷解决的影响[2];朱晓阳考察了法律多元引发的"语言混乱"问题[3];王启梁考察了法律移植与法律多元背景下国家法律无法回应社会需求而引发的"外来法"危机问题[4];高其才致力于法律多元视角下少数民族习惯法的研究[5];等等。无论学者们对法律多元的认识如何,不可否认的一点是,法律多元理论中的"法律"不仅包括国家法,同时还包括现实生活中具有一定规范作用的非正式

---

[1] 高丙中、章邵增:"以法律多元为基础的民族志研究",载《中国社会科学》2005年第5期。

[2] 赵旭东:"族群互动中的法律多元与纠纷解决",载《社会科学》2011年第4期。

[3] 朱晓阳:"'语言混乱'与法律人类学的整体论进路",载《中国社会科学》2007年第2期。

[4] 王启梁:"法律移植与法律多元背景下的法制危机——当国家法成为'外来法'",载《云南大学学报(法学版)》2010年3期。

[5] 高其才主编:《当代中国少数民族习惯法》,法律出版社2011年版。

规范，法律多元实际上是后现代法律理论对法律实证主义主导的一元化国家中心主义法律观的挑战[1]。基于法律多元视角，当前乡村治理涉及国家法律、政策、村规民约、民间习惯等多元规范。这些规范或来自国家层面，或来自社会层面，又或来自介乎国家与社会之间的"第三领域"[2]。在国家治理体系和治理能力现代化建设过程中，国家已经充分认识到村规民约等非正式规范资源在社会治理中的积极作用，强调在法治框架下优化整合多元规范资源对于乡村治理的重要性。[3]

社会规范是社会共同体根据自身需要自发形成或人为制定的，用以调整共同体成员之间的社会关系，规范共同体成员行为的标准或规则。不同社会规范的生成机制及运行方式不尽一致，这也就导致了不同规范之间冲突的产生。乡村治理多元规范有自发形成的，也有人为制定的，不同类别的规范之间生成机制、运作逻辑迥异，规范内容及效力冲突造成了乡村治理"秩序混乱"的问题。因此，本章的中心议题是：乡村治理多元规范的类型及相应的生成机制是什么？基于不同生成机制的规范之间会有何冲突？面对规范之间的冲突，如何才能有效整合

---

[1] [英]罗杰·科特威尔：《法律社会学导论》（第2版），彭小龙译，中国政法大学出版社2015年版，第16—43页。

[2] "第三领域"（third realm）与"国家或社会"的关系就在于：其一，它是区别于国家与社会的，独立于国家或社会之外，介于国家与社会之间；其二，"第三领域"的形成会受到国家与社会的影响；其三，在一定程度上，"第三领域"超越国家与社会之影响，具有自身特性与自身逻辑。[美]黄宗智："中国的'公共领域'与'市民社会'？——国家与社会间的第三领域"，程农译，载邓正来、[英]J.C.亚历山大编：《国家与市民社会：一种社会理论的研究路径》，中央编译出版社1999年版，第421—425页。

[3] 中国共产党第十八届中央委员会第四次全体会议通过了《中共中央关于全面推进依法治国若干重大问题的决定》，明确提出"增强全民法治观念，推进法治社会建设"的目标，强调"推进多层次多领域依法治理"，要求"发挥市民公约、乡规民约、行业规章、团体章程等社会规范在社会治理中的积极作用"。

多种规范资源？笔者长期致力于乡村治理研究，积累了大量乡村治理的规范文本及运行个案，这将是本章立论展开的第一手资料。

一、乡村治理的规范类型及生成系统

根据笔者调查，当前乡村治理规范主要包含八大类，按照规范生成与国家权力之间的关系，可将其划分为正式规范、准正式规范及非正式规范三类。需要指出的是，乡村治理规范中较为常见且运用较为广泛的是作为正式规范的国家法律法规、政策以及党内法规，作为准正式规范的村规民约以及作为非正式规范的习惯法及乡村自组织规范。至于乡村管理性规定、特定事项的决议、乡村管理机构的规章制度等，由于大多属于管理性规定，适用范围较小，不作过多讨论。

第一，正式规范。正式规范具有程序性、人为性以及强制性三个方面的基本特点，即国家权力依照一定的程序人为制定，并由国家权力外部强制以保证实施的社会规范。在乡村治理规范中，国家法律法规是最为重要的正式规范。乡村治理过程中涉及一些国家法律法规，如《村民委员会组织法》《中华人民共和国农业法》等。除此之外，还包括国家政策及党内法规等具有一定国家强制性的规范。尽管当前法理学研究主要从制定法层面展开，并未将政策视为合法概念[1]，但是政策具备一定的规范作用和社会引导作用，在一定条件下具有法源地位[2]，政策与法律的关系极为密切，两者在一定程度上具有同质性。政策也是由国家权力基于一定的程序人为创设的，而且由国家权

---

[1] 吕明："政策是什么——对我国法理学研究'去政策化'现象的反思"，载《法学论坛》2010年第3期。

[2] 张红："论国家政策作为民法法源"，载《中国社会科学》2015年第12期。

力加以强制施行。乡村治理规范中的政策,有些属于中央性政策,有些属于地方性政策。前者如国务院、原农业部、原环保部等部委发布的关于乡村治理的规范性文件,如《农业部关于推进农业经营体制机制创新的意见》(农经发〔2009〕11号)等;后者如省级政府及职能部门等制定的关于乡村治理的规范文件,如《安徽省人民政府办公厅关于支持利用空闲农房发展乡村旅游的意见》(皖政办秘〔2017〕296号)等。党内法规也是重要的乡村治理规范资源。《中国共产党党内法规制定条例》第3条第1款规定:"党内法规是党的中央组织,中央纪律检查委员会以及党中央工作机关和省、自治区、直辖市党委制定的体现党的统一意志、规范党的领导和党的建设活动、依靠党的纪律保证实施的专门规章制度。"[1]另据《中国共产党党内法规和规范性文件备案规定》第2条第2款规定:"本规定所称规范性文件,是指中央纪律检查委员会、中央各部门和省、自治区、直辖市党委在履行职责过程中形成的具有普遍约束力、可以反复适用的决议……"[2]由此可知,党内法规具有规范性、程序性、人为制定性以及强制性等特点,党内法规与国家法律具有同质性,同属正式规范。姜明安教授亦认为,"'党内法规'的基本性质属于社会法和软法。但是由于我国宪法确立的中国共产党的特殊领导地位,中国共产党党内法规对党务的调整必然影响和涉及国务。从而,中国共产党的党内法规又同时具有一定的国家法和硬法的因素。"[3]因此,党内法规也是乡村治理

---

〔1〕 中共中央办公厅法规局编:《中央党内法规和规范性文件汇编(1949年10月—2016年12月)》(下册),法律出版社2017年版,第1360—1361页。

〔2〕 中共中央办公厅法规局编:《中央党内法规和规范性文件汇编(1949年10月—2016年12月)》(下册),法律出版社2017年版,第1366页。

〔3〕 姜明安:"论中国共产党党内法规的性质与作用",载《北京大学学报(哲学社会科学版)》2012年第3期。

中重要的正式规范，如《中国共产党农村基层组织工作条例》就是典型的关于农村治理的党内法规。

第二，准正式规范。准正式规范介乎正式规范与非正式规范之间，经由国家权力与村民自治两种治理力量相互作用而产生，是国家权力赋权与督促之下的自治规范类型。村规民约是典型的准正式规范，承载着官治与民治两种治理力量。自陕西蓝田《吕氏乡约》以降，历经朱熹《增损吕氏乡约》、王阳明《南赣乡约》、吕坤《乡甲约》以及陆世仪《治乡三约》，再到清康熙圣训《圣谕十六条》。除了《吕氏乡约》完全由吕氏兄弟自治倡导创设之外，其他或多或少地受到"官方"影响和介入，尤其是王阳明的《南赣乡约》带有明显的"官治"色彩。晚近乡约研究的肇始者和代表人物杨开道先生认为，乡约主要代表了中国基层政治的两个重要属性：一则民治；一则官治。[1] 杨开道先生只是阐释了乡约背后蕴含的两种治理力量，并没有进一步讨论两种力量相互较量的客观事实。今天的村规民约系统自1987年11月24日《中华人民共和国村民委员会组织法（试行）》之后重建。村规民约是指村民依据党的方针政策和国家法律法规，结合本村实际，为维护本村的社会秩序、社会公共道德、村风民俗、精神文明建设等方面制定的约束规范村民行为的一种规章制度。一直以来，村规民约都被视为农村自治的重要表现形式，也是基层民主政治发展的重要成果。现实中村规民约形式多样，广义的村规民约是一套由不同层级规范组成的规范体系。村民会议或村民代表会议通过的村规民约（或"自治章程""自治合约"）在本村具有较高地位，内容覆盖全面。此外，村两委还会针对特定事项倡导制定规范，这些规范

---

[1] 参见杨开道：《中国乡约制度》，商务印书馆2015年版，第110—117页。

一般也经村民会议或村民代表会议表决通过，但效力层级要低于村规民约，而且自治性程度也相对较高。笔者调查的黔东南地区锦屏县黄门村关于礼尚往来、燃放烟花爆竹等移风易俗方面的规定就属此类。[1]根据宪法及相关法律的规定，村民通过协商并根据治村实际需要拟订村规民约，基层政府则通过指导、审查、备案等方式介入村规民约的拟订过程，官方与民间在此场域相互较量，最终形成介于法治与自治之间的村规民约治理路径。通过法治引导村民自治正是当下村级治理的重要方式。大多数村规民约杂糅了国家法律与民间习惯，有些村规民约甚至完全是国家法的细则与翻版。因此，村民自治是国家法之下的有限自治，是国家权力之下的自治。

第三，非正式规范。美国新制度经济学家诺斯认为，"制度是一个社会的博弈规则，它们是一些人为涉及的、形塑人们互动关系的约束"，[2]制度包括正式约束和非正式约束两类。然而，"正式规则，即便是在那些最发达的经济中，也只是形塑选择的约束的很小一部分（尽管非常重要）……正式规则虽然是非正式规则的基础，但在日常互动中，它们极少是形成选择的明确而直接的来源。"[3]非正式规范在人类社会交往中普遍存在，在一定程度上是正式制度的延伸阐释或修正。罗伯特·埃里克森（Robert Ellickson）通过考察加州夏士塔县农村家畜越界侵权纠纷解决过程，发现当地村民并不依照法律等正式规则解

---

[1] 参见《贵州锦屏黄门村风俗习俗礼节礼尚往来处置制度》（资料编号：010122）、《贵州锦屏黄门村移风易俗关于红白喜事禁止大量燃放烟花爆竹规定》（资料编号：010123）。

[2] [美]道格拉斯·C.诺思：《制度、制度变迁与经济绩效》，杭行译，格致出版社、上海三联书店、上海人民出版社2014年版，第3页。

[3] [美]道格拉斯·C.诺思：《制度、制度变迁与经济绩效》，杭行译，格致出版社、上海三联书店、上海人民出版社2014年版，第43—44页。

第七章 乡村治理法治化的规范整合

决纠纷，而是通过一整套非正式规则来解决纠纷。[1]非正式规范经由社会互动和实践演化而生，具有自生自发性与内在性，主要包括行为准则、伦理规范、风俗习惯和惯例等，构成了社会文化遗产的一部分并具有强大的生命力。当前乡村治理中的非正式规范同样如此，大多基于村民生产生活实践而自发形成，基本上没有国家权力的介入，主要包括习惯法以及自治性规范等形式。"习惯法是独立于国家制定法之外，依据某种社会权威和社会组织，具有一定的强制性的行为规范的总和。"[2]习惯法的存在是一种客观事实，是经过长期的历史积淀而逐步形成的，具有普遍性、民族性、典型性以及客观性等特质。与习惯法特征相近的还有乡村自组织、自发制定的自治理规则，如宗族规约[3]、红白理事会、乡贤理事会、寨老会、长生会等乡村自组织规范[4]、乡村道德规范等。习惯法与乡村自组织规范产生于民治系统，完全没有官方力量的介入，是乡村治理中数量较多而且运行有效的规范类型。习惯法及乡村自组织规范将在很长时间内自我延续生长。

二、乡村治理多元规范的冲突

在"国家-社会"二元结构之下，规范冲突一般简单化为

---

[1] [美]罗伯特·C. 埃里克森：《无需法律的秩序——邻人如何解决纠纷》，苏力译，中国政法大学出版社2003年版，第349—350页。

[2] 高其才：《中国习惯法论》（修订版），中国法制出版社2008年版，第3页。

[3] 贵州锦屏魁胆、石引等村寨有历史悠久的"屋山头"文化，侗语"屋山头"即房族、宗族的意思，基本上每个房族都制定有房族规。笔者在调查中曾收集到石引村《高步房族族规》《哦先恩房族族规》等房族规约。这些规约都是房族成员自发制定的，完全没有国家权力的介入。

[4] 笔者调查收集的《茅坪上寨长生会会章》（资料编号：20160930MP3796）、《山西清徐县东南坊村红白理事会章程》（资料编号：20170321QX001）以及《广东云浮市云城区下白村乡贤理事会章程》（资料编号：010122）等均属此类。

"国家法-习惯法"之冲突,学术界对此已有较多讨论。[1]国家与社会理论框架对法律规范非此即彼的对立逻辑,无法准确描述社会运行过程中法律规范的客观形态。在国家与社会之间存在一种"中间地带",涂尔干将其表述为建立于职业伦理基础之上的"法人团体"[2],韦伯将其解释为"经济共同体"[3],哈贝马斯将其概括为"公共领域",黄宗智将其提炼为"第三领域"。因此,乡村治理规范不仅包括正式规范、非正式规范,还包括"中间地带"以及相应而生的准正式规范。这三类规范形态各异,生成机制和运行机制也不尽相同,在乡村治理互动过程中难免会产生冲突。

(一)内部冲突

乡村治理多元规范内部冲突主要有三种情形。

第一,正式规范内部冲突。从法律渊源来看,作为正式规范的国家法律层级复杂,涉及宪法、法律、行政法规、地方性法规、地方政府规章以及部门规章等。2015年修正的《中华人民共和国立法法》第72条第2款规定,"设区的市的人民代表大会及其常务委员会根据本市的具体情况和实际需要,在不同宪法、法律、行政法规和本省、自治区的地方性法规相抵触的前提下,可以对城乡建设与管理、环境保护、历史文化保护等方面的事项制定地方性法规……"地方立法权由原来49个较大

---

[1] 参见戴小明、谭万霞:"论民族习惯法与国家法的冲突及整合",载《广西民族大学学报(哲学社会科学版)》2006年第6期;龙大轩、喻成:"羌族民事习惯法与国家制定法的冲突与和合",载《甘肃政法学院学报》2011年第1期;周相卿、付嫒:"雷公山地区苗族婚姻习惯法与刑法冲突现象分析",载《原生态民族文化学刊》2012年第2期;等等。

[2] [法]涂尔干:《社会分工论》,渠东译,生活·读书·新知三联书店2000年版,第41页。

[3] [德]韦伯:《经济行动与社会团体》,康乐、简惠美译,广西师范大学出版社2004年版,第232页。

的市扩大至 282 个设区的市。立法权急剧扩大，立法主体多元化，地方立法机关中专业性立法人员奇缺已是一个不争的事实，容易出现"法盲立法"的现象。在此背景之下，地方立法质量缺乏保证，各种涉农规范性法律文件之间具有冲突也就难以避免，轰动一时的河南洛阳"种子案"就是典型例证。实践中真正贯彻落实法治统一原则困难重重，不仅不同层级的规范性法律文件之间存在冲突，即便是同一层级的规范性法律文件之间也可能存在冲突。[1]政策之间也存在冲突，现实中政策多以"红头文件"的形式发布，"文件在被赋予了国家权力符号意义的同时，构成了基层秩序的规范来源和权威形式"[2]。"红头文件"虽然具有针对性和即时性，但是主观性和随意性较大，政策冲突的本质是政策主体之间的利益冲突[3]。关于乡村治理的政策既有中央层面的，也有地方层面的，故冲突存在于中央政策与地方政策之间、上下级地方政府政策之间以及具体政策之间。国家法律与政策、党内法规之间也可能存在冲突，尤其是国家法律与党内法规协调衔接问题成为近年来学术界讨论的热点。[4]

第二，准正式规范内部冲突。根据前文讨论，乡村治理中的准正式规范主要指村规民约。村规民约基于村民自治而产生，

---

[1] 参见蔡定剑："法律冲突及其解决的途径"，载《中国法学》1999 年第 3 期；杨小君："行政法律规范的冲突"，载《国家行政学院学报》2006 年第 3 期；董皞："我国行政法律规范冲突缘起探究"，载《中国法学》2013 年第 2 期；等等。

[2] 周庆智："'文件治理'：作为基层秩序的规范来源和权威形式"，载《求实》2017 年第 11 期。

[3] 袁明旭："公共政策冲突：内涵、表现及其效应分析"，载《云南行政学院学报》2009 年第 1 期。

[4] 参见秦前红、苏绍龙："党内法规与国家法律衔接和协调的基准与路径——兼论备案审查衔接联动机制"，载《法律科学（西北政法大学学报）》2016 年第 5 期；操申斌："党内法规与国家法律协调路径探讨"，载《探索》2010 年第 2 期；等等。

并且只在村庄共同体范围内存在，因此一般而言不存在内部冲突。然而，一方面国家权力通过备案、审查、指导、监督等方式进行干预，另一方面又基于村民自治自发创设一些规则内容。"乡政村治"模式下乡镇政府与村民委员会之间的"暧昧关系"，使得乡镇政府直接以政府法制部门事先制定的村规民约范本指导辖区内行政村村规民约的制定[1]，这样的村规民约基本上"千村一面"，冲突的可能性比较小，而真正发生冲突的是保留了部分村民自治内容的村规民约。这部分内容由村民根据村情加以制定，因此邻村的村规民约有可能会产生冲突。黔东南锦屏县文斗村2005年制定的《文斗村村规民约》第74条规定："田与田的纠纷，按（下寨片按原下寨村田坎下1.5米，田坎上两丈；上寨片按上田管2/5，下田管3/5，以下相同）进行调处，前述不能确定的以纠纷林木影响作采光调处。"[2]2008年文斗实行并村，上、下寨合并为一个行政村，2014年推行中心村建设，加池村并入文斗村。文斗上寨与下寨在处理田间林木纠纷方面的规则并不相同，并村以后还继续保留各自村规民约中的田间林木纠纷处理规则，上寨、下寨协商处理村规民约之间其他的冲突问题。村规民约规范体系内部也会产生冲突，村规民约总则与针对特定事项的村规之间有可能不尽一致。如华寨村2010年制定的、现仍在实施的《华寨村村民自治合约》规定，违反该村规的村民需要交"违约金"[3]，而在2016年制

---

[1] 笔者在调查浙江丽水黄田镇27个村时发现，这些村的村规民约内容基本上是一致的，很明显是根据政府提供的村规民约范本稍加修改而制定。这种情况在许多乡村较为普遍。参见《浙江丽水黄田镇村规民约汇编》，资料编号：010040。

[2] 贵州锦屏《文斗村村规民约》（2005年12月村民会议讨论通过），资料编号010057。

[3] 贵州锦屏《华寨村村民自治合约》（2010年5月6日由村民代表会议表决通过），资料编号010182。

第七章 乡村治理法治化的规范整合

定的《华寨村办酒宴风俗整改》的村规中规定"违者罚款"制度[1],处理方式前后冲突。由于村规民约因地制宜的特点,又缺乏有效的规范冲突审查及解决机制,乡村治理中准正式规范内部冲突也是比较突出的问题。

第三,非正式规范内部冲突。乡村治理中的非正式规范主要指习惯法及乡村自组织规范。非正式规范具有自发性和在地性的特点,属于小传统之下的"地方性知识",因此非正式规范冲突的背后往往蕴含着文化的冲突,表现为"跨文化的、族际间或跨区域的冲突和纠纷"[2]。不同区域的文化传统不同,风俗、习惯也就不同。高其才教授曾经对广西金秀瑶族地区"打茅标"习惯法进行考察,记录了六巷乡门头村门头屯的胡忠成、胡建民与金秀镇金田村金村屯的金德、金强之间的地龙蜂基地权属纠纷案。在该起案件中,金秀镇的金德、金强不认可六巷瑶族的"打茅标"习惯法,不承认胡忠成、胡建民对地龙蜂基地的先占,双方大打出手。最后经派出所调解,金德、金强归还胡忠成、胡建民地龙蜂基地,胡忠成、胡建民赔偿金德、金强医药费。[3]这起案件发生的起因和争议焦点在于非正式规范的内部冲突,即不同文化、族群对"打茅标"习惯法的认识不一致,乡村自组织规范同样如此。由于乡村自组织人员范围相对较小,自治程度较高,某个乡村自组织制定的规范可能会与其他自组织制定的规范产生冲突。

---

[1] 贵州锦屏《华寨村办酒宴风俗整改》(2016年2月12日),资料编号010121。

[2] 王启梁:"国家治理中的多元规范:资源与挑战",载《环球法律评论》2016年第2期。

[3] 曹义荪、高其才:"当代中国物权习惯法——广西金秀六巷瑶族'打茅标'考察报告",载《政法论坛》2010年第1期。

(二) 外部冲突

乡村治理多元规范外部冲突主要有三种情形：

第一，正式规范与准正式规范之间的冲突。一般而言，如果准正式规范是正式规范的重述，与正式规范之间的冲突就会相对较少。准正式规范中的自治性内容与正式规范产生冲突的情况较为多见，其中最为典型的、实践中比较多的冲突是国家法律与村规民约之间的冲突。村规民约除了遵循国家法律、政策等正式规范之外，还会由村民根据村情、风俗、习惯等自行议定一些内容，这部分自治性内容则可能会与国家法律发生冲突。笔者比较考察过文斗村1998年以来的四份村规民约[1]，尽管这四份村规民约整体上呈现出"强法治"倾向，但是仍然存在一些违法内容。文斗村1998年村规民约主要采取"罚款"方式对违反村规的行为进行处理，处罚性条款占全部条款数量的90%以上。2005年以后，对于违反村规民约的行为不再采用"罚款""没收违法所得"方式，而是改为"违约金"，但这更多的只是名称上的变化，因为规定的违约金数额较大，仍具有明显的惩罚性质。2005年还通过限制或剥夺村民正当性权益的方式强制村民签约，不论村民是否同意村规民约中的相关条款。2012年、2015年村规民约同样通过限制村民合法权益或不予办理相关手续的方式强迫村民遵守村规，强制性地要求村民承担某种义务，如"凡不支持本村公益事业建设和妨碍《村民自治合约》执行的人，当年或次年暂不作为民政救助对象"[2]。不仅文斗村村规民约存在这种情况，在笔者调查的其

---

[1] 陈寒非："乡村治理法治化的村规民约之路：历史、问题与方案"，载《原生态民族文化学刊》2018年第1期。

[2] 贵州锦屏《文斗村村民自治合约》（2012年12月25日村民代表会议表决通过），资料编号010058。

他地区中同样也存在违反国家法律以及侵犯村民财产权、人身权等合法权益的村规民约。如在土地征用补偿费分配时,一些村寨的村规民约限制外嫁女、入赘婿、离婚户的土地权益,对其少补或不补相应土地补偿费用。在宅基地分配或翻建时,限制村民的翻建权利。[1]村规民约难免会与国家法律之间发生冲突,如何减少这种冲突发生,是当前乡村治理中必须认真思考的问题。

第二,正式规范与非正式规范之间的冲突。非正式规范没有国家权力的介入,因此在实践中难免会与正式规范发生冲突。此类冲突表现最为突出的是国家法与习惯法之间的冲突。习惯法是一套自创性规范系统,完全不同于国家法的创制逻辑,因此在乡村治理实践中与国家法发生冲突比较常见。笔者在湖南湘西城步苗寨调查时发现,当地财产继承习惯法规定,女儿没有继承权,家庭财产由儿子继承。在丈夫去世后,妻子如果改嫁,亡夫的财产不能带走,而是留给儿子;如果没有儿子,则应该留给房族里其他男性(如亡夫兄弟或侄儿)。这种家庭财产继承习惯法与国家继承法是相悖的,直接否定了女性的财产继承权。乡村自组织规范同样也会与国家法等正式规范相冲突。如黔东南锦屏石引村陆氏房族制定的《高步房族族规》规定:"违反以上族规的,处罚人民币壹仟圆(1000 元)。"[2]房族组织自发制定的房族族规属于乡村自组织规范,族规中强制性的罚款规定显然与国家法律相冲突。

第三,准正式规范与非正式规范之间的冲突。在乡村治理实践中主要表现为村规民约与习惯法及乡村自组织规范之间的

---

〔1〕《北京房山区长沟镇坟庄村村规民约》(2013 年 6 月通过),资料编号 01005。

〔2〕贵州锦屏石引《高步房族族规》(2016 年 10 月 31 日),资料编号 2017082701。

冲突。一方面，村规民约可能会受到固有习惯法的影响，体现固有习惯法的痕迹，与习惯法一脉相承〔1〕；另一方面，村规民约中有些内容是国家法的重述，固有习惯法内容并不完全进入村规民约之中。因此，村规民约与习惯法之间产生冲突的根本原因就在于，国家权力的介入使得村规民约与固有习惯法的内在延续被人为切断，成为并行不悖的两套规范系统。北京市怀柔区《北沟村村规民约》规定："我村有女无儿户，多个女儿只限其中一女招婿。"〔2〕该条村规与当地传统入赘习俗不一致，传统入赘习俗并不限制有女无儿户招婿的数量。黔东南锦屏县《瑶白村关于改革陈规陋习的规定》第 3 条规定："所有办酒席一律以下请柬为准，不再安排专人'面请'，"〔3〕这与当地传统风俗习惯请客办酒必须"面请"不一致，系村规对传统习惯进行的更改和调整。乡村自组织规范与村规民约的冲突也是存在的。《石引村移风易俗管理制度》第 1 条规定："除新屋上梁（或兄弟同建一幢房屋乔迁）、男婚女嫁、高考升学二本以上、老人百年大事允许办酒，办酒桌数控制在 30 桌以下，办菜碟数在 12 碟以下。其余的一律不准办酒。"〔4〕而该村刘氏房族根据房族实际情况作出变通规定："为厉行节俭，房族中只许办结婚、出嫁、上梁（兄弟共屋进新屋）、老人葬礼酒席，高考升学酒按村级相关规定执行，未办过婚酒的夫妇，可办一堂周岁酒，

---

〔1〕 罗昶："村规民约的实施与固有习惯法——以广西壮族自治区金秀县六巷乡为考察对象"，载《现代法学》2008 年第 6 期。

〔2〕 北京市怀柔区渤海镇《北沟村村规民约》（2010 年 8 月 16 日村民代表会议表决通过），资料编号 2017062701。

〔3〕 贵州锦屏《瑶白村关于改革陈规陋习的规定》（2012 年正月初一），资料编号 010132。

〔4〕 贵州锦屏《石引村移风易俗管理制度》（2015 年 3 月 14 日），资料编号 010173。

除此之外的不许办，执意要办的，房族成员可以到位帮忙，但不要送礼。"[1]石引村刘氏房族的族规对某些事情的规定与该村村规民约不同，如村规民约中规定禁止办酒的情况很坚定，而刘氏房族族规中则比较变通，规定"允许办酒，不要送礼"。

由此可见，当前乡村治理实践中多元规范之间会产生互动，但是由于各类规范生成的治理系统不一致，也就会产生一定的冲突。概而言之，冲突产生的根源在于国家法与习惯法之间的冲突，前者属于"法治论"路径，后者则属于"治理论"路径。[2]"法治论"路径注重国家法等正式规范在乡村治理中的主导性作用，依据"形式主义"的法律规则进行治理；"治理论"路径注重习惯法及乡村自组织规范等"地方性知识"在乡村治理中的核心作用，依据"事实主义"的自治理规则进行治理；而作为准正式规范的村规民约则是介于两者之间的"中间地带"。

三、乡村治理多元规范的整合

尽管乡村治理各类规范生成的治理系统不同，其在乡村治理中的功能及效力也不一致，有所侧重地承载乡村自治、法治及德治的基本要素，但这些规范都是乡村不可或缺的治理资源。多元规范冲突可能会降低乡村治理绩效，加大治理成本，甚至会造成秩序混乱。因此，当前乡村治理应该整合各类规范，解决规范资源相互冲突问题。多元规范整合包括内部清理整合与外部结构优化两个方面。

---

〔1〕 贵州锦屏石引《哦先恩房族族规》（2017年1月27日），资料编号20170827003。

〔2〕 有学者用"法治论"及"治理论"概括当前乡村司法的基本模式。陈柏峰、董磊明："治理论还是法治论——当代中国乡村司法的理论建构"，载《法学研究》2010年第5期。

(一) 内部清理整合

乡村治理规范内部整合主要指各类规范自身的清理整合。首先，正式规范内部的整合。国家法律、政策、党内法规以及地方党政机关制定的规范性文件是乡村治理遵循的基础性规范，是乡村治理得以展开的前提。如果国家正式规范内部不统一，乡村治理也就难以顺利展开。当前国家法律涉及立法主体较多，层级繁杂，需要厘清各立法主体的立法权限，加强法律法规的清理和监督力度，确保法治统一原则得以顺利实现。乡村治理还涉及一些党内法规，因此国家法律与党内法规之间的衔接也是当前乡村治理多元规范整合中需要重点注意的问题。一方面，中国共产党领导是农村工作的领导核心，党对农村的政策直接决定了乡村治理的方向和重心；另一方面，国家法律又为农村治理提供法治保障和规范基础。因此，国家法律和党内法规两种规范体系都是乡村治理的重要规范依据。根据目前学术界关于国家法律与党内法规之间关系的讨论，笔者认为应该具体情况具体分析，即如果两者没有交叉或有交叉但无冲突，则按照各自边界和分工适用；如果两者有交叉重叠又有冲突，那么则应在法治基本框架下协调解决。乡村治理中还有大量上级党政部门制定的"红头文件"（如关于乡村治理的指导性、号召性、激励性、宣示性等规范性文件），这些"红头文件"一方面可以因时、因地、因事对乡村进行有效管理，另一方面也会出现公权力滥用、文件冲突等问题。针对这种情况，应该由地方人大对这些规范性文件进行清理，健全规范性文件备案审查机制，以避免"红头文件"之间、"红头文件"与国家法律之间发生冲突。

其次，准正式规范内部的整合。前文已述，准正式规范内部冲突主要表现在相邻村庄村规民约之间的冲突以及村规民约体系内部的冲突。针对第一种冲突，笔者认为村庄在制定村规民约时应该充分了解周边村庄的实际情况，尤其是涉及相邻权属等方面的规定更应慎重对待。乡镇政府发挥备案审查作用，对可能发生冲突的村规民约进行指导和纠正。至于第二种冲突，由于村规民约总则基于村民会议制定，涵盖乡村生活的方方面面，在村规民约体系内地位较高。针对特定事项的村规可以补充和细化村规民约总则未规定的事项，在拟订之时村两委应负责审查是否与村规民约总则一致。如实施过程中两者相冲突，则应以村规民约总则为准。

最后，非正式规范内部的整合。习惯法经过长期的历史积淀而自发形成，习惯法内部的冲突实际上是跨文化、族群、地域之间的冲突，如果要整合只有消除文化和族群差异一种方式，而这种方式是不可能实现的，强行实现的成本和代价会相当高，会引发集体性的"语言混乱"问题。因此，习惯法冲突难以整合，进入异文化场域的主体应该对异文化持以尊重的态度。由于乡村自组织规范是基于自治而制定，制定主体在制定之时应该充分考虑与习惯法、其他乡村自组织规范之间的冲突问题；如果发生冲突，可以根据实际情况随时自行调整，整合成本相对较小。

(二) 外部结构优化

乡村治理多元规范的外部整合是指将各类规范资源视为相互配合的有机整体，优化整合多元规范结构，构建出以正式规范（国家法律、政策、党内法规等）为基础，以准正式规范（村规民约体系）为核心，以非正式规范（习惯法、乡村自组织规范等）为支撑的多元规范协同治理格局。

第一，正式规范是多元规范结构的基础。近代民族国家兴起后，主权概念构成民族国家的核心内容，主权的构造、划分及组织形态均需要通过法律形式进行法权式安排，故"现代民族国家是一个法律共同体"[1]。法律治理是现代民族国家治理的主要形式，治理主体基于国家法授权进行治理，具有较强的治理权威和动员能力。与此同时，与国家法相近的其他规范性文件（如党内法规、政策、各级党政机关涉农的规范性文件等）也具有较高的权威性，也是乡村治理中的重要正式规范。乡村治理多元规范结构的优化整合需要综合考察正式规范、准正式规范及非正式规范三者之间的关系。国家法律等正式规范在乡村治理规范系统中具有基础性地位，其他规范均应以正式规范为基础展开，不得与正式规范相冲突，这也是解决规范冲突的基本原则。然而，国家法律等正式规范的基础性地位并不意味着其在乡村治理中面面俱到，仅需从宏观顶层设计层面为乡村治理设定权限程式，在一定程度上为准正式规范、非正式规范留出合理空间。

第二，准正式规范是多元规范结构的核心。国家对乡村治理的目标及意图可以通过村规民约体系贯彻实现。笔者调查发现，村规民约在乡村治理中的积极作用集中表现在发扬基层民主、管理公共事务、分配保护资产、保护利用资源、保护环境卫生、促进团结互助、推进移风易俗、传承良善文化、维护乡村治安、解决民间纠纷等方面。[2]村规民约以国家法律为指导，同时最大程度吸纳传统习惯法内容，可以有效弥合国家法律等正式规范与习惯法等非正式规范之间的鸿沟。一方面，村规民约对国家法的实施具有极其重要的意义，通过村规民约"改造"

---

[1] 许章润："论现代民族国家是一个法律共同体"，载《政法论坛》2008年第3期。

[2] 陈寒非、高其才："乡规民约在乡村治理中的积极作用实证研究"，载《清华法学》2018年第1期。

第七章　乡村治理法治化的规范整合

之后的国家法在乡村能够得到很好的实施；另一方面，传统习惯法通过村规民约的甄别传承之后以新的形态再次呈现，固有习惯中不合时宜的内容会被摒弃，新的符合乡村发展需要的习惯会重新议订，村规民约能够推进习惯法成长。[1]国家对乡村的治理主要是通过以村规民约为主要形式的村民自治制度实现，村党支部、村民委员会以及村民均依据村规民约进行"自我管理、自我教育、自我服务"，乡村日常生活秩序之维护主要由村民依照村规民约进行。因此，村规民约是乡村治理多元规范结构的核心，通过村规民约可以有效整合、调和乡村治理中正式规范与非正式规范的冲突，融合官方与民间、法治与自治两种治理模式，是当前推进乡村治理法治化的重要路径。

第三，非正式规范是多元规范结构的支撑。非正式规范是一套自创性规范系统，时刻回应着人们日常生活实践的规范需求。正式规范、准正式规范的运行必须依靠非正式规范所创造的"毛细血管式"的微循环秩序，这样在治理过程中可以取得比较好的效果。反之，如果强力介入甚至是破坏非正式规范体系，那么很有可能会引发较大的冲突。因此，一方面，正式规范、准正式规范在制定实施的过程中应充分吸纳、尊重非正式规范；另一方面，如果正式规范、准正式规范必须介入非正式规范，也应采取适当的方式和审慎的态度，对于经过甄别确实不合时宜的非正式规范可以进行改造和消除。正如穆尔（Sally Falk Moore）所言，在"半自治社会领域"（The semi-autonomous social field）[2]，习惯、自组织规范等内部生成的非正式规范是

---

[1] 参见陈寒非："风俗与法律：村规民约促进移风易俗的方式与逻辑"，载《学术交流》2017年第5期。

[2] [美]萨莉·法克尔·穆尔："法律与社会变迁：以半自治社会领域作为适切的研究主题"，胡昌明译，载郑永流主编：《法哲学与法社会学论丛》（七），中国政法大学出版社2005年版，第207—238页。

小型社会领域的基础，但同时又会受到较大型社会规则、决策及其他强制力的影响，后者主要指正式规范与准正式规范。也就是说，在乡村半自治社会领域，内部生成的非正式规范是正式规范、准正式规范发生作用的基础，非正式规范是正式规范、准正式规范的现实支撑。非正式规范是决定乡村治理秩序的关键性因素，乡村自发形成的非正式规范是与乡村生活息息相关的秩序资源，正式规范、准正式规范在很大程度上依赖于非正式规范。只有因地制宜地将正式规范、准正式规范植入非正式规范生存的文化土壤中，正式规范、准正式规范才能最终落地生根、行之有效。大量的田野调查资料表明，习惯法及乡村自组织规范在乡村治理规范系统中数量庞大，而且运行效果较好，执行方式也比较灵活，比较贴近村民生活实际（如长生会章程），在乡村治理多元规范结构中往往具有支撑性地位，国家法律、村规民约等规范需要充分尊重非正式规范。

四、本章小结

乡村秩序建构的关键在于规范，规范是乡村治理的前提。法律多元论视域下，乡村治理规范是多元的，包括国家法律、政策、党内法规、上级党政部门规范性文件、村规民约、习惯法及乡村自组织规范等。根据规范生成与国家权力之间的关系，可将乡村治理中规范类型划分为正式规范、准正式规范以及非正式规范。正式规范主要包括国家法律、政策及党内法规等。正式规范主要由国家权力根据治理需要自上而下创制，具有外在性和强制性。准正式规范主要指村规民约体系，具体包括村规民约总则和针对特定事项制定的村规。非正式规范包括习惯法与乡村自组织规范，数量庞杂，种类繁多，大多基于村民日常生活实际自发而生。

第七章 乡村治理法治化的规范整合

　　由于各类规范生成机制不一致，功能也不尽相同，在乡村治理实践互动中难免会产生冲突。乡村治理规范冲突主要表现为内部和外部两个方面。内部冲突主要是各类规范内部冲突，如正式规范内部冲突、准正式规范内部冲突以及非正式规范内部冲突。正式规范内部冲突又分为国家法律体系的冲突、政策冲突、党内法规冲突、国家法律与政策、党内法规之间的冲突。准正式规范内部冲突包括邻村村规民约之间的冲突、村规民约总则与针对特定事项村规之间的冲突。非正式规范具有内生性，其内部冲突处理比较棘手。习惯法冲突主要表现为文化的冲突，不同的乡村自组织制定的规范之间可能会产生冲突。外部冲突主要是各类规范之间的冲突，如正式规范与准正式规范之间的冲突、正式规范与非正式规范之间的冲突、准正式规范与非正式规范之间的冲突。

　　乡村治理多元规范的冲突会给乡村秩序造成混乱，降低乡村治理效能，因此需要综合考量进行整合。乡村治理多元规范的整合包括内部清理整合和外部结构优化两种方式。其一，内部清理整合主要包括正式规范内部整合、准正式规范内部整合以及非正式规范内部整合三个方面。其中，正式规范内部整合应首先解决乡村治理立法中的多主体、多层级立法问题，明确各层级立法主体的立法权限；健全党内法规与国家法律之间的协调衔接机制；完善规范性文件备案审查机制。准正式规范内部整合应充分发挥乡镇政府备案审查作用，对于村规民约体系内部的冲突可由村两委审查解决，针对特定事项的村规不得违反村规民约总则。非正式规范内部的整合相对较为复杂，习惯法涉及不同文化系统，无法进行整合，"他者"对异文化应持以尊重态度。乡村自组织规范的整合成本相对较小，可以根据实际情况自行调整。其二，外部结构优化需要将各类规范视为有机整体，优化整合多元规范结构。正式规范为多元规范结构的基础，准正式规范为多元规范结构的核心，非正式规范是多元规范结构的支撑。

当前我国乡村正面临着"治理性危机"，其根源在于传统与现代的断裂，尤其是道德基础与人伦关系的忽视和缺失。[1]国家为乡村打造的正式规范及制度安排并不意味着对乡村实现了有效监督和治理。乡村治理应该是一个动态开放的规范体系，各类规范之间相互补充、支撑，优化整合多元规范结构可以实现乡村场域多种力量协同治理、合作治理。因此，乡村治理必须认真对待国家正式规范之外的其他规范资源，包括准正式规范和非正式规范。

---

[1] 桑玉成、孙琳："论政治运行中的人伦关系与道德基础"，载《南京师大学报（社会科学版）》2012年第3期。

第八章
乡村治理中的习惯法及其变迁

自20世纪80年代以来,习惯法逐渐成为中国法学界乃至人文社科领域的热点问题之一,国内学者对于习惯法已做了广泛的研究。从研究内容来看,研究者们对习惯法起源、特质、功能、运行模式等方面均展开了深入讨论;从研究方法来看,研究者们多采用实证研究方法,注意通过实证调查发现习惯法的"在地性"问题;从研究走向来看,近些年已经对习惯法在立法、司法实践中的运用问题展开研究。值得注意的是,已有研究模式大多采用并延续"国家-社会"二元框架进行分析,将习惯法置入"国家法-民间法"二元框架下进行考察,尤其是将其视为一种重要的"地方性知识"或"本土资源"[1],探究并展现其与国家法之间的内在张力。

"国家-社会"这一研究范式在习惯法概念问题上得到真实反映。例如,梁治平先生认为"习惯法乃是这样一套地方性规范,它是在乡民长期的生活与劳作过程中逐渐形成;它被用来分配乡民之间的权利、义务,调整和解决他们之间的利益冲突,并且主要在一套关系网络中被予以实施。"[2]高其才教授在其著作中首先主张对法应该作广义的理解,即"凡是为了维护社会

---

[1] 苏力:《法治及其本土资源》(第三版),北京大学出版社2015年版,第10—22页。

[2] 梁治平:《清代习惯法:社会与国家》,中国政法大学出版社1996年版,第1页。

秩序，进行社会管理，而依据某种社会权威和社会组织，具有一定的强制性的行为规范，均属于法范畴体系之列，包括国家制定法与习惯法两类"，因此，"习惯法是独立于国家制定法之外，依据某种社会权威和社会组织，具有一定的强制性的行为规范的总和"。[1]无论是何种定义都承认一个基本事实，那就是"习惯法是自发形成的地方性规范，对区域内成员具有强制约束力，而这种约束力的根源就在于某种社会权威或社会组织的存在"。"地方性规范""强制约束力"以及"社会权威或社会组织"等元素都只是习惯法"静态"意义上的基本特征，对于习惯法"动态"意义上的特点没有表征。

"国家-社会"理论框架主导下的习惯法研究是"共时性"的，没有充分展现出习惯法的"历时性"变迁过程，这也是当前习惯法研究需要进一步注意之处。探讨习惯法的"历时性"变迁问题，不仅能够揭示习惯法变迁的原因，而且能够探明习惯法变迁的动力机制，由此判断习惯法未来变迁之走向。一直以来，习惯法都被认为是熟人社会空间中相对较为封闭的规范体系，习惯法遵循传统，具有一定的保守性。那么，具有保守属性的习惯法为什么会发生变迁？促使习惯法变迁的主要原因是什么？习惯法如何变迁？在日渐开放多元的社会中推进习惯法变迁的动力机制是什么？习惯法变迁之后会呈现出什么样的形态？习惯法会不会随着城乡现代化进程的加快而日渐式微？回答这些问题都需要研究者们系统考察习惯法变迁过程，从习惯法变迁中寻找答案。

目前已有一些学者关注到习惯法变迁问题，也产生了一些研究成果。概而言之，这些研究成果主要集中体现在三个方面：

---

[1] 高其才：《中国习惯法论》（修订版），中国法制出版社2008年版，第3页。

第八章 乡村治理中的习惯法及其变迁

其一，文化人类学视角下文化变迁理论研究范式。龚艳、尚海涛等从文化变迁理论层面来讨论习惯法问题，认为习惯法的变迁机制主要有濡化机制和涵化机制。[1]其二，法律人类学视角下习惯法变迁的法律民族志研究。高其才教授从法律民族志角度考察广西金秀瑶族习惯法变迁过程；[2]文永辉考察了贵州三都水族习惯法表现形式、维护机制及其变迁过程；[3]郭剑平考察了侗族地区侗款在纠纷解决场域的功能变迁；[4]常丽霞系统考察了藏族牧区生态习惯法的传承与变迁过程。[5]其三，法律史学视角下的民族习惯法变迁史研究。严文强以案例为中心考察了四川凉山彝族习惯法的历史变迁过程；[6]石伶亚则以湘西土家族、苗族自治州的习惯法历史变迁过程进行梳理，考察其功能之流变；[7]叶英萍考察了海南黎族习惯法从传统向现代法治转型的过程。[8]此类研究从史料中概括、总结及描述少数民族习惯法变迁的历史过程。值得注意的是，已有研究虽然从文化人类学、法律人类学及法律史学角度考察习惯法变迁，但是

---

[1] 龚艳、尚海涛：" 论习惯法的历史变迁机制——基于山东省 H 村的调研"，载《甘肃政法学院学报》2012 年第 6 期。

[2] 高其才：" 现代化进程中的瑶族'做社'活动——以广西金秀郎庞为例"，载《民族研究》2007 年第 2 期。

[3] 文永辉：" 水族习惯法及其变迁——以贵州省三都水族自治县塘党寨为例"，载《民族研究》2006 年第 4 期。

[4] 郭剑平：" 侗款的变迁及其与侗族地区纠纷解决机制研究"，载《现代法学》2012 年第 5 期。

[5] 常丽霞：" 藏族牧区生态习惯法文化的传承与变迁研究——以拉卜楞地区为中心"，兰州大学 2013 年博士学位论文。

[6] 严文强：" 凉山彝族习惯法的历史流变——以案例分析为中心的研究"，西南政法大学 2008 年博士学位论文。

[7] 石伶亚：" 少数民族习惯法的功能释放与历史变迁考察——以湘西土家族、苗族自治州为例"，载《贵州民族研究》2009 年第 2 期。

[8] 叶英萍：" 黎族习惯法研究——从自治秩序到统一法律秩序的变迁"，中国政法大学 2011 年博士学位论文。

较少在实证调查的基础上进行理论的概括和提炼,在一定程度上缺乏实证基础上的类型化分析,更没有考察习惯法变迁的动力因素及未来走向等理论问题。鉴于此,本章将在实证调查的基础上重点展开理论探讨,尤其是对习惯法变迁问题进行理论概括和提炼,探析习惯法变迁的基本规律及动力机制,为当代导引、适用及传承习惯法提供理论依据。

为了探析习惯法的变迁过程,本章突破传统"国家-社会"分析框架,试图从"制度-生活"框架考察习惯法。[1]"制度-生活"框架沿袭吉登斯的结构化理论,把系统论想象还原为实践的主旨,超越"国家-社会"二元论、结构主义的分析模式,把日常实践同社会结构变迁结合起来,为探究社会结构变迁的微观动力机制提供一种解释框架。其中,"制度"是指以国家名义制定并支持国家的各级各部门代理人行使其职能的"正式制度";"生活"指社会人的日常活动,既包括各种权宜性生产的利益、权力和权利诉求及生活策略和技术,又指涉相对例行化的民情和习惯法。[2]相较于"国家-社会"分析框架,"制度-生

---

〔1〕"国家-社会"理论框架在提出以后不断遭受批判。一种较为常见的批评观点认为,"国家-社会"二元框架极大地忽略了国家及社会的复杂性。"国家"并非"政治国家"这一抽象概念所能含括,而是包括"中央政府""地方政权"及"基层政权"等多层级的构造。"社会"也绝非"市民社会"单一抽象概况,而是包括市民领域、公民领域、非公民领域、公共领域等多个面向的复杂构造。换言之,"国家-社会"分析框架容易导致"国家""社会"概念化,遮蔽了"国家""社会"的复杂面向。正因为如此,哈贝马斯、亚历山大、黄宗智等人均对"国家-社会"理论框架展开了批判并尝试超越。如哈贝马斯提出"公共领域"、黄宗智提出"第三领域"、亚历山大提出的"公民领域"等。参见[德]哈贝马斯:《公共领域的结构转型》,曹卫东等译,学林出版社1999年版;[美]黄宗智:"中国的'公共领域'与'市民社会'?——国家与社会间的第三领域",程农译,载邓正来、[英]J.C.亚历山大编:《国家与市民社会:一种社会理论的研究路径》,中央编译出版社1999年版。

〔2〕参见肖瑛:"从'国家与社会'到'制度与生活':中国社会变迁研究的视角转换",载《中国社会科学》2014年第9期。

活"分析框架的优势主要有三方面。其一,"制度-生活"框架更好地从微观视角考察习惯法变迁问题。"制度-生活"不再将"社会"视为一个抽象存在,而是解释为一个客观实体,立足于习惯法的日常生活实践真实反映出社会结构的微观状态。其二,"制度-生活"框架能从动态视角考察习惯法的"历时性"变迁问题,这一分析框架强调习惯法在日常生活中的实践运行,乡土法杰、基层政府及普通民众等主体的日常实践正是推进习惯法变迁的关键力量。其三,"制度-生活"框架揭示了正式制度与日常生活之间的复杂互动关系,从中可以看到习惯法不是单向线性发展,而是杂糅了多重因素的多向弧形发展,习惯法的变迁受到多重因素的影响。正因为如此,"制度-生活"间的复杂互动关系不仅反映了社会变迁过程,而且也为研究者们观察习惯法变迁动力机制提供了比较好的视角。正式制度承载了社会变迁的基本诉求,国家及其基层政权代理人将这种诉求上升为正式制度,并干预基于日常生活自发生成的习惯法体系;反之,习惯法体系在遭遇社会变迁及正式制度更迭时,并不会束手就擒,而是进行有力地反抗及应对,甚至会重塑正式制度。在此过程中,作为"行动者"的正式制度代理人与生活主体会选择性地接受、拒绝或改造正式制度及习惯法体系。

  笔者所在研究团队长期关注并研究南方主要少数民族聚居地区习惯法问题,积累了大量的田野调查资料,并且对于某个民族地区的习惯法有着较为长期并连续的认识,能够比较准确地反映习惯法变迁的情况。正因为如此,本章将以南方主要少数民族聚居地区的民族习惯法变迁实践为经验材料,从中发现并论证习惯法变迁的基本规律及动力机制等问题。

一、影响习惯法变迁的主要因素

一般认为,习惯法是较为稳定的规范体系。习惯法在共同体内部经过长期生产、生活反复实践自发渐进形成并自我延续,作为历史的积淀,具有较强的稳定性,相较于其他社会规范变动相对较小。习惯法是民族精神与民族文化的客观体现,一个民族有着自己固有的历史文化传统,习惯法就是这种历史文化传统的载体,充分体现出民族特性。习惯法非常抵制变化,因为原初的社会化相对于后来的社会经验更具有构成内在倾向的力量;虽然在遭遇新的环境时,会有一个持续的适应过程,但这个过程常常是非常缓慢的,倾向于完善而不是断然改变初始倾向。[1]习惯法的保守性使其具有较高稳定性,那么究竟是什么原因促使习惯法摆脱既有条件的束缚而发生变迁?习惯法深深植根于民族土壤,依托于特定环境而生存。当习惯法赖以生存的土壤和环境发生了变化,则习惯法也会随之改变,尽管这个过程中夹杂着抵制、适应及对固有规范体系的"留恋",但是习惯法的变迁终归会随着客观环境的改变而逐步完成。习惯法并不会脱离社会而独立存在,可能会受到政治、经济、文化及自然环境等诸多因素的影响,从而在内容、形式及实施方式等方面缓慢地发生着变化,这样也就促使习惯法不断自我调适而形成新的传统,注入新的内容,每一代、每一个时期都产生新的习惯约例。

(一)经济因素

在作为习惯法生存土壤及环境的政治、经济及文化诸要素中,首推经济因素对习惯法变迁影响最大,生产方式的改变基本上都会导致习惯法变迁。广西金秀瑶族"做社"习惯是一种

---

[1] 刘新星:"从农村规范秩序的变迁看农村法制建设问题",载《中国人民大学学报》2009年第4期。

第八章 乡村治理中的习惯法及其变迁

传统民俗活动,"做社"过程中的"料话"程序实际上也是习惯法宣讲活动。一般农家祭祀社王(土地神)的活动称"做社",有春社、秋社两种,目的是酬谢社王,祈求丰收。"做社"规模有小有大,小者数家,多由同姓、同邻里或耕作同一字圩农田的农户自愿结合;大者聚集一村,数村农户合办。每次由一家主办,轮流当值,所需费用按户或按田亩数分摊。祭祖时除供奉鱼肉酒饭外,常请"太保"诵通忏,有时图热闹,还请打唱班子唱戏一至三天。祭祀毕,必会餐,每户到一人(家长或强劳力者)。"做社"习惯产生于传统自给自足的小农经济背景之下,通过"做社"表达乡民们祈求风调雨顺、五谷丰收、驱灾避祸的美好愿望。再者,瑶族多聚居于广西大瑶山山区,"做社"只能通过农户之间相互协作进行,这样可以加强乡民之间的经济合作与联系,便于生产生活中团结互助。"做社"时,社老、师公是绝对的主角(宣讲习惯法也一般由"社老"进行),通过"做社"宣讲,实际上增强了社老、师公的威望,为当地社会经济秩序之稳定提供了基础。然而,随着经济发展及现代化进程的加快,金秀瑶族"做社"习惯已经发生了改变。乡民们不再单纯依赖于传统小农经济生存,而是以外出务工为主;随着耕种技术的输入及发展,农业机械化及生产力的提高,乡民之间生产协作程度也逐步降低;科学技术的传播与输入,社老、师公代表的威望也日渐式微。这一切都使得金秀瑶族"做社"习惯日渐成为一种仪式化的表演,"做社"的祭祀功能逐渐转变为休闲娱乐功能。[1]

---

[1] 高其才教授对广西金秀郎庞瑶族自20世纪50年代以来"做社"活动历史演变以及现代变迁的田野考察也证明了这一点。作者认为现代化进程促使瑶族生产、生活及思维方式发生改变,进而深深影响到"做社"活动及相关习惯法。参见高其才:"现代化进程中的瑶族'做社'活动——以广西金秀郎庞为例",载《民族研究》2007年第2期。

从广西金秀瑶族"做社"习惯法变迁的过程可以看出，经济因素对于习惯法影响是最为根本的。习惯法如同法律一样，都是调整社会关系的制度及规范，两者都以经济活动为存在基础，在很大程度上受到其影响，客观上反映并调整一个民族特定时期的社会经济关系。因此，当生产方式及经济关系发生改变时，习惯法也会随之变迁，从而与经济关系相适应。当然，在此过程中，习惯法基于其保守性也会对经济变革产生一定的阻碍作用。

(二) 政治因素

政治因素也是促使习惯法变迁的重要原因。国家权力在向乡村扩张过程中，不可避免地会向乡村社会输入适从于政权的意识形态及主流价值体系，从某种程度来说政治变革及执政党主张诉求对习惯法变迁有着较大的影响，是促使习惯法变迁的重要原因之一。

凉山彝族婚姻习惯法是凉山彝族地区调整婚姻关系的重要规范，对结婚、离婚、婚姻纠纷解决及婚姻形态等方面均有约定俗成的明确规定，经过长期发展形成了民族内婚、等级内婚、家支外婚、姨表不婚、姑舅表先婚及包办婚姻等极具特点的民族传统婚制。在旧凉山时期，彝族社会等级制度森严，等级内婚制可以维护彝族人等级血统的纯正性，维持特权等级长期统治的稳定性；由于彝族社会是由各大家支进行统治的，家支是彝族社会正当合法的统治政权机构，家支外婚制则能够实现统治阶层之间相互"结盟"，实际上起到进一步巩固家支统治力量的作用。新中国成立后，旧凉山时期的特权等级制度显然与社会主义民主政治的发展格格不入，因而对凉山彝族进行民主政治变革也就势在必行，政府通过政治运动废除传统等级及家支统治制度。在这种背景下，作为维系彝族社会婚姻家庭关系的

第八章 乡村治理中的习惯法及其变迁

婚姻习惯法也就成为政府改革的目标。新中国成立以来,政府先后在凉山彝族地区推行了四次婚姻改革[1],试图促使彝族婚姻制度从传统向现代转型,以婚姻改革完成政治改革并夯实政权基础。虽然凉山彝族地区四次婚姻改革并没有取得预期效果,但是也动摇并逐步改变了传统彝族婚姻习惯法中一些违反社会主义核心价值观的内容,如家支外婚、等级内婚及民族内婚等基本上都被改造或者摒弃了。经过三十多年的持续改造,婚姻法所提倡的婚姻自由、男女平等及一夫一妻等基本价值理念也较为普遍地被彝族人接受,婚姻法所倡导的实体权利义务及婚姻程序等也逐渐被彝族人认可。政治改革促使彝族婚姻习惯法发生转型和变革,尽管这一变革过程充满了反复和艰难,传统与现代交织杂糅,但是政治改革的目标是明确的,影响也是深远的,一切终归被裹挟到现代化婚制的浪潮之中,完成婚姻制度现代化转型。

政治因素促使习惯法变迁的现象同样出现在贵州锦屏县文斗苗寨。文斗苗寨地处黔东南地区锦屏县西部,在明清时期木业兴盛,以"契"管"业"渐成规俗,勒石刊刻的公约颇多,自古即有"立规治村"的传统。文斗"名垂万古"碑(又名"六禁碑")立于乾隆三十八年(1773年)仲冬月,内容主要

---

[1] 1960年,国家在凉山彝族地区推行第一次婚姻改革,此次婚姻改革基本上以1950年婚姻法为主,宣扬婚姻自由、男女平等及一夫一妻,禁止包办买办婚姻,取消等级内婚、家支外婚等传统婚制。1964年开始推行第二次婚姻改革。此次婚姻改革基本上以婚姻的阶级化为主线,限制阶级之间通婚,这实际上是暗合了彝族社会传统等级内婚制,故而收效甚微。1976年开始推行第三次婚姻改革。此次婚姻改革重返1950年婚姻法轨道,提倡婚姻自由平等,反对包办买办婚姻,严格实施婚姻登记制。1983年2月26日,四川省第五届人民代表大会常务委员会第十九次会议通过《四川省凉山彝族自治州施行〈中华人民共和国婚姻法〉的规定》,标志着彝族地区第四次婚姻改革开始,该规定共计15条,遵循1980年新婚姻法精神制定,基本上全盘否定了传统婚姻习惯法与新婚姻法相悖的内容。

是关于环境保护方面。"六禁碑"对破坏环境行为的处罚采取"罚金"形式，如"一禁不俱（拘）远近杉木，吾等（依）靠，不许大人小孩砍削，如违罚艮（银）十两"。六禁碑旁另立有"恩泽万古"和"千秋不朽"两块石碑，分别立于乾隆五十六年（1791年）孟冬月谷旦、嘉庆十一年（1806年）三月十六日。这两块石碑是关于婚姻习俗的约定，如"千秋不朽"碑文所载禁令有："一勒接亲礼只许五钱，定亲酒礼，小则一两五钱，大则四两。如多，罚冲（充）公；一勒凡拆毁、拐带、强夺、有妻子弃妻子再娶者，罚银三十两冲（充）公，照礼劝息。若不听罚，送官治罪"。[1]由此可见，文斗历史上的处罚习惯之一即为"罚金"方式，这一处罚习惯一直延续到1988年的村规民约之中。文斗村1988年的村规民约在盗偷处理、文物古迹、风景林及个体经营户的财产保护、民事纠纷处理、后龙山维护、村寨火警以及尊老爱幼等方面基本上都是采用罚款方式。黔东南苗族侗族自治州雷山、台江、榕江及从江等地苗寨广泛存在"罚三个一"处罚习惯法，即村民如果违反"榔规"则要向全寨赔偿"100元现金、100斤猪肉和100斤米酒"，黔东南其他地区也存在"罚3个120"的处罚习惯。[2]在现代社会针对公民个体的处罚权基本由国家处理，一般交由行政部门和司法部门行使，具体呈现为行政处罚权及刑事制裁权。而上述文斗苗寨的处罚习惯显然与现代法治观念相悖，超越了处罚权的行使主体限度；正因为如此，国家政权对此持否定态度，一直倡导

---

〔1〕 以上"名垂万古""恩泽万古"和"千秋不朽"三块碑文内容均由作者实地考察记录。

〔2〕 参见徐晓光："从苗族'罚3个100'等看习惯法在村寨社会的功能"，载《山东大学学报（哲学社会科学版）》2005年第3期；徐晓光："'罚3个120'的适用地域及适应性变化——作为对黔东南苗族地区'罚3个100'的补充调查"，载《甘肃政法学院学报》2010年第1期。

以法治方式改造处罚习惯。在国家政权持续不懈的普法运动下，2005年后文斗苗寨等地的处罚习惯从形式到实质都发生了改变，取而代之的是"违约金"形式。[1]从"罚金"到"违约金"转变的主要原因在于政治改革的法治化趋向及稳步推进。

从凉山彝族与文斗苗寨习惯法变迁过程可以看出，政治因素作用并影响习惯法变迁，蕴含着特定的政治诉求。通过政治权力推动社会变革，习惯是一个极其重要的领域，培养人的行为习惯及由此而生的习惯法制度将被视为政治改革成功与否的重要标准。通过改革凉山彝族婚姻习惯，从而促使彝族社会由传统向现代转型，更为重要的是可以促使彝族地区传统政治力量的崩解。

（三）文化因素

如果说习惯法是人类社会自发形成的规范体系，那么这套规范体系本身就属于一种文化现象，承载着共同体成员的意义世界。人类学家格尔兹根据马克斯·韦伯对人的意义维度之理解，从现象学出发认为文化"实质上是一个符号学概念"，是"由人自己编织的意义之网"，而这张意义之网由一系列公众知晓的符号体系构成。[2]习惯法无疑是这张意义之网中的关键"符号"，用于表征文化世界的具体意象及价值世界。当文化整体性变迁之时，习惯法承载的意义世界也将崩解，从而催生习惯法体系随之变迁。从这个意义上来说，文化因素也是习

---

[1] 参见文斗村1988年、2005年、2012年及2015年四份村规民约。《文斗寨村规民约》（1998年12月），资料编号010056；《文斗村村规民约》（2005年12月村民会议讨论通过），资料编号010057；《文斗村村民自治合约》（2012年12月25日村民代表会议表决通过），资料编号010058；《文斗村村规民约》（2015年9月10日村民代表会议表决通过），资料编号010059。

[2] [美]克利福德·格尔茨，《文化的解释》，韩莉译，译林出版社2014年版，第5页。

法变迁的重要原因之一，更能真实客观地反映习惯法的发展变迁。

文化构成习惯法生存的另一重要土壤，决定着习惯法延续的长度及传播的范围。当共同体受到外来文化"入侵"及内部文化自我演化时，文化背景也就随之改变，具体表现在外来文化与本土文化相互融合发展、强势文化对弱势文化的侵入改造、科学技术普及对人们观念的影响、文化知识水平整体性提高，这些变化将对固有习惯法造成比较大的冲击。

（四）自然环境因素

如果说政治、经济及文化是促使习惯法变迁的主观因素，那么自然环境则是促使习惯法变迁的客观因素。例如，在中国内蒙古地区的一些牧区将羊作为等价物订立合同，这种订立合同的方式带有明显的地方特色；[1]蒙古族牧业在经营方式方面的"古列延""阿寅勒""敖特尔"等习惯法，使一些牧场在游牧轮放中得到间歇，可以避免牧场遭到过度的使用；[2]在广西金秀瑶族地区盛行"打茅标"习惯法，这实际上是现代民法所规定的先占制度。[3]当事人在发现野蜜蜂等无主物时，可以在无主物上插上茅草表示该物已被占有，即便原插标之人当时未去，日后也可以来取，其他人无权对该物再进行占有，这一民事习惯一般在山区比较常见，因为在发现无主物时，受制于山区地形不能直接取走该无主物，所以以"打茅标"的方式表明所有权。黔东南清水江流域台江、剑河、锦屏、天柱等县村寨

---

[1] 参见戴双喜、巴音诺尔："论牧区以'羊'为'等价物'的交易习惯——兼论民事习惯与交易习惯之结构层次关系"，载《法学杂志》2010年第11期。

[2] 特木尔宝力道："论蒙古族习惯法的几个问题"，载《内蒙古大学学报（人文社会科学版）》2002年第1期。

[3] 参见曹义荪、高其才："当代中国物权习惯法——广西金秀六巷瑶族'打茅标'考察报告"，载《政法论坛》2010年第1期。

山高林密，生态良好，自古盛产木材，产生了大量关于林木及生态环境保护的习惯法。当地理环境发生改变，或者脱离原有地理环境时，则会促进习惯法变迁。笔者在湖南张家界市武陵源区调查时发现，由于当地旅游开发及生态保护，风景旅游区内的村民都由区里统一安置于城镇地区，政府建设标准的现代化小区安置村民，村民离开了原有的自然环境和居住环境（现代化的单元小区式建筑隔断了村民之间的日常往来及联系），原有的一些传统习惯规则随着时间的推移基本上也消失殆尽了，即使村里组织一些土家族传统活动也多属表演性质。

上述田野考察案例足以证明，政治法律、风俗习惯与自然环境有着极为密切的关系，自然环境的改变也会使习惯发生改变。孟德斯鸠论述了自然条件同政治法律的关系，认为自然地理环境对社会政治法律制度具有重大的制约性，风俗习惯如同政治法律一样，同样受制于自然环境。风俗与法律同属制度性范畴，只不过"法律是立法者创立的特殊的和精密的制度，而风俗习惯则是一个国家一般的制度"，以人民"一般的精神"为渊源。作为制度性的习惯不仅是各个区域生产生活经验的总结，还是不同区域群体的智慧结晶，与当地的地理环境、气候条件与社会经济状况相适应。

总而言之，政治、经济、文化及自然诸因素是习惯法变迁的主要原因，基本涵括了习惯法变迁的时间、空间、主体、文化、历史、社会及思维等多个具体向度。这些因素可能不会单独发挥作用，而是两个或两个以上因素共同产生影响。这些因素不仅为研究者们理解习惯法变迁提供了关键"钥匙"，而且为研究者们整合习惯法变迁动力机制及因势利导习惯法变迁提供了前提准备。

二、习惯法变迁的动力机制

以上关于习惯法变迁原因的讨论，主要是试图从政治、经济、文化及自然等宏观层面回答习惯法为什么变迁这一问题。只有回答了习惯法为什么变迁这一问题，才能继续讨论习惯法如何变迁。后者是一个具体实践，需要从日常生活的微观实践层面来考察，具体探析习惯法变迁的动力机制，剖析究竟是何种动力启动、推进并延续习惯法变迁进程。笔者将从乡土法杰推动、基层政府主导及村民日常生活诉求三个方面展开论述。

（一）乡土法杰推动

早在20个世纪二三十年代，杨开道先生就谈及"农村领袖"问题。他认为乡村建设归根结底还是人的建设，仅仅有源自西方的法律制度并不能促使乡村生活发生根本性的变化。[1]笔者所在研究团队系统讨论了当代"乡土法杰"在地方秩序维持中的主导性作用，这些人或是担任过村干部，或是知识精英，或是宗族代表人物，在一定程度上都属于乡村精英。[2]调查证明，乡村社会治理离不开人的作用，乡土法杰是推动习惯法变迁的重要动力机制。如果乡村存在具有权威性基础的精英致力于习惯法运行，那么习惯法在治理过程中就能发挥较大的作用，习惯法也会在乡土法杰不断适用的过程中发生变迁。

当前在大多数乡村中存在的客观事实是，传统型精英受到冲击，现代法理型精英亦无法确立，市场经济浪潮席卷下经济型精英也仅能表现出有限的活力。但是，这并不能否定乡村精

---

〔1〕 杨开道：《农村领袖》，世界书局1930年版，第5、38—40、47页。

〔2〕 参见高其才教授主编的"乡土法杰"系列书系中的研究成果。包括《桂瑶头人盘振武》《洞庭乡人何培金》《浙中村夫王玉龙》《滇东好人张荣德》《乡土法杰研究》等。

第八章 乡村治理中的习惯法及其变迁

英在乡村治理中的作用,甚至在一些乡村精英建设健全的村庄,乡村治理行之有效,村庄内部也团结一致。从调查情况来看,在不少乡村尤其是在社会结构相对较为稳定的村组,习惯法、村规民约等自治规范都能发挥较大的作用。

乡土法杰主要通过适用习惯法推动其变迁。2016年2月至7月,笔者先后三次前往黔东南苗族侗族自治州锦屏县瑶白、华寨、黄门三村调查,考察乡土法杰推动习惯法的变迁机制。调查发现,这三个村寨都有传统的村庄精英——寨老,当风俗习惯不适应社会经济发展成为陈规陋俗时,寨老们就会聚集在一起召开"寨老会议",对旧有风俗习惯进行调整。在"寨老会议"中商议确立的条款将写入"侗款"等当地的村规民约中。村两委可以提议对旧有风俗进行修改,但需要征求"寨老"们的意见,与"寨老"们及村民代表商议,通过之后再订立改革陈规陋俗的村规民约。在黔东南地区三村通过村规民约移风易俗的改革实践中,乡村精英发挥了巨大的作用,这里的乡村精英不仅有现代法理型精英(村两委负责人)、传统型精英(寨老),还有其他类型的精英综合发挥作用。再如,调查的浙江中部地区东阳市岭腰村,在分家析产习惯法方面,随着社会经济条件的变化,出嫁女在继承父母财产方面也从原来的绝对禁止转变为特定条件下的允许;在分家析产上"成家者优先选择权"与父母意愿矛盾时的处理。广西金秀下古陈屯"头人"通过适用石牌法,与现代社会接轨,从而促使传统习惯法向现代村规民约转变,该村1982年、2002年制定的村规民约均在传统石牌法的基础上变迁而来。

乡土法杰依托其权威实施习惯法,自然会对习惯法规则进行调整和细化。这种适用的过程本身就是习惯法的一种传承和变迁,同时也会将"地方性知识"不断地进行新的文化阐释,赋予其新的含义，从而形成新的习惯法规则。通过乡土法杰不断适用习惯法，习惯法获得源源不断的"变迁动力"，反过来又增强了习惯法作为"小传统"的权威性。由此可见，习惯法之所以不断变迁发展，一个根本性的原因就在于乡土法杰对习惯法的适用以及乡民对新规则的认可。乡土法杰借助权威而灵活适用习惯法，有两方面的结果：一是传承原来的习惯法，增强社区成员集体记忆，强化共同体内部习惯法传统；二是产生一种新的习惯法规则，推动习惯法变迁发展，适应于新的时代。

(二) 基层政府主导

中国传统社会有着悠久的自治习惯，村规民约、习惯法等自治性规范在基层社会治理中起着广泛的作用。陕西蓝田《吕氏乡约》是乡绅带领村民自发创造的，[1]目的是通过乡约改善乡俗、敦行教化。自王阳明的《南赣乡约》之后，[2]乡约成为地方政府和国家力推的基层治理政策，鼓励人们通过乡约推行乡村自治。明太祖朱元璋颁布的"圣谕六言"，不仅与《吕氏乡约》的内容基本一致，还成为之后乡规民约的基本原则。清康熙皇帝也颁布了"圣谕十六条"，成为乡约宣讲的永久内容。民国时期，传统乡约制度得以延续，辅之以保甲制度共同对乡村展开治理。

新中国成立之后，特别是1958年推行政社合一后，乡村的自治传统受到一定的影响，但是乡村自治的传统并未就此完全

---

[1] 《吕氏乡约》由陕西蓝田吕大钧在北宋熙宁九年（1076年）在本乡实行。推行乡约的目的是改善风俗，内容为四大部分：德业相劝、过失相规、礼俗相交、患难相恤。

[2] 《南赣乡约》是王阳明在南赣担任巡抚时，针对当时社会匪患严重、社会失范而推行的乡约。王阳明实行乡约并推行十家牌法。《南赣乡约》的原则是诱掖奖劝，奉行忠厚之道，注重实际效果，是一个由地方政府推行的自治，所有村民必须加入，固定时间参加集会，不参加会受到严厉惩罚。参见牛铭实编著：《中国历代乡规民约》，中国社会出版社2014年版，第31页。

第八章 乡村治理中的习惯法及其变迁

中断。改革开放之后,中国乡村的自治传统很快得到恢复和弘扬。在《中华人民共和国宪法》规定的基础上,1987年11月24日第六届全国人民代表大会常务委员会第二十三次会议通过的《中华人民共和国村民委员会组织法(试行)》,规定中国在农村实行村民自治制度,重新赋予乡村社会自治权,尊重并延续了乡村自治传统与习惯。1998年11月4日第九届全国人民代表大会常务委员会第五次会议通过,并于2010年10月28日由第十一届全国人民代表大会常务委员会第十七次会议修订通过的《村民委员会组织法》继续实行村民自治制度,并进一步完善了基层自治制度。

虽然改革开放之后乡村自治传统得到恢复和延续,村规民约、习惯法等传统自治规范在现实中仍然发挥着重要作用,但这并非意味着重返北宋《吕氏乡约》开创的自治传统,而更多的是延续王阳明《南赣乡约》的基本思路。中国乡村治理史上并未出现过真正的"民治",大多数属于官方主导下的有限自治,传统乡村社会治理中"皇权不下县"(县以下实行"自治")的理论判断值得商榷。[1]根据中国现行法律规定,基层政权只到乡(镇)一级,村以下实行自治。改革开放以来乡村治理中建构出的这一治理格局被称为"乡政村治"模式。[2]在此模式作用之下,乡村治理中存在两种不同的权力,这两种权力彼此之间相互独立且冲突不断:一是乡(镇)政府代表国家自上而下行使的行政管理权;二是村民委员会代表村民自下而

---

[1] 参见胡恒:《皇权不下县?——清代县辖政区与基层社会治理》,北京师范大学出版社2015年版。

[2] "乡政村治"有三个含义:其一,乡(镇)作为国家在农村的基层政权,根据宪法和法律规定对本乡镇事务行使国家行政管理职能;其二,村民委员会作为村民的自治组织,对本村事务行使自治权;其三,乡(镇)与村之间的关系是指导与被指导的关系。

上行使的自治权。根据中国现行法律制度，村民自治权是由宪法赋予的，村民自治不得违反宪法的规定，授予乡（镇）行政机关"责令改正"的纠错权。在乡村治理实践中经常出现国家行政权监督习惯法、村规民约的现象，行政权主导习惯法变迁，影响习惯法自发生长。[1]当然，研究者们也要看到，基层政府的监督也不完全是消极的，也有积极的方面，可以通过文化置位的方式改造习惯法，摒弃不合时宜的内容，向其注入新的价值理念和规范元素，更好地与现代社会接轨并相适应。

广西大瑶山地区传统石牌制向现代村规民约的过渡就是基层政府主导习惯法变迁的结果。广西大瑶山地区有着悠久深厚的石牌习惯法传统，即瑶族人将涉及农业生产、日常生活、民间宗教、社会秩序等方面内容制成条文刻于石碑或写于木牌之上，全体社会成员共同遵守祖辈传来的石牌习惯法。村民共同遵守"石牌大过天"这一先祖遗训，世代传承延续。1951年政府利用石牌习惯法传统制定了《大瑶山团结公约》，后来又于1988年制定村规民约，以村规民约的方式将传统石牌习惯法加以改造。传统石牌制中的大多数职能被政府取代，石牌制通过与村民委员会等组织的结合，重新获得生命力而继续发展。如广西金秀六巷乡下古陈屯为坳瑶聚居地，该村村规民约自1988年以来在政府主导下先后经过了四次修订，每一次修订都是国家法与习惯法之间的妥协与融合，习惯法以符合现代法律规定的方式被加以改造。如金秀罗香乡龙军屯在政府主导下采用石牌的方式订立《关于保护罗香龙军山水源林、鳄蜥的规定》，此

---

[1] 笔者所在研究团队在调查浙江丽水黄田镇27个村时发现，这些村的村规民约内容基本上是一致的，很明显是根据政府提供的村规民约范本稍加修改而制定。这种"同质化"村规民约在许多乡村较为普遍，一般是为了完成任务而制定的。参见《浙江丽水黄田镇村规民约汇编》，资料编号010040。

种形式获得当地村民的广泛支持。当前石牌习惯法越来越多地吸收国家法的内容,侧重于社会治安、纠纷解决、生态保护及禁止渔猎等被政府倡导接受的功能。可见,政府主导对习惯法的变迁发挥着重要作用,政府行使治理职能,引导并合理运用习惯法以促其变革,这也是政府提高社会治理能力及水平的重要途径。

(三)村民日常生活诉求

习惯法具有一定的时空性,一方面习惯法与地方自然环境及文化环境相适应,不同的地区会形成独具特色的风俗习惯;另一方面习惯法也与社会发展相适应,在不同的历史时期会形成不同的风俗习惯。习惯法的生长变迁可能会受到国家权力导向的影响,但更多的是来自村庄共同体成员的实际需求。由于习惯法属于内生性秩序规范,对传统的保守性延续是显而易见的,其内容并不能及时地反映社会发展变化和村民需求,会表现出一定的保守性、滞后性。正因为习惯具有时空性、内生性、保守性及滞后性特点,所以随着社会的发展,一些过往形成的习惯会因为与当下生产生活不适宜而成为"陈规陋俗",变成村级治理中的"恶法"。在这种情况下,村民会基于现实的考虑共同推进习惯法变迁,村民日常生活诉求也就成为习惯法变迁的动力机制。

笔者在黔东南地区锦屏县瑶白、华寨、黄门三村调查发现,三村在礼尚往来、婚姻丧葬以及乡风礼俗等日常生活方面长期存在着"陋俗"。以三村红白喜事举办风俗习惯为例:瑶白村原来结婚办酒男方家一般要举行5天5夜,主家要管客人早中晚三餐,女方家在婚嫁进门之前则开始摆酒,一般会宴请1至3天,具体天数根据实际情况来定,这也就是当地传统风俗中"大事七天小事三天"的说法。原有风俗中还有新娘送礼鞋给房族内亲友的习惯。在结婚时,男方不仅要给女方家献猪肉,还要给母舅家、回娘头以及房族各户条肉。男方献给母舅财礼一般高达数千元,同时舅家会象征性地回礼一部分。瑶白村丧事风俗一般会根据死者生辰八字等因素确定尸体停放时间,如遇"撞七"等有可能停放十多天,会在死者在落气之后鸣"落气炮"、烧"落气钱",入殓之前还会"洗手脚",丧事过程中有领祭、封斋、上斋等宴请礼节,满七会有"走亲"。红白喜事宴请菜肴一般比较丰盛,流传着"菜肴越是丰盛就越表现出孝家对死者的'孝道'"的说法,以至于村民间相互攀比。白事自人死之时就开始燃放烟花爆竹,唱祭、出殡时还要燃放大量的烟花爆竹。[1]华寨地处隆里乡,该村进屋、结婚、嫁娶、打三朝等宴请也有大操大办的风俗习惯。[2]在黄门村另一个值得注意的风俗是"红白喜事大量燃放烟花爆竹"。该村婚嫁、立柱上梁、齐迁新居、升学参军等红喜一般会燃放大量烟花爆竹,迎客和送客时都要燃放;白事则自"落气"开始直至整个丧事结束都要燃放烟花爆竹,尤其是在抬棺材出殡过程中,烟花爆竹一般要从村寨一路燃放至墓地,不仅本家要燃放,而且房族和亲戚也要燃放,烟花爆竹燃放越多越热闹,也表明子女越孝顺。红白喜事烟花爆竹燃放地点也较为随意,一般在房前屋后或是街道等公共场所。[3]此外,瑶白、华寨及黄门三村还有诸多乡风礼俗维持着当地的礼尚往来和日常生活秩序,在此不一一赘述。

这些风俗习惯是三个村寨自发形成的"礼物流动规则"[4]。

---

〔1〕《瑶白调查资料汇编——风俗类》,资料编号20160201。
〔2〕《华寨调查资料汇编——风俗类》,资料编号20160202。
〔3〕《黄门调查资料汇编——风俗类》,资料编号20160203。
〔4〕乡风礼俗中最主要的内容即为礼物流动规则,调查发现瑶白、华寨及黄门三村风俗习惯多属此类。人类学家阎云翔先生曾经系统考察过黑龙江下岬村礼物流动的具体过程和规则,从村庄共同体内礼物流动透视礼物经济与关系网络、乡村社会中的关系结构、互惠原则与人情伦理、礼物交换关系中的权力与声望、婚姻交换与社会转型等方面的问题。参见阎云翔:《礼物的流动——一个中国村庄中的互惠原则与社会网络》,李春放、刘瑜译,上海人民出版社2000年版。

第八章 乡村治理中的习惯法及其变迁

尽管这些习惯曾经在村庄社会关系网络形成、人情伦理秩序调整、礼物交换互惠中权力与声望的维系等方面具有十分重要的作用，但是随着社会发展日益成为村民们的负担。首先，乡风礼俗过于烦琐，浪费大量的人力。这是实践中较为常见的原因。一般而言，由于乡风礼俗传承历史时期的礼仪文化，对日常生活多有限制和规定，尤其在红白喜事方面这种规定更是细微全面，产生了不少繁文缛节。烦琐的礼节会导致人力的浪费，难免耽误生产。最为典型的例子是，瑶白村有遇红白喜事专门派人去请客的习惯，该村村主任滚明焰表示，这项风俗浪费了大量的人力，因而需要改变。其次，乡风礼俗过于铺张，造成沉重的经济负担。在调查中发现的另一项重要原因即是乡风礼物过于铺张浪费，增加了村民的经济负担。以黄门村为例：黄门村举办白事时相互之间攀比燃放烟花爆竹的数量，并将烟花爆竹燃放的数量和子女的传统"孝道"联系起来，如果子女燃放数量多则会留下"孝顺"的美誉，反之则被视为"没尽孝道"，主家在村内将长期抬不起头。这样攀比的结果是，举办一场红白喜事光烟花爆竹就得花几千元到上万元，"既不环保也不实惠，还不如把这个钱用在宴席上，让亲友吃好一些"。[1]再其次，乡风礼俗导向违法，与国家法律政策的精神不符。随着社会的发展，固有风俗习惯中有一些是不合时宜的，甚至是违反国家法律的，实践中应该予以改变或摒弃，这也是推进习惯法变迁的重要原因。黄门村摆酒宴请不区分大小礼显然与2012年12月4日通过的中央八项规定第8条"厉行勤俭节约"的要求不符，因此在2013年5月9日黄门村党支部主持议定了《贵州锦屏黄门村风俗习俗礼节礼尚往来处置制度》[2]，该制度不仅

---

〔1〕 贵州锦屏黄门村龙大军访谈录，2016年2月21日。
〔2〕 《贵州锦屏黄门村风俗习俗礼节礼尚往来处置制度》，资料编号010122。

区分了大礼、中礼、小礼以及面子礼，还规定了礼金的标准。最后，乡风礼俗内容陈旧，不符合社会经济发展之需要。乡风礼俗具有滞后性，往往会因内容陈旧过时而滞后于社会经济发展，从而表现出不适宜。在华寨村，"打三朝"[1]一般会大操大办，过去经济条件比较差，即使大操大办也相对比较简单，主要是村寨里面的人和主家亲友一起图个热闹。但是，随着社会经济发展，"打三朝"的风俗却逐渐与社会脱节。操办"打三朝"酒席等仪式一般长达数日，不仅花费村民的办酒成本，而且占用街坊邻居的时间，尤其是青壮年外出打工比较多的村寨，举办"打三朝"也因缺乏劳动力而无法维持数日之久。为了解决这一问题，村寨改变传统旧俗，规定"打三朝"酒席只能举办一天。[2]

从瑶白、华寨、黄门三村的实践可以看出，当村民集体认为"陋俗"不适应社会发展，给自身带来巨大的负担，并且严重影响到生产生活时，就会对旧有风俗习惯进行改革。前文已述，习惯法源于人们日常生活实践，由共同体成员集体制定、遵守并运用，全体共同体成员就是习惯法实践的主体。当村民日常生活实践与旧有风俗习惯发生冲突时，村民会以实际生活需求为评判标准，共同商议讨论，议定新的习惯规则，促使习惯法变迁。因此，从这个意义上来说，村民日常生活实践需求是影响习惯法变迁的最为主要的动力机制。

---

[1] "打三朝"为西南地区的习俗，是指姑娘出嫁后生下第一个孩子的第三天至第七天内举行摆酒宴请等仪式，具体包括报喜、洗三朝、打三朝等内容。打三朝宴请的客人一般为母家、舅家，外婆要给外孙送背带，这是苗侗族"不落夫家"传统的体现。

[2] 贵州锦屏华寨村王明发访谈录，2016年2月22日。

三、习惯法变迁的结果预期

习惯法变迁的主要原因在于政治、经济、文化及自然环境的改变,其动力机制则是乡土法杰推动、基层政府主导以及乡民日常生活诉求。习惯法经过变迁后究竟会走向何处?会产生什么样的结果?变迁之后习惯法会不会就此消亡?

一般而言,习惯法变迁具有两种方式:一是对旧有习惯规则的改造;二是对旧有习惯传统的摒弃。换言之,习惯法变迁并不意味着彻底摒弃旧有习惯规则,而是在一定情况下可能会进行选择性改造和继承;在社会文化剧烈变迁的情况下,习惯法变迁也可能会摒弃旧有习惯,放弃旧有传统。在第一种方式下,习惯法变迁的结果会在固有习惯法基础上经改造产生出新的习惯法,此为习惯法的"续造";在第二种方式下,习惯法变迁的结果则可能会导致固有习惯法的消亡,但与此同时也会产生更合时宜的习惯法,此为习惯法的"重生"。习惯法的"续造"意味着对固有习惯法的继承,只不过这种继承建立在对传统习惯法进行改造的基础之上。在黔东南地区调查发现,该地区有历史悠久的"侗款"习惯法传统,这种基于自治的民间规约很好地维持当地社会秩序的稳定,但是随着时代的变迁,这种"侗款"在今天并不存在,取而代之的是融合了传统"侗款"与现代法治的村规民约体系,多个村寨都制定了村规民约,用于调整村寨中的日常社会生活关系。这正是习惯法变迁过程中的"续造"维度。习惯法的"重生"意味着对传统固有习惯法内容的彻底摒弃,但是会基于社会生活实践的需要而产生出新的习惯法规则。在浙东地区(如浙江慈溪附海镇蒋家丁村)调查发现,当地民众会基于社会生活的需要而创设捐会习惯法、互助习惯法、治安联防习惯法以及环境卫生保护习惯法。这些具有特定调整范围的习惯法与传统习惯法之间没有内容关联性，而是基于现实生活需求对习惯法的创设，这恰恰表明习惯法的"重生"维度。变与不变，古风传承，抛其糟粕，取其精华。无论何种变迁方式都不会导致习惯法这套规则体系的消亡，而是会使它以新的内容和方式重新呈现，改造或消亡的只是旧有的个别不合时宜的习惯法规则。随着社会的发展和生活的继续，人们在交往过程中又会产生出新的习惯法规则，这是由习惯法的基本特质决定的。

习惯法作为一种客观事实而存在，经过了长期的历史积淀逐步形成，具有普遍性、民族性、典型性以及客观性等特质。首先，习惯法作为客观事实具有普遍性。习惯法是民族生活的真实写照，详细记录着一个民族长期以来所形成的行为规范，涉及民事生活的方方面面。当前的习惯法研究表明，习惯法涵括物权、土地、交易、婚姻、继承、收养等民事生活的重要场域，时刻调整着人们的民事权利义务关系。习惯法还深深影响着每个社会个体，每个人从出生到死亡都深受本地习惯的熏陶和教育，习惯法被视为地方共同经验和集体记忆，普遍地调整着社会民众的行为方式。因此，习惯法的"普世性价值"就在于作为"一种以地方性规范承载和表达的普世意涵，以多元场景下的特定生活状态所表征的关于人类尊严和生命价值的一般共识"[1]。其次，习惯法作为客观事实具有民族性。习惯法是民族精神与民族文化的客观体现，一个民族有着自己固有的历史文化传统，习惯法就是这种历史文化传统的载体，充分体现出民族特性。再其次，习惯法作为客观事实具有典型性。社会规范包括了法律、宗族规范、行业规范以及习惯法等。习惯法

---

[1] 许章润："'习惯法'的当下中国意义"，载高其才主编：《当代中国民事习惯法》，法律出版社2011年版，第12页。

是民众生活实践的总结，规范化的习惯法调适着社会关系，在社会规范体系中具有典型性。尽管经过了社会的变迁，现实中存在的习惯法大多数却仍然与生活方式及生活环境密切相关，在区域性的社会关系调整中具有不可替代的作用，对于共同体而言更是典型的行为规范。最后，习惯法作为客观事实还具有客观性。中国是一个多民族的大国，疆域宽广，幅员辽阔，各个地域之间（尤其是少数民族地区之间）的历史文化、风俗习惯具有一定的差异性。习惯法不仅是各个区域自身经验的总结，还是不同区域群体的智慧结晶，与当地的地理环境、气候条件以及社会经济状况相适应，是一种客观存在且无法人为消除的规范体系。

习惯法的这些特质决定了习惯法变迁结果不太可能导致习惯法走向消亡，而更多的是续造与重生。当前有一种观点认为，习惯法主要存在于边远的少数民族地区，在城市地区或者城镇化程度较高的农村地区近乎绝迹。[1]这种认识观点是值得商榷的，关键之处就是没有理解习惯法的本质及具体形态。习惯法是"独立于国家制定法之外，依据某种社会权威和社会组织，具有一定的强制性的行为规范的总和"[2]。概言之，习惯法的本质是约定俗成或共同议定的具有一定强制力的自治性规范，只要具有此种自治属性的规范均可视为习惯法。尽管城市地区或城镇化程度较高的农村地区，传统习惯法可能不再存在并适用，但是变迁之后具有自治性的社会规则仍然存在，这些规则都是习惯法以另一种形态的传承与延续。即使在经济发达的城

---

〔1〕 高其才教授进行了有益尝试，近几年开始将目光从少数民族地区转向城市地区，关注并研究城市地区习惯法问题，产生了一系列研究成果。

〔2〕 参见高其才：《中国习惯法论》（修订版），中国法制出版社2008年版，第3页；高其才：《瑶族习惯法》，清华大学出版社2008年版，第17页。

市，民商事合同交易中也存在交易习惯，如二手房买卖及租赁合同中关于"事故房"的限制及认定规则〔1〕；江苏省姜堰区人民法院会参照习惯审理婚约财产纠纷；城市民营企业之间民间借贷及其纠纷解决也依照习惯规则；网络购物等虚拟空间也存在不同于传统的交易习惯规则；城市社区内部及业主委员会也有自发生成的议事决策习惯；等等。〔2〕虽然这些规则在内容及形式上与固有习惯法不同，但是在性质及功能层面上是一致的，都是自发产生于日常生活实践，用于调整社会关系，具有一定的强制力（道德及舆论强制）。

因此，无论是城市抑或农村，东部还是西部，塞外还是江南，只要有人类生产生活实践，就会有习惯规则，习惯法在规范体系中占有举足轻重的地位，国家法不可能取而代之。习惯法变迁的目的也只不过是让习惯规则更好地适应现代社会发展，更合理地调整社会关系，更好地满足人们生产生活的实际需要，这是习惯法源自生活的"在地性"品格决定的。正如高其才教授等对瑶族习惯法变迁结果的判断，"作为一种社会的天然安排和内生秩序，瑶族固有习惯法不可能消失；习惯法是在长期的历史中形成的，其影响不可能短时间消除；瑶族语言、民族意识的客观存在为瑶族习惯法提供了载体。因此，瑶族固有习

---

〔1〕 如北京链家承诺：经北京链家居间成交的租赁住宅房屋，如在该房屋本体结构内曾发生过自杀、他杀事件，且链家未尽到信息披露义务的，链家将退还承租人双倍佣金。所谓"事故房"，是指在房屋本体结构内曾发生自杀、他杀事件，并在公安机关有正式备案记录的房屋。定义为"事故房"应符合以下特征：①房屋本体结构内发生的，即人员的死亡是在该房屋产权证书所载明的面积范围内发生的，不包括电梯、楼梯间以及车位等配建设施；②死亡原因为自杀、他杀事件。"事故房"是一种典型的民间住宅习惯，无论城市还是乡村都存在。

〔2〕 相关研究个案可参见高其才主编：《当代中国民事习惯法》，法律出版社2011年版；高其才主编：《当代中国的社会规范与社会秩序——身边的法》，法律出版社2012年版。

法在当代社会仍然有重要作用,发挥着一定的影响。"〔1〕尽管从国家主义法律观出发,传统瑶族习惯法的调整对象和作用空间会与国家法产生冲突,但是这并不意味着瑶族习惯法会日渐式微走向消亡,而是会随着瑶族社会经济发展以新的面貌重新呈现(如村规民约),这就是习惯法变迁的最终结果。从这个意义上来说,习惯法变迁恰恰是习惯法获取续造与重生的方式,只有通过变迁才能完成自我调适,才能适应于变动不居的客观世界,才能保持顽强的生命力。纵观习惯法的发展史,其在内容、形式、实施方式等方面都在缓慢地变化,每一个时期都"立有新约",产生新的习惯法,新习惯法优先于旧习惯法,旧习惯法自动失效,如此反复,经久不衰。

四、本章小结

从"他者的眼光"来看,习惯法代表着一种不同于国家法的规范体系;从社会生活应用范围及实施效果来看,习惯法与国家法旗鼓相当,没有孰优孰劣的问题,从某种程度上来说习惯法比国家法的生命力更为顽强。那么,这一颇具保守性的规范体系如何获得如此强大的生命力?如何在现代社会急剧变迁中继续生长发展?本章从习惯法"历时性"变迁的角度回答了上述问题。换言之,习惯法之所以具有顽强生命力,是因为它源于生活实践,具有自我调适的品格,能够通过变迁而适应时代发展。

习惯法变迁的主要原因来自政治、经济、文化及自然环境等方面。经济因素对习惯法变迁的影响最大,生产方式的改变无疑是习惯法变迁的主要原因。传统"做社"习惯产生于经济

---

〔1〕 高其才、罗昶:"尊重与吸纳:民族自治地方立法中的固有习惯法——以《大瑶山团结公约》订立为考察对象",载《清华法学》2012年第2期。

生活条件颇为落后的小农经济时代，"做社"习惯可以促进村民之间的交往与合作。但是，随着生产力水平的提高，"做社"在组织调动生产力方面的功能逐渐弱化，现在演变为一种仪式化的表演。政治因素也是促使习惯法变迁的主要原因。国家权力会向乡村社会输入意识形态和价值体系，面对不合时宜的习惯法资源会进行改造或者摒弃，这两种方式都会使习惯法发生变迁。新中国成立以来凉山彝族婚姻习惯法经历的四次改革以及文斗苗寨处罚习惯的法治化转型很好地说明了这一点。习惯法本身就是一种文化现象，文化环境的改变也会导致习惯法变迁。习惯法产生于特定的自然地理气候环境，自然环境的改变也会促使习惯法发生变迁，研究者们可以从"地理决定论者"那里找到很多有力的证据。

从微观层面考察习惯法具体变迁过程，探析习惯法如何变迁的动力机制。乡土法杰是习惯法的现实推行者和实践者，乡土法杰的推动是习惯法变迁的动力机制之一。乡土法杰通过适用习惯法，对习惯法规则进行调整和细化，形成新的习惯规则，推动其变迁发展。当前"乡政村治"格局下，基层政府监督习惯法及其他民间规约的实施，这也构成了习惯法变迁的另一种动力机制。习惯法产生于村民日常生活实践，如果村民认为习惯法规范不能满足日常生活实践的实际需求，那么会以集体协商的方式促使习惯法变迁。这是习惯法变迁的最主要的动力实践机制。

习惯法变迁的方式包括改造或摒弃旧有习惯法。改造是对旧有习惯法规则的批判式继承，摒弃则是对旧有习惯法规则的彻底否定。这两种方式的结果都会催生出新的习惯法，只不过新习惯法与旧习惯法之间的联系程度有所区别，前者是"旧瓶新酒式"的传承续造，后者是"另起炉灶式"的涅槃重生。因此，尽管随着城市化的发展，习惯法发生了不同程度的变迁，但是习惯法并没有也不会就此消亡，而是以新的形式重新呈现。研究者们应该以变迁的眼光看待习惯法，不应将习惯法狭隘地理解为传统意义上的习惯法，而应理解为具有现代形式与内容的自治规则，当前所见非国家性的社会规则多具有习惯法性质，都是习惯法下自治传统发展的结果。从习惯法变迁的机理来判断，未来中国法治建设应该进一步重视习惯法等社会规范，正如十八届四中全会公报所指出的，社会治理要充分"发挥市民公约、乡规民约、行业规章、团体章程等社会规范在社会治理中的积极作用"。

第九章
乡村社会的网格化简约治理

网格化管理模式[1]产生于城市,伴随着城市社区管理模式的变革。随着改革开放以后城市化进程的加快,形成于计划经济时期的"单位制"[2]城市管理模式日趋解体,城市社区管理压力骤然增加,必须从单位"总体性支配"管理模式向灵活精准的"网格化技术治理"管理模式转变。作为一种新型的治理技术,学术界和实务界总体认为,"城市网格化管理是以街道、社区为基础,在管理辖区内,以1万平方米左右区域为基准划分单元网格,建立城市网格化管理信息平台,对城市部件、事件实施管理,实现市、区、专业处置部门和网格监督员四级联动的管理模式和信息资源共享系统。"[3]从网格化管理模式形成之初的定义来看,这种管理模式主要有三个特点:其一,网格化管理模式主要以街道、社区为管理基础划分单元网格,主要

---

[1] 本书中"网格化治理模式"与"网络化管理模式"表述为同一含义。

[2] 1949年后,中国政府对城市管理主要采取"单位制",同时辅以"街居制",构建出"国家-单位-个人"的三层级"总体性社会"管理机构。单位是连接国家和个人的中间环节,单位承担了联结动员、社会控制、社会整合等功能,在此模式支配下的城市社区呈现出"蜂窝煤状"的特点。相关研究可参见何海兵:"我国城市基层社会管理体制的变迁:从单位制、街居制到社区制",载《管理世界》2003第6期;华伟:"单位制向社区制的回归——中国城市基层管理体制50年变迁",载《战略与管理》2000年第1期;田毅鹏:"'典型单位制'的起源和形成",载《吉林大学社会科学学报》2007年第4期;等等。

[3] 上海杨浦区网站。转引自田毅鹏:"城市社会管理网格化模式的定位及其未来",载《学习与探索》2012年第2期。

第九章 乡村社会的网格化简约治理

针对城市社区；其二，网格化管理模式创设的主要目的是通过技术化手段实现"四级联动"下的"信息资源共享"；其三，网格化管理模式主要功能是方便高效的城市管理，弥补"单位制"解体后城市公共服务的缺失。2005 年以后，网格化管理模式开始与综治、维稳相结合，成为社会管理体制改革的主要方向，并且打破以往基层治理中"七站八所"条块关系，整合多种治理资源，形成功能齐全的综治平台。2013 年《十八届三中全会关于全面深化改革若干重大问题的决定》提出，要"以网格化管理、社会化服务为方向，健全基层综合服务管理平台"。这是网格化管理首次进入中国共产党中央委员会公报，作为改进社会治理方式、创新社会治理体制的重要经验。由于网格化管理以数字化、信息化的技术性手段建设为基础，十八届三中全会后重点在城市社区管理中推广实践，作为城市社区管理的重要模式。这种功能定位一直延续到今天，"枫桥经验"中以"基层四平台"[1]"全科网格"[2]"雪亮工程"等为中心的基层治理体系就是 2000 年以来探索形成的网格化管理模式的提升与

---

[1] "四个平台"是指"综治工作平台""综合执法平台""市场监管平台""便民服务平台"。"四个平台"的核心是县级部门与乡镇（街道）之间的职责重构、资源重配、体系重整，导向是推动更多的资源向一线倾斜，使职权、力量等围着问题转、贴近群众干。这是当前破解"两大矛盾"、弥合县乡"断层"的重要举措。通过机制创新，统筹县乡条块力量，真正让乡镇（街道）发展起来，增强乡镇（街道）管理服务功能，切实抓好"放管服"改革的承接和落实，全面提升基层社会管理和服务群众水平。参见《中共浙江省委办公厅 浙江省人民政府办公厅关于加强乡镇（街道）"四个平台"建设完善基层治理体系的指导意见》（浙委办发〔2016〕69 号）、《中共绍兴市上虞区委关于全面加强基层党组织和基层政权建设的实施意见》（区委〔2015〕28 号）、《中共绍兴市上虞区委办公室绍兴市上虞区人民政府办公室关于加强乡镇（街道）"四个平台"建设完善基层治理体系的实施意见》等。

[2] 全科网格员具有"基层探头"作用，对基层网格管理体系的运作至关重要。浙江省形成了关于全科网格员选拔具体流程、选拔方式、新网格员管理方法及网格员薪资待遇等一系列规章制度。

深化。党的十九届四中全会强调，要"坚持和发展新时代'枫桥经验'"，推进基层社会治理体系和能力现代化。以"枫桥经验"为代表的基层社会治理模式在全国范围内逐步铺陈，其网格化管理模式也正在被基层广泛运用。

随着网格化管理模式的推广与实践，需要观察并反思的是，原本运用于城市基层社会治理的网格化模式，能否不加以区分地运用于农村？易言之，网格化管理模式在农村基层社会治理中有无局限性？常态运作的网格化管理模式经过重大突发公共卫生事件等非常态化实践检验后有无不足之处？如有，应如何进行调整以便更加弹性灵活高效地应对重大突发事件？

一、常态网格在基层治理中的成效与局限

自2013年以后，基层社会治理及其网格化管理平台建设成为地方政府的重要工作内容。作为国家治理的重要单元，农村社区是基层社会治理的重要阵地，农村的发展与稳定一直是中央"三农"工作的重心。由于城市社区和农村社区都属于基层社会治理单元，原本诞生并形成于城市社区管理中的网格化管理模式逐步被运用于乡村治理之中，并作为重要的技术性手段之一。2019年中央一号文件进一步明确指出，要"深化拓展网格化服务管理，整合配优基层一线平安建设力量，把更多资源、服务、管理放到农村社区。"

L县农村地区网格化治理模式的设置与运行方式比较典型，一度作为典型经验在全省推广，当前大多数地区农村社区网格化治理模式与之大同小异。L县综治中心于2017年11月15日正式建成并投入使用，现已全面建成县级、乡镇和村（社区）综治中心176个，划定网格292个，配备网格员337名，具有社会治安综合治理工作指挥调度、情报收集反馈、信息综合研判、

网格化动态管理等功能。L 县的基本做法是：县一级设置社会治安综合治理网格化指挥中心，挂靠设立于县委政法委综治办；乡镇综治中心设置网格化管理平台，将辖区内农村按照现行行政区域划分设立网格（基本上为行政村），每个农村网格又按照村组地域面积和人口数量划分为若干个单元网格（主要为村民小组或屋场），每个单元网格大约控制在 20—30 户。农村网格服务管理队伍由网格督导员（由乡镇领导干部担任）、网格长（主要由村党支部书记担任）、网格协管员（主要由村民小组长担任，包括村干部、信息员、治安员、调解员、党小组长、中心户长、志愿者等）构成。网格长和网格员由政府支付一定报酬，网格员配备有网络终端的手机，在手机上安装"智慧社区"APP，网格员通过手机 APP 实时接收上报事件、咨询信息、发布工作通知、上传需处理事务、查看自己所辖网格人员信息动态、查询自己考勤绩效等。网格化管理采取"四级联动"工作机制，首先由网格员甄别事件、信息，如果网格员可以自己直接处理，则不上传至乡镇综治平台；如果网格员自己处理不了，则进一步上传到网格化管理平台，由网格长（行政村）处理；如果更为重大的事件，则反馈到乡镇综治平台之后由相关职能部门处理，特别重大的事件会反馈到县一级社会综治网格化指挥中心。

  毋庸置疑，这种具有强大组织优势和技术优势的常态网格取得了一定的成效。首先，网格模式充分运用互联网、大数据等新技术进行治理，能够实现基层社会治理的智能化，对于传统文件政治、文牍政治等治理模式而言是一种革新[1]。从这个意义来说，"技术管控类事务，如基层的安全治理领域、火灾源

---

[1] 参见施从美：《文件政治与乡村治理》，广东人民出版社 2014 年版，第 106—174 页。

头的发现、信息的定位等,这类事务采用网格化管理的效能做得较好。"[1]其次,网格化治理可以通过综治平台建设,打破基层行政体系中条块关系,整合基层政府职能部门,集中力量处理基层事务,实现治安维稳目标。L县综治视联网平台与综治中心同步推进建设,集网格化管理、视频会议、雪亮工程等于一体,是社会治安综合治理工作指挥调度、情报收集反馈、信息综合研判、网格化动态管理的重要平台。综治视联网平台包括县和乡镇(街道)两级,乡镇(街道)可通过平台统一指挥调度辖区内原属条块的"七站八所"等职能部门,同时拥有指挥权、考核权和监督权。最后,网格化治理本质上是一种自上而下的行政化治理,通过网格体系改造原有基层治理体系,以行政化手段调动人、财、物、事、地域、组织等资源,在一定程度上保证了政府基层治理工作的主动性。[2]

然而,在乡村治理中常态网格的局限性也是显而易见的。网格化治理的浙江经验主要产生于城市社区治理,乡镇(街道)区域内外来务工、经商的流动人口比较多,辖区内农村不同于中西部的农村,也不同于传统意义上的乡村。根据贺雪峰的研究,浙东南的农村大都属于"团结型村庄",而以长江流域为典型的中部地区的农村则属于"分散型村庄"。团结型村庄的特点是"聚族而居,宗族结构比较完整,宗族力量比较强大,一个村庄往往就是一个宗族,村庄与宗族同构",而分散型村庄的特点是"原子化程度很高",即"村庄内缺少强有力的建立在血缘

---

[1] 秦上人、郁建兴:"从网格化管理到网络化治理——走向基层社会治理的新形态",载《南京社会科学》2017年第1期。

[2] 笔者曾作为中国法学会"枫桥经验"理论提升与经验总结重大课题赴浙调研组成员,于2018年4月9日—4月13日到浙江诸暨、德清等地调查网格化平台建设情况,调研点网格化治理过程中表现出的行政主导、高效运行、智慧治理等特点给笔者留下了深刻的印象。

基础上的行动结构,农民往往以户为单位行动,甚至兄弟分家之后也缺少责任连带关系,村庄内部高度原子化"。[1]村庄类型的多元复杂性决定了网格化治理模式必须在区分的基础上推广运行,在一定程度上还需要结合村庄结构类型、治理资源等进行适应性调整。如果网格化治理模式不加区分地"一刀切"推广,可能就会使得网格化治理在农村基层社会治理中呈现出一定的局限性。当前农村社区运用常态网格的局限性主要表现在四个方面:

第一,网格化治理以基层行政力量为主导,实践中会弱化乡村自治力量。网格长、网格员在网格化治理中充当了"基层探头"的角色,因此选拔、培训合格的网格长、网格员至关重要。当前很多地方在推行网格化治理过程中,网格长、网格员基本上与村组干部重叠,如网格长一般由行政村的村党支部书记或村民委员会主任担任,而网格员则基本上由村民小组长担任,也有一些地方另外聘任专职网格员。王丽惠曾对浙江东部沿海地区村治改革进行研究,认为浙东农村治理改革的基本取向是村级治理半行政化,即通过"议行分离"的改革,将村委会原有的自治权转移至镇聘执行单位,村委会变为基层政府的科层化延伸。[2]基层政权的行政力量向乡村场域的延伸,是村级治理半行政化的主要原因,在乡村内部秩序受到冲击而新的秩序尚未建立时,行政力量的主导可能会起到一定的积极作用。[3]村民自治是国家法之下的有限自治,是国家权力在场之下的自治。如果说乡村"议行分离"的改革和村级政权的科层化是村级治

---

[1] 贺雪峰:"村庄类型及其区域分布",载《中国乡村发现》2018年第5期。
[2] 王丽惠:"控制的自治:村级治理半行政化的形成机制与内在困境——以城乡一体化为背景的问题讨论",载《中国农村观察》2015年第2期。
[3] 参见董磊明、陈柏峰、聂良波:"结构混乱与迎法下乡——河南宋村法律实践的解读",载《中国社会科学》2008年第5期。

理半行政化的表现，那么网格化治理体制与村组力量的重叠化铺陈则进一步加深了村级治理行政化色彩。L县网格长、网格员统一由政府聘任，统一组织专业技能培训，对上一级网格组织负责，以程式化的方式操作处理基层事务，将其纳入严格的奖惩考核机制之中，地方财政支付报酬。与此不同的是，尽管行政村、村民小组实际运行中具有一定行政化色彩，但是其负责人仍然是基于基层民主选举而产生，属于基层群众自治组织范畴，至少在权责配置上不需要对上级政府负责，甚至在某些情况下会代表民众利益制衡行政力量。如果网格化治理体制与村组力量重叠，行政村和村民小组负责人既具有网格化管理身份，对上级组织履行网格化管理职责，同时也具有基层自治组织负责人身份，需要对基层群众履行管理服务职责。在行政力量主导的情况下，村级组织负责人的后一种身份会逐渐弱化，而前一种身份则可能会进一步加强。

第二，网格化治理主要突出治安维稳功能，其他社会服务方面的功能较弱。作为一种新型的基层治理管理技术，网格化管理模式诞生之初的主要功能是为城市管理搭建数字化、信息化平台，以整合城市基层社区管理中的行政与社会资源。然而，在后续的发展演变中，网格化管理模式逐步被赋予"维稳"功能并愈加突出。从各地实践来看，社会综治网格化管理系统一般由政法委、综治办主持研发（专项资金），所研发系统依托地方人口户籍信息和"雪亮工程"等，涵盖社会管理、维稳、平安建设三大业务内容，系统整合政法、综治、公安、司法、信访、应急、人社、民政、环境等多个管理部门，实践中充分运用信息技术手段进行预警研判、维稳防控和预防打击犯罪。浙江省绍兴市柯桥区杨汛桥镇"四个平台"中，排在首位的就是"综治工作平台"，其"网格化管理、组团式服务"和基层社会治理"一张网"建设也是以原有的综治网络和"民情通"网格为基础，融合党建、综治、食药、安监、消防、环保、司法等重要综治维稳职能部门。网格内社会管理工作共分为八大类、二十八项业务事项，其中属于综治维稳类别的事项包括信访矛调、归正矫正、国安、治安流管等，所有的事件根据其重要性区分为四个预警等级。尽管L县网格化管理模式不同于浙江"四个平台"，但是其功能同样是以综治维稳为主，已建成的综治网格化管理系统根据人、地、事、物、组织五大要素进行全面的信息采集，各级综治平台根据事件轻重程度进行预警研判，然后调动网格力量及时处理。

第三，网格化管理系统运行成本较高，常态运转会增加政府财政负担。网格化治理主要依靠技术化支撑，而这种技术化支撑需要大量的人、财、物的投入。在网格化管理的推行过程中，政府往往要根据网格的划分来配备相应的网格管理员，并同时投入大量物力、财力、技术手段等去面对单个的"居民"。网格事件来源主要包括视频监控、网格APP、微信公众号以及群众爆料等，其中视频监控需要依托"雪亮工程"建设，实现摄像头的全面覆盖；网格APP、微信公众号需要专门的人员开发、运行和后台维护，上传事件信息的网格员也要进行专门培训；群众爆料成本相对要低一些，但是一些地方也会根据线索的价值提供一定的物质奖励。综治网格化管理系统的建设需要大量的资金，包括日常运行、维护，以及支付网格长、网格员工资报酬。L县专职网格员由县人社局和民政局面向社会公开招聘，为非编制管理人员，按L县网格管理员管理办法管理，签订劳动合同，最低服务年限为5年。网格员缴纳五险一金后大约每月工资在1500元，网格长每月工资大约在2000元，2017年网格员人数为300余名，到2019年增加到1200余名，今后可能还会进一步增加。如果没有充足的资金保障,网格化管理模式的运行效果则会不理想,基层网格化管理力量极有可能陷入"内卷化"[1],网格力量的"内卷化"反过来又会加剧运行成本。更为重要的是,网格管理体系是一种有规模的组织,行政链条以网格化形式拓展到村组,网格内各层级之间形成复杂的委托代理关系,这使得权力配置和信息传递成本呈级数增加,最终造成了巨大的代理成本。[2]

第四,网格化治理模式统合基层事权,但是相应的治理资源不能配套。网格化管理体系的最大优势就是打破以往基层治理中条块关系之壁垒,防止职能部门之间相互推诿,集中行政力量解决基层事务,将事权尽可能地下放到乡镇、街道等基层政权甚至村级组织。如果基层网格组织没有足够的治理资源,且没有与之配套的网格力量支撑,那么事权的统合与下沉将无法保证网格化管理系统的高效运行。当前乡镇政权缺乏充分的财权和事权,基层政权在向乡村渗透的同时并没有完成"基层社区公共权威主体的塑造"[3]。在"资源匮乏"和"压力型体制"双重影响下,乡镇采取"策略主义"[4]运行逻辑。"策略主义"逻辑是乡镇在缺乏实际管理权能时的灵活选择,实践中

---

[1] 杜赞奇借用吉尔兹"内卷化"(involution)一词创造性地提出"国家政权内卷化"(state involution)概念。"国家政权内卷化"描述的是,国家机构不是靠提高旧有或新增(此处指人际或其他行政资源)机构的效益,而是靠复制或扩大旧有的国家与社会的关系——如中国旧有的赢利型经纪体制来扩大其行政职能。参见杜赞奇:《文化、权力与国家:1900—1942年的华北农村》,王福明译,江苏人民出版社2003年版。

[2] 周雪光:"论中国官僚体制中的非正式制度",载《清华社会科学》2019年第1期。

[3] 吴毅:《小镇喧嚣:一个乡镇政治运作的演绎与阐释》,生活·读书·新知三联书店2007年版,第630页。

[4] 参见欧阳静:《策略主义:桔镇运作的逻辑》,中国政法大学出版社2011年版。

很多时候表现出"上传下达""变通""共谋"等应对行为。在"四级联动"的网格体系中,乡镇一级是最为关键的一环,以行政村为单元的"网"由乡镇党政干部负责包干,行政村发生的事件和信息第一时间上传到乡镇综治中心,政府试图将事权下放至乡镇统合运用。由于网格化治理以属地管辖为主,一般乡镇综治中心为辖区内网格指挥中心,大多只能调动本辖区内的治理资源。再加上乡镇自身"公共权威"的不足,整合调动治理资源的能力有限,因而在实践中往往无法及时有效地处理上传事件,比较大的事件则直接反馈到县一级,由县里调动资源处理,比较小的事件则批回行政村处理。但是可供组织调动的基层医疗卫生资源有限,网格化治理存在治理资源不配套的局限。

基于前文分析可知,网格化治理模式以行政力量为主导,突出综治维稳功能,需要技术化支撑和大量的人、财、物投入,同时需要与之配套的丰富治理资源。网格化治理模式的这些特点表明其可能比较适合城市社区治理。城市社区范围内人员居住较为集中,居民小区及单元楼比较好划分,而且城区街道的人、财、物也比较有保障,街道处理基层事务时也比较好调动社会及行政资源,网格员基于聘任制而产生,比较快速地融入组织体系之中。在浙东地区的"团结型农村"中,经济水平也比较高,宗族结构比较完整,因此在一定程度上比较好推行网格化管理。外部行政力量正好可以借助乡村内部传统治理力量实现"正式权力的非正式行使"[1],将传统治理力量纳入现代化的组织体系之中。在中部地区分散型农村中,网格化治理模

---

[1] 孙立平、郭于华:"'软硬兼施':正式权力非正式运作的过程分析——华北B镇定购粮收购的个案研究",载清华大学社会学系主编:《清华社会学评论》(特辑),鹭江出版社2000年版,第42页。

式则不一定适合。分散型农村既不同于陌生化的城市社区，也不同于结构单一的团结型农村，属于"原子化的熟人社会"。在这种类型的乡村中，各户之间虽具有熟人社会的关系基础，但往往选择单独行动，乡村内部缺乏凝聚力和组织性。网格化治理模式推行只会进一步破坏原本就已薄弱的传统社会关系纽带、消解其自治力量，更难有效组织村民，网格长、网格员脱离基层群众而难以获取有效信息，最终导致网格化管理系统在日常村治中难以发挥应有效果。

L县农村属于比较典型的中部地区分散型农村。在L县网格化管理系统中，网格长由村党支部书记担任，网格员一般由村民小组长担任，由于群众基础的不足和村民信任感缺失，实践中难以组织调动村民，大部分不驻村的村干部（许多村干部都居住在县城，实行轮流值班制度）也不了解村庄实际情况，难以及时有效地掌握、反馈信息。由于网格长、网格员人数及精力有限，实际上很难实现网格化模式预设的精细化管理。

二、网格化简约治理

无论是东部地区的城市社区，还是中西部地区的城市社区，各地既有实践表明，尽管城市社区网格化治理有提升和改进的空间，但总体而言城市社区推行网格化管理模式是可行的。城市社区陌生化、原子化程度较高，城市居民之间关系纽带和组织基础相对较为薄弱。在这种社会结构下，一方面外部行政力量强势介入社区治理的阻力较小，另一方面原子化的社区居民主动要求在外部行政力量主导下进行组织化，管理公共事务，享受更好的公共服务。乡村治理不同于城市社区治理，不仅东中西部地区农村之间差别很大，即使同省、同县的农村之间也是千差万别的。有学者指出，"目前网格化治理在基层应用中存

第九章　乡村社会的网格化简约治理

在两个趋势，一是从城市向农村推广，二是从东部经济发达地区向中西部地区推广"。[1]这种不区分村庄具体情况全盘照搬推广经验的做法可能会适得其反，当前在农村地区推行网格化治理必须因地制宜，根据农村的特点改造后再推广适用。笔者认为，常态网格化管理模式在乡村治理中具有一定的优势，可以有效解决农村组织基础薄弱、动员能力不强等一系列问题，但也存在一定的弊端，如"全能主义""威权主义"式网格化管理模式对于乡村社区自治活力的削弱等。当前可以因地制宜地对常态网格化管理模式进行改造，如在中部地区分散型农村可以合理构建"网格化简约治理"模式。

自20世纪二三十年代以来，学者们就开始探讨中国乡村治理问题，并已形成一系列经典理论框架。费孝通先生认为传统中国政治是"双轨形式"[2]。温铁军将这种模式进一步概括为"皇权不下县"命题[3]，用于描述传统中国社会基层治理模式，中央的控制只到县一级，县以下由乡绅、宗族自治。由于传统中国"数目字上管理"的困难，故"平素利用乡村耆老缙绅所行'间接管制'的形式"实为事势所需，"它在成万成千农民之间解决了官方鞭长莫及的难题"[4]。黄宗智将具有"间接管制"特点的清代基层治理进路概括为"集权的简约化治理"。在这种治理模式下，清政府一方面将行政权威聚集在中央，另一方面则采取一种简约化的正式官僚机构（只到县一级），封建王朝的力量无法深入控制基层社会，不得不依赖准官

---

[1] 桂华："网格化管理未必适用农村"，载《环球时报》2018年8月30日，第11版。
[2] 费孝通：《费孝通全集》（第五卷）（1947），内蒙古人民出版社2009年版，第37—40页。
[3] 温铁军："半个世纪的农村制度变迁"，载《战略与管理》1999年第6期。
[4] [美]黄仁宇：《万历十五年》（经典版），中华书局2014年版，第79页。

员（如乡绅等）和纠纷解决机制进行治理的半正式的简约行政进路。[1]所以，将基层社会治理权交给"地方"，使得清政府一直无法对基层社会实施有效的控制和治理。然而，黄宗智未注意到的是，虽然清政府将基层社会治理权交给"地方"，但是基层治理模式并不完全是"简约"的，而是有着复杂的行政管辖和行政区划。清代县以下行政区包括两类：一是由州县僚属官（如县丞、主簿、巡检司等）的分辖而形成的政区，这些僚属一般长期驻扎于乡村，行使部分行政职能；二是地方上形成的各类县以下政区，包括县以下行政组织或具有地方自治色彩的行政组织，如保甲、团练、堡、图、社等。[2]州县衙门的佐杂官员进入乡村与地方社会直接建立起联系，行使一定的行政职能或司法职能，可以视为国家权力对基层社会的延伸和控制。新中国成立之后，传统中国"农村中介掮客"的治理体系被"组织一元化"的治理体系取而代之，在国家与农民之间建立起直接的联系。20世纪80年代末，党和国家在总结新中国成立以来农村治理经验与教训的基础上，在农村实行基层群众自治，从而收缩国家行政权力，减轻行政负担。当前各地推行的网格化治理体系就是国家监督乡村的体现。

  国家如果将乡村所有事项全部涵括进网格化治理体系中，势必会导致成本过大、负担过重等后果（事实上也不可能做到这一点），因此在某些事项上不得不承认基层群众自治，以便在更小的范围内实行简约治理。所谓"简约治理"是指以准官员和半正式行政为中心的治理方式，它以熟人社会为主要场域，

---

  [1] [美]黄宗智：《过去和现在：中国民事法律实践的探索》，法律出版社2009年版，第78页。
  [2] 参见胡恒：《皇权不下县？——清代县辖政区与基层社会治理》，北京师范大学出版社2015年版，第12—13页。

第九章　乡村社会的网格化简约治理

以代理人体制为主要依托，代理人充分利用其熟人社会成员的优势降低正式行政管理基层社会的成本。中共革命中形成的群众路线继承了简约主义治理传统，"从群众中来，到群众中去"的村干部具有"双重代理人"身份[1]。目前简约主义治理面临双重挑战：一是支撑代理人体制的熟人社会性质的改变，二是群众动员机制的式微，地方治理有陷入"内卷化"的危险，为了防止这一危险，只能加强正式行政体系的建设，并最终弱化代理人。[2]当前国家在农村普遍推广网格化管理模式，通过网格长、网格员体系改造已经弱化的村组治理体系，以加强对乡村场域的治理。笔者认为，网格化治理模式和简约治理各有优劣，均适应于当前乡村场域的治理，故应综合两种治理模式优势，合理构建"网格化简约治理"模式。这一模式综合了社会治理中的"行政力量"和"自治力量"，融合了"组织化与原子化""正式制度与非正式制度"等诸多要素，结合了传统基层治理经验和现代科层组织体系，是乡村社会治理的努力方向。网格化属于以正式制度为基础的法制型支配，它以一元化领导为组织形式，"确信法令、规章必须合于法律，以及行使支配者在这些法律规定之下有发号施令之权利"[3]，但这并不会排斥乡村社会原本存在的村规、习俗、面子、人情等非正式制度，非正式制度的再生产恰恰可以调整和缓冲网格化治理体系带来的正式制度的刚性。需要注意的是，这种治理模式需要根据村庄情况因地制宜地进行调整，如果村庄事情复杂、矛盾较多、

---

[1]　徐勇：“村干部的双重角色：代理人与当家人”，载《二十一世纪》1997年第 42 期。

[2]　吕德文：《找回群众：重塑基层治理》，生活·读书·新知三联书店 2015 年版，第 57—60 页。

[3]　[德]韦伯：《经济与历史 支配的类型》，康乐等译，广西师范大学出版社 2004 年版，第 303 页。

自治力量较为薄弱,则应该加强网格化力量,通过行政手段指导培育基层自治;如果村庄事情简单、矛盾较少、自治力量较强,则应该减弱甚至撤离网格化力量,尽量依靠群众自治组织进行社会治理,避免乡村治理的网格依赖。在第一种情形中,当基层自治力量壮大以后,应该及时减弱网格化力量,降低行政化、科层化程度。基层政府过于强调网格化管理,泛化网格功能,会使乡村治理简单化。"网格化的简约治理"模式的最终目标是发展基层自治,实行村级单元(网格单元内)的简约化治理,增强群众"自我管理、自我服务、自我教育、自我监督"的能力。

网格化治理模式如果运用适当,则可以有效地进行综治维稳。以笔者调查的 L 县尖峰村为例,该村自治力量薄弱,没有建设村里老年协会、志愿者协会、乡贤理事会、互助协会等乡村自组织,群众也不积极参与乡村公共事务,村庄内部缺乏凝聚力。尖峰村前任村支书王某在任的 14 年间,尖峰村从未举办过公共活动,村民不关心村庄公共事务,自治力量进一步被削弱。后来李某成为村支书,由于其精力主要放在自己公司的经营上,在乡村治理方面李某采取"萧规曹随"策略,基本上延续王某的做法。从尖峰村的情况不难看出,L 县乡村的自治力量需要进一步培育,尤其是经历过长期散养的乡村,村民自治力量的成长任务比较艰巨。

由于自治力量的缺失和不足,尖峰村在乡村治理过程中更依赖于网格化治理力量。在网格化管理体系中,尖峰村属于"网"这一单元,村支书李某为网格长。尖峰村下有 22 个村民小组(屋场),村民小组长及分散居住的村干部担任网格员。一般一个村民小组一个网格员,有些屋场较为分散的村民小组则有 2 名网格员,2019 年底尖峰村共有网格员 28 名,而 2017 年 L

县刚建成网格化管理系统时，尖峰村仅设有网格员5名。短短2年时间，尖峰村网格员数量极速增长，目前网格员数量已超过村民小组数量。为什么网格员数量会较快增长？一种可能的解释是，"民治"因素逐渐衰微，此时迫切需要网格化治理体系强势介入，由行政力量主导并重组乡村治理体系。完全基于网格的乡村治理体系不是简约的，实践中表现出前文所述的诸多局限性。

邻近尖峰村的洪山村比较接近于笔者所说的"网格化简约治理"模式。洪山村与尖峰村不同，洪山村屋场相对较为集中，村支书王竹是2013年从深圳返乡创业的经济型精英（主要经营茶园），因此并不具备利益化等特点。王竹回村以后不仅为村里找来了一些项目，而且比较注重村里公益事业的发展。在王竹的倡导下，洪山村先后组建了老年协会、红白理事会、扶贫助困帮扶小组、自乐班、广场舞协会等村民自治组织，这些自治组织在乡村治理中发挥了积极作用。例如，自乐班、广场舞协会极大地丰富了村民的文娱生活；红白理事会不仅起到了移风易俗的作用，还在举办红白喜事的时候组织村民互帮互助；老年协会则及时有效地处理村庄纠纷。尽管洪山村也被纳入网格化管理体系中，但是村民自治力量并未受到打压，而是在网格单元内保存和发展乡村自组织。洪山村下辖18个村民小组，网格长由王竹担任，网格员主要由村民小组长和其他村干部兼任。2017年L县开始实行网格化管理模式时，洪山村网格员的数量与尖峰村差不多，全村共设有4名网格员。到2019年年底，当尖峰村网格员数量增长到28名时，洪山村的网格员是8名，远远少于尖峰村网格员数量。为什么会出现这样的差别？一种可能的解释就是，洪山村有着良好的村民自治基础，因而在乡村治理时可以尽量依靠群众自治力量，实行简约化治理，加之村组、屋场较为集中，现有网格员配置能够满足治理需求。

从 L 县的情况来看，如同洪山村这样比较接近"网格化简约治理"的村庄并不是很多，大部分农村都如同尖峰村一样过于依赖网格化治理模式。乡村建设的真谛在于动员乡村自身的力量，加强社区营造以提升社区组织应对事情的能力。因此当前应注意调动网格内的自治力量，实行"网格化简约治理"。在此治理模式下，行政力量依托网格可以进入"网"（行政村）一级，在"网"以下的"格"（村民小组）则应该动员民众自我管理、自我服务，"网"以下实行简约治理。

三、本章小结

党的十九大提出构建全民共建共治共享的社会治理格局，要求加强和创新社会治理，推进社会治理体系和治理能力现代化。国家治理体系和治理能力现代化建设的重心和难点在于基层社会治理，而基层社会治理的关键又在于乡村治理。新时代"枫桥经验"在基层治理方面进行了诸多探索，形成了以网格化管理为基础的"网格+党建""互联网+全科网格""基层治理'四个平台'""出租房屋'旅馆式'管理"等有益经验，目前在全国范围内推广新时代"枫桥经验"具有重要意义。然而，在学习推广"枫桥经验"的过程中，我们需要加强对"枫桥经验"与全国其他地方实践探索之间关系的研究，分析"枫桥经验"的某些实践在其他地区推行的可能性或局限性。"枫桥经验"中的网格化管理模式就应该因地制宜、具体分析，尤其在中部地区分散型农村中推广网格化时要注意到其局限性。

网格化管理模式发端于城市社区管理，用于应对"单位制"解体后城市社区的管理困境，即通过技术化、信息化手段灵活、精准、高效地进行社区管理，提升城市社会的公共服务。2005

年以后，网格化管理模式的综治维稳功能逐渐凸显，2013年后更是写入十八届三中全会公报，2019年十九届四中全会公报将其纳入"枫桥经验"中予以肯定。尽管2008年后基于综治维稳之需要将网格化管理逐步引入乡村场域，但是网格化管理模式自始至终都是以城市社区为主要阵地。从浙江诸暨和湘北L县网格化管理实践的情况来看，农村地区运行网格化管理系统取得了一定的效果，其积极作用也是明显的。例如，网格化管理运用大数据、云计算、人工智能等先进的科技、信息技术，能够对乡村社会进行智慧化治理；网格化管理借助综治平台建设，能够使治理资源延伸，整合基层社会治理诸多资源；网格化管理可以通过行政力量迅速调动人、财、物，能够高效地处理乡村突发性事务；农村"雪亮工程"项目加强了社会治安立体化防控体系，及时有效地防范了社会风险，化解了社会矛盾；等等。相较而言，不加区分地在农村地区推广网格化管理模式，表现出的局限性更为明显，如行政力量操办一切、突出治安维稳功能、运行成本高、政府财政负担重以及治理资源延伸有限、无法配套等。

"枫桥经验"比较强调依靠群团组织、行业协会、社会组织、自治组织等社会主体共同治理，洪山村的做法与之类似。[1]洪山村的情况比较接近于笔者所说的"网格化简约治理"模式，但尖峰村在L县农村社区中更具有代表性。以尖峰村为代表的中部地区分散型农村的网格化治理实践表明，在通过网格进行乡村治理时应注意培育乡村自治力量，转向"网格化简约治理"模式。乡村振兴战略的目标之一为治理有效，"治理有效"意味

---

〔1〕 浙江诸暨市在网格内充分发挥群团组织、行业协会、社会组织、自治组织作用。例如，在枫桥有红枫义警、"枫桥大妈"、义工联合会、孝德研究会等12个社会组织。

着要"加强农村基层基础工作,健全自治、法治、德治相结合的乡村治理体系"。"网格化简约治理"模式是当前乡村治理体系的重要创新,不仅打造共建共治共享的社会治理格局,融合了乡村治理中的自治、法治、德治要素,而且能够实现政府治理和社会调节、居民自治良性互动。"网格化简约治理"模式以网格化治理体系为基础,一方面培养出职责明确、技术娴熟、负责的网格长、网格员;另一方面"网"以下实行简约治理,引导培育网格内的村民自治力量,根据村规民约等自治性规范进行治理(作为非国家法意义上习惯法的村规民约具有积极、能动的功能[1]),最终实现村民"自我管理、自我服务、自我教育、自我监督"。当前中部地区以分散型农村为主,在村民自治力量薄弱的情况下,网格化管理虽可取得短、平、快的治理效果,但是长远来看给政府带来了沉重的负担,政府全面依靠网格进行乡村治理的效果并不理想。强行以网格化体系改造乡村治理体系会加剧正式制度与非正式制度之间的矛盾冲突,抑制基层治理的灵活性,最终导致乡村治理过程中出现"形式主义和官僚主义盛行、效率低下或腐败丛生、权力恣意、地方主义频现等问题"[2]。中部地区农村应在"网格化简约治理"模式下,根据自治力量强弱适度调整行政力量延伸程度,其目标是引导、培育乡村自治力量,尊重和保障非正式制度运作活力,防止高度完备的制度因执行困难走向"规避(antimony)二律背反"[3]。

---

[1] 高其才:"通过村规民约改变不良习惯探析——以贵州省锦屏县平秋镇石引村为对象",载《法学杂志》2018年第9期。

[2] "审视官僚主义",载《文化纵横》2019年第5期。另可参见曹东勃、宋锐:"克服县域治理中的官僚主义",载《文化纵横》2019年第5期。

[3] [日]富谷至:《文书行政的汉帝国》,刘恒武、孔李波译,江苏人民出版社2013年版,第354页。

第十章
产权纠纷与乡村治理法治化

锦屏县位于贵州省东南部，黔东南苗族侗族自治州东部，总面积1597平方公里，辖15个乡镇和1个省级经济开发区，2018年末总户数65 394户，总人口236 320人，居住有侗、苗、汉等24个民族，其中少数民族人口占总人口89.3%，是一个集少数民族文化、木商文化、红色文化、军屯文化于一体的多文化聚集地。锦屏县是中国南方典型集体林区县、贵州省重点林业县，森林面积170万亩，森林覆盖率72.12%，2018年被列为全国集体林业综合改革试验区。由于该县属于林区，林权纠纷在各类纠纷中比例相对较高，县里设有林权纠纷调处中心、乡镇人民政府设有林权纠纷调处委员会、行政村设有人民调解委员会，围绕林权纠纷大体形成三级纠纷调处机构。笔者在大同乡、平秋镇、启蒙镇、河口乡等地调查时注意到，不少村民在林权纠纷解决过程中存在契约文书运用习惯。为什么经历了土改、林改之后还运用清代、民国时期的契约文书来解决纠纷呢？这引起笔者的好奇，于是运用人类学曼彻斯特学派的"拓展个案法"（Extended Case Method）[1]深度挖掘了三个典型案例，具体如下。

---

[1] 运用此方法研究的代表性成果可参见麦克·布洛维（Michael Burawoy）对"赞比亚化"现象的研究。Michael Burawoy, *The Colour of Class on the Copper Mines: From African Advancement to Zambianization*, Manchester University Press, 1972; Michael Burawoy, *Manufacturing Consent: Changes in the Labor Process under Monopoly Capitalism*, The University of Chicago Press, 1979.

一、亮马坡案

锦屏县大同乡秀洞村秀洞片一组与秀洞村密洞片之间地名为"亮马坡"的林地历史上就权属不清，但是一直搁置争议、共同管理，未产生大规模纠纷。2014年4月，大同至曲团公路改扩建，需经过锦屏县大同乡秀洞村秀洞片一组（原秀洞村一组）向立雄等四户和秀洞村密洞片（原密洞村一至六组）集体林地（"亮马坡"），因涉及国家征用土地补偿问题，遂再次引发两组之间山林权属纠纷。

申请方密洞片认为，"亮马坡"公路下方两块林地均归自己所有。第一块：以坐山为向，上抵老公路，下抵田，左抵白腊坳正冲，右抵秀洞一组山，面积约50亩，提交的证据有1981年6月20日县档案局提供的山林所有证（存根）（锦林权字第柒号）[1]、1990年1月25日原秀洞村、原密洞村与三江区联社万亩林场签署的《承包土地造林合同书》[2]、1990年7月27日《秀洞村、密洞村关于共同将亮马坡向三江区高老林场发包造林的联合协议》（以下简称《亮马坡联合协议》）[3]以及原密洞村六组组长袁继先（已过世）于1990年6月17日的山场

---

[1] 地名：亮马坡地带；树种：杉、松；面积：420亩；四抵：上抵白腊坳原高老公路为界，下抵远根屋背。

[2] 甲方：秀洞村村民委员会、密洞村村民委员会；乙方：三江区联社万亩林场。此合同系林场向两村承包"亮马坡"造林，承包期30年，造林收益分配甲方40%、乙方60%。此份造林合同载明，承包土地名亮马坡，面积743.2亩，四抵以坐山为向，下抵锦榕公路11公里处，沿公路直上田冲至白腊坳（密洞坳）；上抵白腊坳顺高老林场公路，水倒茅流为界；左抵白腊坳，右抵高老林场第十分林场地沿防火线标示面下至锦榕公路十一公里处。

[3] 协议双方为秀洞村村民委员会、密洞村村民委员会。造林范围同《承包土地造林合同书》。两村联合发包造林的土地股分配比例，按照两村各自占总面积的百分比分配，秀洞村面积为329.3亩，密洞村面积为413.9亩。

第十章　产权纠纷与乡村治理法治化

踏勘记录[1]。第二块：以坐山为向，上抵凸田，下抵田冲，左抵小路，右抵秀洞村一组山，面积约10亩，有光绪二十二年（1896年）四月二十日[2]和民国丙寅年（1926年）三月初七日[3]的契约为证，此块林地从历史以来都是密洞片所有。

被申请方秀洞村秀洞片一组认为，密洞片主张争议土地所有权归其所有及要求将大同至曲团公路项目征收补偿款按1990年《承包土地造林合同书》约定分成并无事实和法律依据，密洞片对争议土地不享有任何权利，争议土地所有权应归自己所有。秀洞片一组提交的主要证据包括：1981年4月14日山林所有证（存根）（锦林权字第壹号）[4]、1984年5月3日《锦屏县三江区公所调查处理通知书》[5]、1985年5月7日秀洞片一组的《分山登记册》[6]、1990年7月27日《秀洞村、密洞村关于共同将亮马坡向三江区高老林场发包造林的联合协议》[7]、2015年1月27日《关于秀洞村一组向立雄等四户与密洞片集体为地名"亮马坡"山林权属纠纷调处意见书》（以下简称《"亮马坡"调处意见书》）、2015年3月2日《大同至平江公路改造工程建设项目征地及损毁林木补偿费兑现协议书》、2015年1

---

[1] 个人作出的踏勘记录。载明：由密洞村出公路到白腊坳大公路下坎过亮马地，自主王泽兰、王泽榜，源主由小路中央平小洞破为界。

[2] 欧祁松将名为"亮马坡"的杉山断卖给密洞寨王昌江。

[3] 王昌江后人王怀忠将名为"亮马坡"的茶山断卖给本寨（密洞寨）姚锦泰。

[4] 地名：亮马坡；树种：杉、松、杂；无四抵；350亩。

[5] 三江区公所对大同乡章山村村民委员会、秀洞村村民委员会以及密洞村村民委员会为亮马坡一带地盘和古树冲口等一带地盘的山林、土地、山界相互争议的调查处理通知书。该份调查处理通知书载明："密洞的亮马坡左边和秀洞坡的古树冲等一带地盘的划界问题，仍按秀、密两寨历史以来和解放后的规划不变，各管各业，纳入林业'三定'档案。"

[6] 地名：亮马；四抵：上抵公路，下抵古树冲，左抵密洞荒山，右抵章山田冲；面积40亩。（系秀洞村自己的分山行为）

[7] 证明内容与密洞方提交的相同。

月13日原密洞村下的《阻条》、2015年3月24日同意开封、1981年集体山林管理证（林管字第肆号）（不完整复印件）[1]、林权使用证（复印件，无发证机关公章、无发证时间）[2]、2015年8月14日《证明》[3]。

2015年1月23日、24日，秀洞村村民委员会（大同乡相关领导参加）就双方山场权属问题第一次调解，由于双方意见分歧较大，未达成调解协议。为了化解矛盾，2015年1月27日，秀洞村村民委员会第二次调解并作出调解意见书，调解意见主要包括三点：①秀洞村出具的1985年5月7日秀洞片一组的《分山登记册》四抵吻合，密洞片集体提供的证据较为笼统，无明确四抵；②界线划分：秀洞片一组从章山田冲至上面水洞为界，密洞片集体由水洞至白腊坳（现在的加水站）为界；③亮马坡争议山场的林木收益按照原三江区两村协议执行。[4]此

---

[1] 管理者：向立雄小组；亮马，无四抵，55亩。

[2] 户主：向立雄组共四户；地名：亮马，上抵公路，下抵古树冲田，左抵密洞荒山，右抵章山田冲；面积40亩。（同1985年5月7日原秀洞村一组的《分山登记册》所载范围）

[3] 兹有我秀洞片一组向立雄、吴定邦、吴定玲、龙开民等原来的四户，现在为十六户，由秀洞片一组集体分给他们进行管理使用的这块山坐落地名"亮马坡"，该山的四抵为：上平公路、下平古树冲田冲、左抵密洞荒山（中夹密洞姚仁锋一小片），右抵章山田冲（包括龙建福大干田外岭脑一片）。除开密洞有一小地。该宗地按照原秀洞公社秀洞大队1966年山林划片管理决定中已明确了界线。（秀洞村村民委员会）

[4] 2015年1月27日《关于秀洞村一组向立雄等四户与密洞片集体为地名"亮马坡"山林权属纠纷调处意见书》形成了五点调处意见，内容如下。秀洞方提供的证据有：1985年的山林登记清册，地名"亮马"，上抵公路、下抵古树冲、左抵密洞荒山、右抵章山田冲。秀洞村密洞片集体提供的证据有：锦林字第柒号山林所有证，上评白腊坳元高老公路为界，下评（圹黄）远根屋背。根据双方举证分析：①秀洞片一组向立雄等户出具的证据对该纠纷山四抵吻合，其中该山内夹有密洞片姚纪元的茶油山，由该茶油山的山主认定界限为准。②密洞片集体提供的证据较为笼统，没有明确的左右抵，无法确定该方的具体位置。③经双方举证情况作如下调处意见，秀洞片一组从章山田冲至上面水洞为界，密洞片集体由水洞至到白腊

份调解协议比较倾向于秀洞片一组，将争议山场对半划分给双方。密洞片不服秀洞村村民委员会的调处意见，遂向大同乡人民政府申请调处。大同乡人民政府会同锦屏县人民政府调处办工作人员先后于 2015 年 8 月 13 日、9 月 18 日进行了两次调处，因双方当事人的意见分歧较大，仍然调解无果。2016 年 6 月 8 日，密洞片向锦屏县人民政府林木林地权属争议调处办公室申请调处。

此案的关键在于，双方均无法提供有力的证据证明"亮马坡"地的林权归属。申请方密洞片提交的证据中，用于证明其林权归属的是 1981 年 6 月 20 日山林所有证、1990 年 1 月 25 日《承包土地造林合同书》、1990 年 7 月 27 日《亮马坡联合协议》、袁继先山场踏勘记录以及光绪二十二年（1896 年）四月二十日、民国丙寅年（1926 年）三月初七日的契约。在被申请方秀洞片一组看来，密洞片的证据均无法证明林权归属，理由如下：1981 年 6 月 20 日山林所有证（存根）（锦林权字第柒号）四抵只有两抵，四至不清；1990 年 1 月 25 日《承包土地造林合同书》和 1990 年 7 月 27 日《亮马坡联合协议》只是约定了造林收益分配比例，并不涉及林地所有权问题；袁继先的山场踏勘记录只是属于个人行为，不能作为证据使用；光绪二十二年（1896 年）四月二十日和民国丙寅年（1926 年）三月初七日的契约依法不能作为证据使用。

在被申请方秀洞片一组提交的证据中，用于证明其林权归属的是 1981 年 4 月 14 日山林所有证（存根）、1984 年 5 月 3 日《锦屏县三江区公所调查处理通知书》、1985 年 5 月 7 日秀洞片

（接上页）坳（现在的加水站）为界。④现在争议的山场处在原三江区联社高老万亩林场两村规划造林的第五小班块内，其林木收益分成按原三江区两村协议约定的文字执行。未尽事宜双方进行协商。⑤龙建福大干田外岭脑有一小片属密洞村集体所有。

一组的《分山登记册》、1981年集体山林管理证（不完整复印件）以及林权使用证（复印件，无发证机关公章、无发证时间）。然而，申请方密洞片亦认为这些证据都存在瑕疵，无法证明所有权归属。具体言之，1981年4月14日山林所有证（存根）（锦林权字第壹号）仅记录了地名、树种及面积，并无四抵。1984年5月3日《锦屏县三江区公所调查处理通知书》并未划分双方界线，而且强调仍按原规定的管理。1985年5月7日的《分山登记册》是原秀洞村一组集体擅自分山行为（自己填写，无公章、封面），将争议山场分给村组的行为本身就无效。1981年集体山林管理证只载有"亮马"（无"坡"），且无四抵。林权使用证系复印件，无发证机关公章、无发证时间，并且该证上载明面积40亩，而整个"亮马坡"争议山场的面积有355亩，因此密洞片认为秀洞片在争议山场中所占面积仅有40亩，且位于第二块地中，但是左抵与密洞片山场的界限不清楚。

由上可知，双方提交的证据均无法有效证明林权归属，主要原因在于，既有权属证书四抵不清，如密洞片提交的1981年6月20日山林所有证和秀洞片一组提交的1981年4月14日山林所有证、1984年5月3日《锦屏县三江区公所调查处理通知书》、1981年集体山林管理证及林权使用证。尽管秀洞片一组提交的1985年5月7日《分山登记册》四至分明，但是属于原秀洞村一组集体擅自分山行为，故无官方认可的证明效力。正因为双方在林权归属上存在较大分歧，2015年1月27日的《"亮马坡"调处意见书》采取模糊化处理，基本上是按照争议双方各一半的方式划定界线，但是双方均不接受这一调处方案。由于亮马坡地段在历史上就属于争议地段，故1984年5月3日《锦屏县三江区公所调查处理通知书》载明要按历史管理，后来的《亮马坡联合协议》也表明了秀、密两片对争议山场的共同管理事实,因此密洞片提出要"按照《亮马坡联合协议》约定的比例分配土地征收补偿款及产生的林木收益"也是情理之中。既然1984年5月3日《锦屏县三江区公所调查处理通知书》载明要按照历史管理,维持"秀、密两寨历史以来和解放后的规划不变",因此寻求历史权属证明就非常重要,于是密洞片提交了光绪二十二年(1896年)四月二十日和民国丙寅年(1926年)三月初七日两份契约。

欧祁松断卖杉山并地契(光绪二十二年四月廿日)[1]

立断卖杉山杂木约人张寨欧祁松今因家下缺少钱用,无从得出,自愿将到坐落土名亮马坡杉山并地一块,上平岭,下平买主,左平路岭,右平岭,内有两塆,四至分明。自己请中上门,问到密洞寨王昌江名下承买为业,当日凭中,三面议定,价钱八千三百八十八文,亲手领足应用,其杉山并地自卖之后,恁从买主耕嫫管业,恐有来理(历)不明,俱在卖主理落,不与买主相干,今幸有凭立此断字为处。

外批左平向广燮荒茶山、右平王本和岭荒茶山

凭中 欧祁鳌

光绪二十二年四月廿日家荣亲笔立

王怀忠立断卖茶山契(民国丙寅年三月初七日)[2]

立断卖茶山约人王怀忠,今因家下缺少钱用,无从得出,自愿将到坐落土名亮马坡茶山一块,杉木、维木、桐树一概在

---

[1]《大同乡密洞片与秀洞村一组关于"亮马坡"地块权属纠纷案卷》(锦屏县山林权属纠纷调处办公室提供),案卷编号:JPSLTC-20160608,第45页。

[2]《大同乡密洞片与秀洞村一组关于"亮马坡"地块权属纠纷案卷》(锦屏县山林权属纠纷调处办公室提供),案卷编号:JPSLTC-20160608,第46页。

内,上抵王怀锦芳(荒)山、下抵姚锦灿、左抵洞、下抵买主,四至分明,自己请中上门,问到本寨姚锦泰名下承买为业,当日凭中,三面议定价钱贰仟伍百零八文整,亲手领足应用。其茶山钱自卖之后,恁从买主修理管业,卖主不得异言,恁有来理不清,俱在卖主理落,不与买主相干,今辛有凭,立此断字为据,承照发达。

凭中　王万泰

请笔　姚秀艳

民国丙寅年三月初七日　立

这两份契约是密洞片村民历史上买卖亮马坡山场的过程记录,山场买卖契约是历史上重要的产权凭证。从契约内容可以看出,亮马坡先后经历了两次买卖。第一次是光绪二十二年(1896年),张寨欧祁松将杉山并地断卖给密洞寨村民王昌江,凭中为欧祁鳌。第二次发生在民国丙寅年(1926年)三月,王昌江的儿子王怀忠因为家里缺少钱,故将亮马坡地又断卖给本寨村民姚锦泰。姚氏后人今属于密洞片,故密洞片提交此份契约以证明该地历史上属于密洞所有。

二、雄黄寿木纠纷案

2015年7月11日,启蒙镇雄黄村高座自然寨九组村民罗永锡、罗幸云、罗幸钊等户将位于雄黄高座"长湾大坳左边中间岭"罗幸松山上两株寿木出售给木材老板陆大恒,两株寿木售价为30 800元(出售寿木所得价款罗再能、罗再文后人六支公平分,每支公后人分款5000元,另有800元为砍伐寿木的工钱)。双方签订合同后,罗永锡等人于2016年1月将两株寿木砍伐(后经贵州省林业科学研究院司法鉴定中心鉴定,1号样本树龄为87年,2号样本树龄为98年)。雄黄村高座自然寨十组罗永钊、罗刚、罗安鑫等户得知寿木被砍后，认为被伐的两株寿木由其祖辈罗秀炳蓄禁，其林木所有权应归罗秀炳后人所有，要求罗永锡等人赔偿并返还出售所得价款。

罗永钊等人的理由是，"长湾大坳左边中间岭"山场在新中国成立前系其祖辈罗秀炳的老油茶山，土改时仍分配归罗秀炳的儿子罗幸来、罗幸德共同所有。早在新中国成立前，罗永钊等人祖辈在该山场内蓄禁有三株寿木树，在1982年分山时，村组将"长湾大坳左边中间岭"划给罗幸松作自留山，但根据当地习惯，对村民在集体化以前在原自有山场内蓄禁的寿木树，仍认可属蓄禁人户所有〔1〕，因此罗幸松户对罗永钊等人祖辈（罗秀炳、罗幸来、罗幸德）蓄禁在其自留山内的两株寿木亦认可（原有三株，1990年时罗永钊等人已砍一株），此两株寿木应属于罗永钊等九人所共有。

对此，罗永锡等人则认为，出售位于雄黄村高座区域内"长湾大坳左边中间岭"山里两株寿木并非偷砍，而是正常出售。理由是，民国三十三年（1944年）二月，罗永钊等人的爷爷（罗秀炳，即罗幸来、罗幸德的父亲）年龄三十余岁，为了生活挑牛皮到湖南靖县去卖，中途被土匪抢劫，并被土匪杀害。当时罗秀炳的堂弟罗秀梅听说罗秀炳被杀害，立马召集房族前往死亡地点收尸，请写申诉书向县政府要求侦破案件。房族中长房罗再能、罗再文立马召集族人前往，并向县政府要求立案调查处理，来回费用均由罗再能、罗再文垫付，但当时由于法律不完善等原因未能侦破。然而，罗秀炳已经被害，终究要入土为安，当时罗秀炳才三十多岁，根本没有置办棺材，在此情

---

〔1〕《雄黄寨寨规民约》（1988年11月8日通过）第2条："田管山五丈，自留地管三丈，无论何人何山所育的寿材，均以八二年分山时毛皮胸围圆周二尺五以上者算。"

况下，罗再能、罗再文出于长房重任，借用棺材一副给罗秀炳安葬，棺材木则用高座上长湾大坳的右边小冲边的两株杉树作禁木来抵还。现在两株禁木已经符合农村棺材料的规格，罗再能、罗再文后人（即罗永锡等人）出售给木材老板陆大恒。罗永锡等人指责罗秀炳后人（即罗永钊等人）无视当时其祖父危难之时，长房罗再能、罗再文照顾援助的恩德，反而认为是长房罗再能、罗再文等人强行霸占，其行为属于见利忘义、不讲良心道德，是对其祖先罗再高（罗秀炳之父）、罗再仲（罗秀炳之叔父）承诺的违背。

根据罗永锡等人的说法，当时罗再高（罗秀炳之父）向家族罗再能、罗再文借棺材一副，罗再高以长湾大坳左边中间岭两根小木作抵，无限期砍伐，立有字据，书据人罗再仲（罗幸忠祖父），收据人罗秀普（罗再能之子），后传至罗幸云，但因1983年农历正月初九日发生火灾，涉及罗幸云、罗幸福二户（雄黄村民委证明），所有证据在火灾中被毁，遂根据对原借据的记忆重拟了一份借据存放。此外，罗再能、罗再文后人分别于第二次合作化时期、1957年、1972年打毛垵实行管理。

村里一些老人的证言证词也对此事予以认可，如罗永奇、罗永新、罗永忠等人表示曾听祖父说过此事。罗永忠指出，罗再高（1960年去世）及其胞弟罗再条（1978年去世）都未使用此两株寿木，而且罗再条也说过两株寿木是抵还长房罗再能、罗再文的。村民杨正荣表示曾于1981—1983年山林三定时，因与甘塘林边界纠纷一事，大队长杨德金没有文化，叫其到罗幸云家看老字，当时幸云拿出几十张老字，的确看到有一张借棺材的条子，但具体用哪里杉树抵还记不太清了。

2016年2月25日，雄黄村村民委员会对此案第一次调解，但双方分歧较大，调解未果。村民委员会书面介绍申请人（罗永钊等人）到启蒙乡镇人民政府处理，但镇综治办接处人员建议申请人向法院起诉。申请人于2016年3月14日向法院起诉，法院立案后，经审查认为双方争议的两株寿木树的林木所有权属于政府行政确权范围，不属于法院受案范围，动员申请人撤诉后向乡镇政府申请处理，然后申请人又到镇政府申请处理时，乡镇政府又推给村民委员会调处。村民委员会于2016年5月11日作出调处意见，认为双方证据都不能充分证明两株木材的权属，故作出三个调处意见：①由被申请方拨付15 000元整现金给申请方；②剩余的现金为被申请方所有；③被申请方在接到调解意见书5日内拨付给申请方。雄黄村村民委员会5月11日作出调处意见，将两株寿木出售价款对半平分。申请方不服，再次向乡镇政府申请行政裁决。启蒙镇政府于2017年1月5日进行调解，经调查后认定，由于原件被大火焚毁，罗幸云后来凭借回忆写的"出借棺材抵还寿木"凭据无效，后通过做罗永锡等人的思想工作，达成如下协议：①罗永锡等户自愿把卖寿木所得资金30 800元中的30 000元退还给罗永钊等户，剩余800元留给罗永锡等户；②罗永锡等户需在10日内（2017年1月5日至2017年1月14日）将所退还的资金在规定时间内交给启蒙镇林业站，由启蒙镇林业站转交给罗永钊等户。

在此案中，双方争议的焦点在寿木的所有权归属问题，而且更有意思的是，该案涉及三个家族四代人之间的寿木偿还纠纷。罗永钊的爷爷（罗秀炳）遭土匪杀害意外去世，由于去世时仅三十多岁，根本来不及置办棺材，罗永钊等人的曾祖父罗再高向房族中长房罗再能、罗再文兄弟借棺材安葬，以自己山上蓄禁的两株寿木抵还。罗再高蓄禁寿木的山场在20世纪50年代土改时分给了其孙罗幸来、罗幸德兄弟，1982年分山到户时又分给了罗幸松［民国三十三年（1944年）寿木抵还契约中罗再仲的后人］管理。根据当地风俗习惯，罗幸松虽然是分山之后的实际管理人，但是分山之前蓄禁的寿木仍归原蓄禁者所有。罗永锡等人（罗再能、罗再文后人）见寿木已长成材，根据先祖之间的约定，认为两株寿木归自己所有（罗永钊等人的先祖抵还给自己先祖），于是将其砍伐卖给木材商。罗永钊等人则否定此事，认为两株寿木原本就是自己的先祖蓄禁，一直生长在自己祖业山上，尽管该片山场后来分给了罗幸松管理，但根据村规民约规定，蓄禁寿木归原蓄禁者也就是罗再高所有，自己是罗再高的后人，理应是两株寿木的所有权人。究竟是否存在寿木抵还事实是确定两株寿木所有权归属的核心，因此罗氏先祖之间签订的寿木抵还契约成为本案的关键证据。不仅当事人双方都承认此份契约的效力，乡镇政府和雄黄村的调解人员在访谈过程中也多次询问罗永锡等人该份契约的情况。然而，遗憾的是，寿木抵还契约一直由罗秀普（罗再能之子）保管，后传至其子罗幸云保管，但因1983年农历正月初九日罗幸云家发生火灾，契约被焚毁，而罗幸云凭借记忆重拟了一份存放。

罗再高借棺材并以寿木抵还契（民国三十三年二月廿五日）[1]

民国三十三年甲申（闰）年二月廿五日，因罗秀炳过世，无棺材埋葬，再高向家族罗再能、再文兄弟二人借棺材一副，用长湾上大坳的右边小冲边的两根杉树还。

民国三十三年二月廿五日

---

〔1〕《启蒙镇罗永锡等人与罗永钊等人寿木纠纷案卷》（启蒙镇调解委员会提供），案卷编号：QMTW-20170105，第25页。

从该份契约的内容格式来看，此份凭据仅陈述了事实，既未体现契约效力的众人，又无双方立契人的签名，故此份契约最终被认定为伪造（据罗永锡等人说是罗幸云凭借回忆制作），尽管村里有一些老人知情并可作证，且两株寿木也一直由罗再能、罗再文后人"打垮"管理，但是最终乡镇政府仍作出了对罗永锡等人不利的调解结论。换言之，如果罗再能、罗再文的后人妥善保管作为此案关键证据的原始契约，应该能够获得支持。

三、魁胆宅基地案

此案发生于锦屏县平秋镇魁胆村。民国三十二年（1943年），孟寨[1]王志福用自己位于岑滥（地名，侗文为"jinslanl"，意为对面山坡）的一小半田（大约九丈五）与魁胆寨王贵求的冲麻田一丘（图 10-1 中地块 A）交换，并补洋 2668.8元。此份契约原件现保存于锦屏县档案馆，契约内容如下：

---

[1] 孟寨系魁胆之子寨。清乾隆八年（1743 年），魁胆王劳团支王老乔迁至凸寨居住看守和经营山场，后衍成村落。乾隆十七年（1752 年），魁胆高捧王堂桥支王乔应迁至孟寨居住看守和经营山场，后衍成孟寨。孟、凸两寨与魁胆村关系历来密切，视魁胆为母寨，称魁胆为"教榜"，侗语意为"我们的寨"。孟寨大多与魁胆高捧等王堂桥支王姓同宗。因宗族加姻亲，两寨与魁胆之间互视为一村，田地多有交杂，难以厘分。1942 年改九寨联保为九寨乡，原魁胆十六甲（第二保）分析成第三保、第四保两个保，魁胆与孟寨、凸寨为第三保，计有 15 甲。1953 年"民主建政"时，孟、凸两寨从魁胆析出联合成立行政村。2013 年撤孟寨行政村，两寨复并入魁胆中心村。正因为孟寨与魁胆之间在历史上形成的母子寨关系，使得两寨之间田地山场相互交错。王志福所出卖的位于"岑滥"的田历史上属于魁胆寨范围（今天魁胆中心村村民委员会所在地附近）。参见贵州省锦屏县平秋镇魁胆村志编纂委员会编：《魁胆村志》，方志出版社 2017 年版，第 18、28 页。

王志福绝换田契（民国三十二年十月廿八日）[1]

立绝换田契字人孟寨王志福，今将岑滥有田一丘，兹将一小半以栽岩为凭，作换王贵求冲麻田一丘，当凭中人议妥，除两平换外，承补洋贰仟陆佰陆拾八元八角，其洋当面亲手领足，其田交帛，立契互交，各自管业，此系两愿并无勒逼等情，嗣后其有田粮，仍归各其自理，自立换之后，任凭起屋耕种，各随其便，两无异言，空口无凭，立有换字二纸，各持一纸为抵。

富贵双全

代笔　王灿垣　　凭中　王凤菱　王贵生　龙文钊

民国三十二年十月廿八日立

民国三十三年（1944年），王志福又将该田分卖五丈给魁胆寨[2]王有干（图10-1中地块B）。此份契约原件亦存于锦屏县档案馆，契约内容如下：

王志福分卖田契（民国三十三年四月初三日）[3]

立卖田契字人孟寨王志福今因要洋使用，无所出处，自愿将地名岑滥田一丘分卖五丈，其界上抵志科田及山，下抵贵求田，左抵山，右抵志宏田为界，四至分明，要洋出卖，先问亲房，无洋承买，自己请中上门问到大寨王有干名下，承买为业，当日凭中议定价洋壹仟捌百捌拾元，其洋亲领足应用，其田契付与买主

---

[1]《王志福绝换田契（民国三十二年十月廿八日）》，贵州省锦屏县档案馆藏，文书编号：JPWS-JP-王有锦-537-34。

[2]《王志福分卖田契（民国三十三年四月初三日）》中称为"大寨"，即指母寨魁胆。

[3]《王志福分卖田契（民国三十三年四月初三日）》，贵州省锦屏县档案馆藏，文书编号：JPWS-JP-王耀熙-316-35。

管业,自卖之后,不得异言,恐后无凭,立有卖字为据。

凭中　王祥庆

亲笔

民国三十三年古四月初三日立字

1951年王志福又将该地块分卖四丈九尺给王贵发(图10-1中地块C)。此份契约原件同样保存于锦屏县档案馆,契约内容如下:

王志福分卖屋地字（一九五一年九月廿六日）[1]

立分卖屋地字人孟寨王志福名下,情因本村王贵发缺乏屋基创造,特请中人向该志福分买屋基地名岑滥肆丈玖尺,凭中议定,补价人民币柒拾贰万捌仟捌佰元整。其界上抵王春林田坎,下抵王碧根田坎,右抵买主,左抵王有干为界,四至分清,自分卖之后,不得异言。空口无凭,特立分卖字一纸交与贵发创造新房,人财发两,是实为据。

凭中　王乾柱　王茂吉

代笔　王永益

公元一九五一年九月廿六日　立

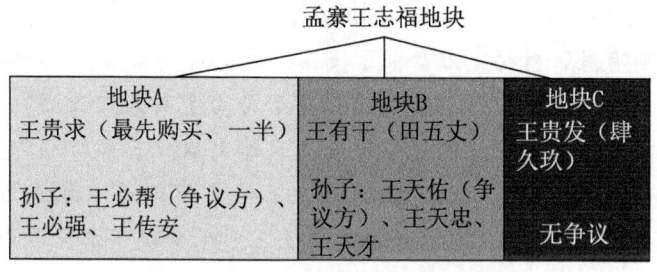

图10-1　孟寨王志福地块三次交易情况

---

〔1〕《王志福分卖屋地字（一九五一年九月廿六日）》,贵州省锦屏县档案馆藏,文书编号:JPWS-JP-王必作-745-70。

王贵发与王有干之间相邻的地块并无纠纷，均按照协议以栽岩为界，四抵分明。现在产生纠纷的是地块 A 与地块 B，即王贵求与王有干之间边界存在争议。王必帮、王必强、王传安三人是王贵求的孙子，王天佑、王天忠、王天才是王有干的孙子。根据分家继承习惯，现在地块 A 细分给了王必帮、王必强和王传安三人，地块 B 分给了王天佑、王天忠、王天才三人。王必帮与王天佑分得的地块相邻，王必强、王传安与王天忠、王天才之间的地块不相邻，故无争议。2015 年 1 月，王天佑准备在自己祖业地基上盖房子，因地块边界问题与邻居王必帮产生了纠纷。王天佑盖房时以以前的栽岩为界，但由于先祖确定的栽岩界限已经不存在，王天佑重新认定栽岩界限时引起了邻居王必帮的争议。当时王必帮尚未盖房，王必帮认为王天佑确定的栽岩界限过大，超出了原来的边界，两人产生争议并向魁胆村村民委员会申请调解。2015 年 4 月 29 日，魁胆村村民委员会进行调解，调解时主要根据争议双方提交的老契约重新确定栽岩边界，双方最终达成调解协议。兹录调解协议如下：

地土协议书[1]

前有魁胆村村民王贵求于民国三十二年与孟寨王志福买地起屋。民国三十三年又有本村王有干与卖主买来田五丈。一九五一年又有本村王贵发也与卖主买来肆丈玖。三家后人都提供对证契约事实。王必帮、王必强、王传安契约是以栽岩为界。据现情状况：按王宗显屋墙角直线至王贵荣田坎下水泥等为界。佐边属王必帮、王必强、王传安祖业管理，佑边属王天佑、王

---

[1]《魁胆村王必帮与王天佑地土纠纷案卷》（魁胆村民委员会提供），案卷编号：KDCD-20150429，第 15 页。

天忠、王天才按祖业管理使用。通过魁胆村民委协调，亲自澄清，双方共同上量立界，将后永无异言。特此协议。双方各执一份。

魁胆村民委 代理人：王必玖、王宗明
参加协调人 王必炎、王必贵、王必作、王生友、王光灯
王必强 王天佑
二〇一五年四月二十九日

四、案例评析：纠纷解决中的文书运用习惯

  以上三个案件均属产权纠纷，无一例外都涉及晚清、民国时期的契约文书。案例1关于"亮马坡"林地权属争议，申请方提供了"欧祁松断卖杉山并地契"和"王怀忠立断卖茶山契"；案例2关于蓄禁寿木抵还，申请方提供了"罗再高借棺材并以寿木抵还契"；案例3关于宅基地纠纷，当事人提供了"王志福绝换田契""王志福分卖田契"以及"王志福分卖屋地字"。尽管当事人提供了老契约，但契约的证明效力在三个案件中并不一致。案例1直接否定了老契约的效力，案例2承认了老契约的效力（只不过该案原始契约已焚毁），案例3则完全根据老契约确定地基界。黔东南地区锦屏县存在基于法律的产权秩序与基于契约的产权秩序，两套产权秩序生成的基础不同，从而导致对待老契约的态度差异，以老契约为中心的产权体系一直发挥重要作用，进而在纠纷解决中形成了文书运用习惯。

  从锦屏县的山林权属变革轨迹可以看出，新中国成立70年来，"林业政策多变，林业所有制关系变动频繁，山林权属很不稳定"[1]。新中国成立70多年集体林权制度历经数次变革，始

---

[1] 彭泽元："南方集体林区产权制度改革探索——贵州锦屏集体林区林业产权制度改革试验纪实"，载《林业经济》2001年第8期。

终围绕着林农与集体林权关系进行调整。从产权结构类型来看，经过 70 余年集体产权变革，目前农村集体产权大体形成三种模式，即私有化模式、集体统一经营管理模式以及"公有私用"产权模式。[1] 锦屏县 1988 年集体山林的股份制改革（分股不分山，分利不分林）以及后续 2007 年的集体林改实际上是上述三种模式的结果。其中，1988 年的股份制改革是私有化模式和集体统一经营模式合一，即在推行林业资源私有化的同时又以股份制的方式强调集体统一经营，这主要基于林业"集约经营、规模经营"方面的考虑，如果直接分散到户经营存在一定风险和困难，也不符合林业发展规律。2007 年集体林权制度改革仍然秉承此思路，但根据不同山林采取不同的改革方式，从而导致不同的权属形态。例如，采取"均山到户"的集体山林模式，林地属于"公有私用"产权模式，而林木则属于私有化模式，即"林地所有权归集体，林地经营权和林木所有权归农户"，由家庭经营或联户经营；采取"均股到户"的集体山林模式，如同 1988 年林改一样，林木和林地都以股份制形式集体经营，属于私有化模式和集体统一经营管理模式合一，这也是最主要的产权形式[2]；采取"均利到户"的集体山林模式，流转至乡村林场实行集体统一经营管理模式，仅将收益分配给个人。此外，对于已分散到户的自留山，林地属于"公有私用"产权模式，林木则属于私有化模式；已分散到户的责任山，林地、林木都属于"公有私用"产权模式。锦屏县通过

---

[1] 桂华："产权秩序与农村基层治理：类型与比较——农村集体产权制度改革的政治分析"，载《开放时代》2019 年第 2 期。

[2] 据统计，2007 年全县纳入林改的 175 万亩林地，采取"均山到户"的为 53 万亩，"均股到户"的为 105 万亩，"均利到户"的为 17 万亩。参见锦屏县地方志编纂委员会编：《锦屏县志》（1991—2009）（上册），方志出版社 2011 年版，第 510 页。

第十章　产权纠纷与乡村治理法治化

法律（包括政策文件）最终构建出复杂的集体山林权属结构，即"林地所有权归集体，林木所有权归造林者（含投资投劳），林地使用权归林地开发利用者，林木管护权归经营者（包括采伐出售）"。与农村其他类型生产资料集体产权改革不同，锦屏县集体林权改革实际上是多种权属形式的结合，而且集体统一经营管理模式一直占据主导性地位，同时根据林业资源性质的不同兼具私有化模式和"公有私用"产权模式。改革开放之后，锦屏县集体山林权属的改革思路是，在保证集体林地所有权的前提下，对于林地使用权和林木所有权不是简单地分散到户，而是以家庭联营、联户经营或集体经营等方式实现集体统一经营管理。锦屏县集体山林产权格局和产权规则如同珠三角地区土地股份合作制一样，形成"团体-共有"型产权秩序，同时也夹杂着"个体-共有"型产权秩序（如自留山、责任山等）。[1]

产权实践中存在另一套产权秩序，这套产权秩序以"锦屏文书"为中心。历史上黔东南地区清水江流域一直以山林契约为产权认定的主要凭证，而且以白契为主，依据宗族、房族势力进行山林管理。锦屏县第一阶段产权变革的任务是推翻以传统契约为中心的产权体系，建立以土地所有权证为中心的新的

---

〔1〕桂华将农村集体产权实践区分为四种理想类型，即"团体-公有型""团体-共有型""个体-公有型"，以及"个体-共有型"。从锦屏县集体林权改革实践来看，其兼具第二种和第四种类型。绝大多数集体山林是"团体-共有"型，即林地由集体所有，林地使用权和林木所有权则以股份制方式分给农民，然后由集体统一管理经营，避免山林分散经营造成的矛盾。1988年已分散到户的自留山、责任山等则为"个体-共有"型，即继续承认农户自主流转、经营权抵押的"个体性权利"，林地通过承包经营被农民分散控制，集体所有制成为"名义"，集体产权规则从公有变为共有，而林木收益归农户个人所有。参见桂华："产权秩序与农村基层治理：类型与比较——农村集体产权制度改革的政治分析"，载《开放时代》2019年第2期。

产权体系，但是这种产权变革方式并不彻底。1954年8月，锦屏县财委在排洞进行土地证的颁发试点工作，随后在全县分批进行颁发。至1955年8月，第一批15个乡镇中，有新化、新华、胜利、和平、铜坡、敦寨、寨早、蔡中等基本完成试点工作，而平略、龙埂、潘寨、龙池、铜鼓只是做了一些初步的工作。随着1956年合作化运动高潮的到来，停止颁发所有权证书，农全县各乡村均组织合作社。土改数据显示，土改前后地主和贫雇农山林占比变化明显，地主从土改前的41.47%变为土改后的0.77%，而贫雇农从土改前的16.3%变为43.47%。但是富农和中农的山林占比在土改前后并无明显变化，富农土改前后均为6.14%，中农则从土改前的33.26%略升为35.23%。[1] 这组数据表明，锦屏县土改中至少有40%的中农和富农的山林权属维持土改前不变，因此在产权管理上依然以旧有林木契约为主，现在契约保存较完好的林农也大多是土改时期划定为中农和富农阶级成分的家庭。林木"三定"时期，分山到户，基本上也都是按照新中国成立前的产权归属状况来划分，此时的主要依据就是林木契约，在林权证上自己填写四至。正因为如此，山林权属变革并未改变传统林木产权秩序，在纠纷解决中传统林木契约仍然可以作为证据提交，尽管官方宣称此类证据属于无证明效力的非法证据，但是至少村民观念中仍然是有效的，而且在民间调解的场合基本上都认可其效力，并据其解决纠纷。这实际上提醒我们，当前农村土地确权、集体林权改革，应该充分认识到产权双重构造客观情况，承认"习俗性产权"

---

〔1〕 表中数据根据《锦屏县志》记载整理。参见贵州省锦屏县志编纂委员会编：《锦屏县志》，贵州人民出版社1995年版，第415—416、481页。

第十章　产权纠纷与乡村治理法治化

的存在并据此进行制度设计和安排。[1]在纠纷解决过程中，也应该注意运用契约文书来解决纠纷，不能对当事人提交的契约文书一律以"非法"为由拒绝，而应在一定程度上承认其证明效力。

---

[1] 裴宜理、塞尔登编：《中国社会：变革、冲突与抗争》，夏璐、周凯、阎小骏译，香港中文大学出版社 2014 年版，第 106、119 页。关于"祖业权"的讨论，可参见桂华、林辉煌："农民祖业观与乡土社会的产权基础"，载《二十一世纪》2012 年第 4 期；郭亮："'祖业权'：地方社会的'非正式'产权"，载《中国社会科学报》2010 年 3 月 16 日，第 11 版；陈锋："'祖业权'：嵌入乡土社会的地权表达与实践——基于对赣西北宗族性村落的田野考察"，载《南京农业大学学报（社会科学版）》2012 年第 2 期；陈锋："从'祖业观'到'物权观'：土地观念的演变与冲突——基于广东省 Y 村地权之争的社会学分析"，载《中国农村观察》2014 年第 6 期；刘锐："地权界定中的宗族与国家"，载《思想战线》2018 年第 1 期。

第十一章
结　论

　　党的十八届四中全会提出"推进基层治理法治化"的战略部署，党的十九大提出"实施乡村振兴战略"，党的十九届五中全会再次强调，要全面推进乡村振兴，加快农业农村现代化。乡村治理法治化是国家治理体系建设和治理能力现代化的重要组成，也是乡村振兴战略深入实施的法治保障。乡村治理法治化的内涵就在于，乡村治理过程中要以法治为根本遵循，即运用法治思维与法治方式管理乡村社会事务，与此同时也需要充分发挥乡村场域其他社会规范和治理方式的作用。通过实证研究，本书试图得出如下结论。

　　第一，乡村治理法治化应从主体、规范、运行三个维度有序推进，需以"自治、法治、德治相结合"为指导思想整合三个维度的治理资源。首先，主体是健全自治、法治、德治相结合乡村治理体系的根本。目前根据各主体治理方式侧重点可分为法治型主体、自治型主体和德治型主体三类。法治型主体强调运用法律政策进行治理，自治型主体依赖自治性规范进行治理，德治型主体依据道德权威进行治理。多元主体合作共治是解决当前乡村治理体系中各主体分头治理问题的方案，也是推进乡村治理法治化的基本路径，其基本内容可以概括为法治型主体指导、自治型主体主导、德治型主体辅导。其次，规范是健全自治、法治、德治相结合乡村治理体系的基础。根据规范生成与国家权力之间的关系，可将乡村治理中规范类型划分为

第十一章 结 论

正式规范、准正式规范以及非正式规范。乡村治理法治化不仅需要依靠正式规范，还要运用准正式规范和非正式规范。乡村治理多元规范的整合包括内部清理整合和外部结构优化两种方式。内部清理整合主要包括正式规范内部整合、准正式规范内部整合以及非正式规范内部整合三个方面。外部结构优化须构建以正式规范为基础、准正式规范为核心、非正式规范为支撑的多元规范结构。最后，运行是健全自治、法治、德治相结合乡村治理体系的关键。一般而言，乡村治理的运行维度连接主体维度和规范维度，从动态角度解决如何治理的问题，具体包括规范制定、执行以及监督三个环节。这就需要畅通乡村治理规范制定主体的互动沟通渠道；健全乡村治理规范的执行机制，进一步健全完善乡镇（街道）的行政执法权；完善乡村治理的监督机制。

第二，乡村治理法治化中要重视诸如房族组织等"小共同体"的作用。平山侗寨的经验研究表明，房族通过协助村务、主导公益、族规引导和纠纷解决四种方式参与乡村治理，并在一定程度上主导着乡村社会的秩序生产。房族主导下的乡村社会秩序生产并不是封闭式的，而是开放式的，可以根据实际情况"嵌入"国家政权、村级政权等外部力量。从这个意义上来说，合理嵌入自组织资源是乡村治理法治化推进的关键。嵌入乡村自组织资源的具体路径包括制度保障、规制引导以及融贯规则三个方面。在乡村治理法治化过程中"嵌入"自组织资源不仅有利于国家法律政策在基层社会的推行贯彻，而且有利于乡村自组织在法治化轨道下运行，因此"嵌入"是国家政权、村级政权以及自组织三者之间互动调和的结果。

第三，乡村治理法治化需要充分发挥能人乡贤的作用。古人云：徒善不足以为政，徒法不足以自行。乡村治理法治化离不开人的作用，尤其是乡村精英的有力推进。实证研究表明，"能人治村"符合当下乡村发展的需求，乡村经济社会发展需要"能人"的带领及引导。乡村能人凭借其突出的资源整合能力、强大的社会动员能力、较高的文化知识水平、相对广阔的视野、丰富的发展经验以及娴熟的秩序维持技巧等，在很大程度上改进了农村公共品供给效率，维持了乡村秩序，促进了乡村治理法治化。与此同时，"能人治村"存在的弊端也是明显的，应从顶层设计、完善监督和法治配套等层面进行规制和引导。金寨县的"能人回归工程"实践表明，严格控制能人主体范围和选拔条件，通过摸排建档、体制吸纳、签订协议和监督考核一系列权力技术来管理回归能人，通过权力技术的规训，本属体制外的能人被纳入体制之中，依附于体制力量，成为可供国家正式权力调动的力量。这种被体制规训后的能人可以称为"新乡贤"，权力技术的运用也是促使"能人"向"新乡贤"转变的关键。目前需要从立法引导、政策配套、村规协同以及多方监督等方面构建新乡贤参与乡村治理机制。在立法引导层面，新乡贤参与乡村治理需要纳入法治化轨道，应从中央和地方立法层面提供法律法规依据，使新乡贤参与乡村治理有章可循。重点应围绕《乡村振兴促进法》第3章，具体构建新乡贤参与乡村治理的法律保障方案，尤其是注意对返乡新乡贤的福利保障。地方性法规可以对《乡村振兴促进法》进一步细化和完善，为返乡乡贤提供生活保障和福利待遇。在政策配套层面，可以在法律法规框架下因地制宜地出台一些符合本地实际的办法，大体可以从新乡贤参与乡村治理的方式、新乡贤待遇保障落实、地方党政机关责任及考核等方面进行配套性规定。在村规协同方面，新乡贤参与乡村治理必须立足于乡村场域，因而可通过村规民约等乡村自治规范协同规制引导。在多方监督层面，应在制度治村的基础上进一步充分发挥新乡贤参与乡村治理的作用，需要强化对新乡贤及乡贤理事会的监督制约，防止出现村级腐败。

第四，乡村治理法治化需要有章可循，应充分发挥乡村场域中多种规范的作用，法律应与其他社会规范之间相互协同衔接。当前乡村治理规范是多元的，包括国家法律、政策、党内法规、上级党政部门规范性文件、村规民约、习惯法及乡村自组织规范等。乡村治理中的正式规范主要包括国家法律、政策及党内法规等。正式规范主要由国家权力根据治理需要自上而下创制，具有外在性和强制性。乡村治理中的准正式规范主要指村规民约体系，具体包括村规民约总则和针对特定事项制定的村规。乡村治理中的非正式规范包括习惯法与乡村自组织规范，数量庞杂，种类繁多，大多基于村民日常生活实际自发而生。乡村治理多元规范的冲突会给乡村秩序造成混乱，降低乡村治理效能，因此需要综合考量进行整合。乡村治理多元规范的整合包括内部清理整合和外部结构优化两种方式。内部清理整合主要包括正式规范内部整合、准正式规范内部整合以及非正式规范内部整合三个方面。其中，正式规范内部整合应首先解决乡村治理立法中的多主体、多层级立法问题，明确各层级立法主体的立法权限；健全党内法规与国家法律之间的协调衔接机制；完善规范性文件备案审查机制。准正式规范内部整合应充分发挥乡镇政府备案审查作用，对于村规民约体系内部的冲突可由村两委审查解决，针对特定事项的村规不得违反村规民约总则。非正式规范内部的整合相对较为复杂，习惯法涉及不同文化系统，无法进行整合，"他者"对异文化应持尊重态度。乡村自组织规范的整合成本相对较小，可以根据实际情况自行调整。外部结构优化需要将各类规范视为有机整体，优化整合多元规范结构。正式规范为多元规范结构的基础，准正式规范为多元规范结构的核心，非正式规范是多元规范结构的支撑。此外，习惯法是乡村治理场域中非常重要的规范，习惯法变迁的方式包括改造或摒弃旧有习惯法。改造是对旧有习惯法规则的批判式继承，摒弃则是对旧有习惯法规则的彻底否定。这两种方式的结果都会催生出新的习惯法，只不过新习惯法与旧习惯法之间的联系程度有所区别，前者是"旧瓶新酒式"的传承续造，后者是"另起炉灶式"的涅槃重生。乡村治理法治化应注意国家法与习惯法之间的互动和调适。

第五，乡村治理法治化需依托既有的乡村治理组织体系，网格化组织体系是当前乡村治理中应用最为广泛的组织体系，应在此基础上探索构建"网格化简约治理"模式，以有效推进乡村治理法治化。当前在农村地区推广源于城市社区治理的网格化管理模式，呈现出明显的局限性，如行政力量操办一切、突出治安维稳功能、运行成本高、政府财政负担重以及治理资源有限、无法配套等。而"网格化简约治理"模式是当前乡村治理体系的重要创新，不仅打造共建共治共享的社会治理格局，融合了乡村治理中的自治、法治、德治要素，而且能够实现政府治理和社会调节、居民自治良性互动。"网格化简约治理"模式以网格化治理体系为基础，一方面培养出职责明确、技术娴熟、负责的网格长、网格员；另一方面"网"以下实行简约治理，引导培育网格内的村民自治力量，根据村规民约等自治性规范进行治理（作为非国家法意义上习惯法的村规民约具有积极、能动的作用），最终实现村民"自我管理、自我服务、自我教育、自我监督"。

第六，乡村治理法治化应注意发挥传统治理资源的作用，注意国家法构建的秩序和乡土社会固有秩序之间的关系。黔东南地区锦屏县的经验研究表明，实践中存在基于法律的产权秩序与基于契约的产权秩序，两套产权秩序生成的基础不同，从而导致对待老契约的态度差异，以老契约为中心的产权体系一直发挥着重要作用，进而在纠纷解决中形成了文书运用习惯。当前农村土地确权、集体林权改革，应该充分认识到产权双重构造客观情况，承认"习俗性产权"的存在并据此进行制度设计和安排。在纠纷解决过程中，也应该注意运用契约文书来解决纠纷，不能对当事人提交的契约文书一律以"非法"为由拒绝，而应在一定程度上承认其证明效力。尽管尊重传统固有秩序的做法可能与法律相冲突，但是在纠纷解决实践中也要充分考虑到传统固有秩序在民间社会的顽强生命力，乡村治理法治化也只有在国家法秩序与民间传统秩序相结合时才能真正实现。

参考文献

（一）中文专著

1. 本书编写组编著：《党的十九大报告辅导读本》，人民出版社 2017 年版。
2. 陈礼颂：《一九四九前潮州宗族村落社区的研究》，上海古籍出版社 1995 年版。
3. 邓正来、[英] J. C. 亚历山大编：《国家与市民社会：一种社会理论的研究路径》，中央编译出版社 1999 年版。
4. 费孝通：《费孝通全集》（第五卷）（1947），内蒙古人民出版社 2009 年版。
5. 傅安辉、余达忠：《九寨民俗——一个侗族社区的文化变迁》，贵州人民出版社 1997 年版。
6. 高其才主编：《当代中国少数民族习惯法》，法律出版社 2011 年版。
7. 高其才：《桂瑶头人盘振武》，中国政法大学出版社 2013 年。
8. 高其才：《瑶族习惯法》，清华大学出版社 2008 年版。
9. 高其才：《中国习惯法论》（修订版），中国法制出版社 2008 年版。
10. 高其才主编：《当代中国的社会规范与社会秩序——身边的法》，法律出版社 2012 年版。
11. 高其才主编：《当代中国民事习惯法》，法律出版社 2011 年版。
12. 贵州省锦屏县志编纂委员会编：《锦屏县志》，贵州人民出版社 1995 年版。
13. 贵州省锦屏县平秋镇魁胆村志编纂委员会编：《魁胆村志》，方志出版社 2017 年版。
14. 贺雪峰：《新乡土中国》（修订版），北京大学出版社 2013 年版。
15. 胡恒：《皇权不下县？——清代县辖政区与基层社会治理》，北京师范大学出版社 2015 年版。

16. 锦屏县地方志编纂委员会编：《锦屏县志》（1991—2009）（上册），方志出版社 2011 年版。
17. 梁漱溟：《中国文化要义》，上海人民出版社 2011 年版。
18. 梁治平：《清代习惯法：社会与国家》，中国政法大学出版社 1996 年版。
19. 林耀华：《义序的宗族研究》，生活·读书·新知三联书店 2000 年版。
20. 吕德文：《找回群众：重塑基层治理》，生活·读书·新知三联书店 2015 年版。
21. 毛泽东：《毛泽东选集》（第一卷），人民出版社 1991 年版。
22. 牛铭实编著：《中国历代乡规民约》，中国社会出版社 2014 年版。
23. 欧阳静：《策略主义：桔镇运作的逻辑》，中国政法大学出版社 2011 年版。
24. 彭真：《论新中国的政法工作》，中央文献出版社 1992 年版。
25. 瞿同祖：《清代地方政府》（修订译本），范忠信、何鹏、晏锋译，法律出版社 2011 年版。
26. 全国人大财政经济委员会、国家发展和改革委员会编：《〈中华人民共和国国民经济和社会发展第十三个五年规划纲要〉解释材料（2016—2020）》，中国计划出版社 2016 年版。
27. 施从美：《文件政治与乡村治理》，广东人民出版社 2014 年版。
28. 苏力：《法治及其本土资源》（第三版），北京大学出版社 2015 年版。
29. 王铭铭：《社区的历程——溪村汉人家族的个案研究》，天津人民出版社 1997 年版。
30. 吴毅：《村治变迁中的权威与秩序——20 世纪川东双村的表达》，中国社会科学出版社 2002 年版。
31. 吴毅：《小镇喧嚣：一个乡镇政治运作的演绎与阐释》，生活·读书·新知三联书店 2007 年版。
32. 肖唐镖等：《村治中的宗族——对九个村的调查与研究》，上海书店出版社 2001 年版。
33. 肖唐镖：《宗族政治——村治权力网络的分析》，商务印书馆 2010 年版。
34. 杨开道：《农村领袖》，世界书局 1930 年版。
35. 杨开道：《中国乡约制度》，商务印书馆 2015 年版。

36. 张广修等:《村规民约论》,武汉大学出版社 2002 年版。
37. 张厚安等:《中国农村村级治理——22 个村的调查与比较》,华中师范大学出版社 2000 年版。
38. 中共中央办公厅法规局编:《中央党内法规和规范性文件汇编(1949 年 10 月—2016 年 12 月)》(上册),法律出版社 2017 年版。
39. 周雪光:《中国国家治理的制度逻辑:一个组织学研究》,生活·读书·新知三联书店 2017 年版。
40. 庄孔韶:《银翅:中国的地方社会与文化变迁》,生活·读书·新知三联书店 2000 年版。
41. 清华大学社会学系主编:《清华社会学评论》(特辑),鹭江出版社 2000 年版。

(二) 译著

1. [德] 韩博天(Sebastian Heilmann):《红天鹅:中国独特的治理和制度创新》,石磊译,中信出版社 2018 年版。
2. [德] 韦伯:《经济行动与社会团体》,康乐、简惠美译,广西师范大学出版社 2004 年版。
3. [德] 韦伯:《经济与历史 支配的类型》,康乐等译,广西师范大学出版社 2004 年版。
4. [德] 马克斯·韦伯:《经济与社会》(第一卷),阎克文译,上海人民出版社 2010 年版。
5. [法] 米歇尔·福柯:《规训与惩罚:监狱的诞生》,刘北成、杨远婴译,生活·读书·新知三联书店 2007 年版。
6. [法] 涂尔干:《社会分工论》,渠东译,生活·读书·新知三联书店 2000 年版。
7. [美] 丹尼尔·哈里森·葛学溥:《华南的乡村生活——广东凤凰村的家族主义社会学研究》,周大鸣译,知识产权出版社 2012 年版。
8. [美] 道格拉斯·C.诺思:《制度、制度变迁与经济绩效》,杭行译,格致出版社、上海三联书店、上海人民出版社 2014 年版。
9. [美] 杜赞奇:《文化、权力与国家:1900—1942 年的华北农村》,王福明译,江苏人民出版社 2003 年版。

10. ［美］黄仁宇：《万历十五年》（经典版），中华书局 2014 年版。
11. ［美］黄宗智：《过去和现在：中国民事法律实践的探索》，法律出版社 2009 年版。
12. ［美］克利福德·格尔茨：《文化的解释》，韩莉译，译林出版社 2014 年版。
13. ［美］克利福德·吉尔兹：《地方性知识——阐释人类学论文集》，王海龙、张家瑄译，中央编译出版社 2000 年版。
14. ［美］罗伯特·C. 埃里克森：《无需法律的秩序——邻人如何解决纠纷》，苏力译，中国政法大学出版社 2003 年版。
15. ［美］詹姆斯·C. 斯科特：《农民的道义经济学：东南亚的反叛与生存》，程立显等译，译林出版社 2013 年版。
16. ［日］富谷至：《文书行政的汉帝国》，刘恒武、孔李波译，江苏人民出版社 2013 年版。
17. ［日］千叶正士：《法律多元——从日本法律文化迈向一般理论》，强世功等译，中国政法大学出版社 1997 年版。
18. ［意］维尔弗雷多·帕累托：《精英的兴衰》，刘北成译，上海人民出版社 2003 年版。
19. ［英］罗杰·科特威尔：《法律社会学导论》（第 2 版），彭小龙译，中国政法大学出版社 2015 年版。
20. ［英］莫里斯·弗里德曼：《中国东南的宗族组织》，刘晓春译，上海人民出版社 2000 年版。
21. 裴宜理、塞尔登编：《中国社会：变革、冲突与抗争》，夏璐、周凯、阎小骏译，香港中文大学出版社 2014 年版。

（三）论文

1. ［美］黄宗智："集权的简约治理——中国以准官员和纠纷解决为主的半正式基层行政"，载《开放时代》2008 年第 2 期。
2. ［美］欧博文："中国村民委员会组织法的贯彻执行情况探讨"，载《社会主义研究》1994 年第 5 期。
3. ［美］萨莉·法克尔·穆尔："法律与社会变迁：以半自治社会领域作为适切的研究主题"，胡昌明译，载 2004 年《法哲学与法社会学论丛》。

4. 科大卫、刘志伟:"宗族与地方社会的国家认同——明清华南地区宗族发展的意识形态基础",载《历史研究》2000年第3期。

5. 白现军、张长立:"乡贤群体参与现代乡村治理的政治逻辑与机制构建",载《南京社会科学》2016年第11期。

6. 蔡定剑:"法律冲突及其解决的途径",载《中国法学》1999年第3期。

7. 操申斌:"党内法规与国家法律协调路径探讨",载《探索》2010年第2期。

8. 曹东勃、宋锐:"克服县域治理中的官僚主义",载《文化纵横》2019年第5期。

9. 曹义荪、高其才:"当代中国物权习惯法——广西金秀六巷瑶族'打茅标'考察报告",载《政法论坛》2010年第1期。

10. 常丽霞:"藏族牧区生态习惯法文化的传承与变迁研究——以拉卜楞地区为中心",兰州大学2013年博士学位论文。

11. 陈柏峰:"富人治村的类型与机制研究",载《北京社会科学》2016年第9期。

12. 陈锋:"'祖业权':嵌入乡土社会的地权表达与实践——基于对赣西北宗族性村落的田野考察",载《南京农业大学学报(社会科学版)》2012年第2期。

13. 陈锋:"从'祖业观'到'物权观':土地观念的演变与冲突——基于广东省Y村地权之争的社会学分析",载《中国农村观察》2014年第6期。

14. 陈寒非、高其才:"乡规民约在乡村治理中的积极作用实证研究",载《清华法学》2018年第1期。

15. 陈寒非:"从一元到多元:乡土精英的身份变迁与习惯法的成长",载《甘肃政法学院学报》2014年第3期。

16. 陈寒非:"风俗与法律:村规民约促进移风易俗的方式与逻辑",载《学术交流》2017年第5期。

17. 陈寒非:"能人治村及其法律规制——以东中西部地区9位乡村能人为样本的分析",载《河北法学》2018年第9期。

18. 陈寒非:"乡村治理法治化的村规民约之路:历史、问题与方案",载

《原生态民族文化学刊》2018年第1期。

19. 陈秋强:"乡贤:乡村治理现代化的重要力量",载《社会治理》2016年第2期。

20. 陈拓新:"乡村振兴的战略实践——福清市乡贤参与乡村治理的探索与思考",载《辽宁行政学院学报》2019年1期。

21. 戴双喜、巴音诺尔:"论牧区以'羊'为'等价物'的交易习惯——兼论民事习惯与交易习惯之结构层次关系",载《法学杂志》2010年第11期。

22. 戴小明、谭万霞:"论民族习惯法与国家法的冲突及整合",载《广西民族大学学报(哲学社会科学版)》2006年第6期。

23. 党国英:"民主政治的动力:国际经验与中国现实",载《战略与管理》2003年第5期。

24. 党国英:"我国乡村治理改革回顾与展望",载《社会科学战线》2008年第12期。

25. 董晔:"我国行政法律规范冲突缘起探究",载《中国法学》2013年第2期。

26. 董磊明、陈柏峰、聂良波:"结构混乱与迎法下乡——河南宋村法律实践的解读",载《中国社会科学》2008年第5期。

27. 陈柏峰、董磊明:"治理论还是法治论——当代中国乡村司法的理论建构",载《法学研究》2010年第5期。

28. 高丙中、章邵增:"以法律多元为基础的民族志研究",载《中国社会科学》2005年第5期。

29. 高其才、罗昶:"尊重与吸纳:民族自治地方立法中的固有习惯法——以《大瑶山团结公约》订立为考察对象",载《清华法学》2012年第2期。

30. 高其才:"全面推进依法治国中的乡土法杰",载《学术交流》2015年第11期。

31. 高其才:"通过村规民约改变不良习惯探析——以贵州省锦屏县平秋镇石引村为对象",载《法学杂志》2018年第9期。

32. 高其才:"现代化进程中的瑶族'做社'活动——以广西金秀郎庞为例",载《民族研究》2007年第2期。

33. 龚艳、尚海涛："论习惯法的历史变迁机制——基于山东省 H 村的调研"，载《甘肃政法学院学报》2012 年第 6 期。
34. 桂华、林辉煌："农民祖业观与乡土社会的产权基础"，载《二十一世纪》2012 年第 4 期。
35. 桂华："产权秩序与农村基层治理：类型与比较——农村集体产权制度改革的政治分析"，载《开放时代》2019 年第 2 期。
36. 郭剑鸣："浙江'富人治村'现象剖析——基于浙江金台温三市 7 个村的调查研究"，载《理论与改革》2010 年第 5 期。
37. 郭剑平："侗款的变迁及其与侗族地区纠纷解决机制研究"，载《现代法学》2012 年第 5 期。
38. 郭于华："农村现代化过程中的传统亲缘关系"，载《社会学研究》1994 年第 6 期。
39. 郭正林："中国农村权力结构中的家庭因素"，载《开放时代》2002 年第 3 期。
40. 何国强："略论'房'概念的语义区分"，载《中南民族大学学报（人文社会科学版）》1997 年第 4 期。
41. 何海兵："我国城市基层社会管理体制的变迁：从单位制、街居制到社区制"，载《管理世界》2003 第 6 期。
42. 贺雪峰、阿古智子："村干部的动力机制与角色类型——兼谈乡村治理研究中的若干相关话题"，载《学习与探索》2006 年第 3 期。
43. 贺雪峰、董磊明："中国乡村治理：结构与类型"，载《经济社会体制比较》2005 年第 3 期。
44. 贺雪峰："村庄精英与社区记忆：理解村庄性质的二维框架"，载《社会科学辑刊》2000 年第 4 期。
45. 贺雪峰："村庄类型及其区域分布"，载《中国乡村发现》2018 年第 5 期。
46. 贺雪峰："解读'后陈'经验"，载《调研世界》2007 年第 2 期。
47. 贺雪峰："论村治模式"，载《江西师范大学学报》2005 年第 2 期。
48. 贺雪峰："论富人治村——以浙江奉化调查为讨论基础"，载《社会科学研究》2011 年第 2 期。

49. 贺雪峰："乡村治理研究的三大主题"，载《社会科学战线》2005 年第 1 期。
50. 胡鹏辉、高继波："新乡贤：内涵、作用与偏误规避"，载《南京农业大学学报（社会科学版）》2017 年第 1 期。
51. 华伟："单位制向社区制的回归——中国城市基层管理体制 50 年变迁"，载《战略与管理》2000 年第 1 期。
52. 贾锡萍、涂明君、余贵平："从'能人治村'走向'依法治村'——基于天津市村两委干部法律素养问题的调查"，载《天津行政学院学报》2016 年第 5 期。
53. 姜明安："论中国共产党党内法规的性质与作用"，载《北京大学学报（哲学社会科学版）》2012 年第 3 期。
54. 金太军："村级治理中的精英分析"，载《齐鲁学刊》2002 年第 5 期。
55. 金太军："村庄治理中三重权力互动的政治社会学分析"，载《战略与管理》2002 年第 2 期。
56. 金太军："中国乡村关系的现状及对策"，载《扬州大学学报（人文社会科学版）》2002 年第 4 期。
57. 李大勇、宋润润："党内法规备案审查的多元化标准"，载《理论视野》2017 年第 1 期。
58. 李艳菲："新乡贤的生成机理、社会基础与发展路径"，载《中共四川省委党校学报》2018 年第 4 期。
59. 李毅："培育契合乡村振兴的新乡贤"，载《人民论坛》2019 年第 34 期。
60. 刘经富："江西修水客家陈姓拟制宗族的个案分析"，载《江西社会科学》2012 年第 11 期。
61. 刘平、王汉生、张笑会："变动的单位制与体制内的分化——以限制介入性大型国有企业为例"，载《社会学研究》2008 年第 3 期。
62. 刘锐："地权界定中的宗族与国家"，载《思想战线》2018 年第 1 期。
63. 刘新星："从农村规范秩序的变迁看农村法制建设问题"，载《中国人民大学学报》2009 年第 4 期。
64. 刘燕峰："乡贤参与乡村振兴的方式与途径——基于对丽水市几处典型

案例地的分析",载《科技经济导刊》2019年第10期。

65. 龙大轩、喻成:"羌族民事习惯法与国家制定法的冲突与和合",载《甘肃政法学院学报》2011年第1期。

66. 卢福营:"经济能人治村:中国乡村政治的新模式",载《学术月刊》2011年第10期。

67. 卢福营:"论能人治理型村庄的领导体制——以浙江省两个能人治理型村庄为例",载《学习与探索》2005年第4期。

68. 卢志朋、陈新:"乡贤理事会:乡村治理模式的新探索——以广东云浮、浙江德清为例的比较分析",载《云南行政学院学报》2018年第2期。

69. 罗昶:"村规民约的实施与固有习惯法——以广西壮族自治区金秀县六巷乡为考察对象",载《现代法学》2008年第6期。

70. 罗家德:"自组织——市场与层级之外的第三种治理模式",载《比较管理》2010年第2期。

71. 吕明:"政策是什么——对我国法理学研究'去政策化'现象的反思",载《法学论坛》2010年第3期。

72. 马永定:"新乡贤及乡贤组织参与现代乡村治理的实践与思考——以绍兴市为例",载《公安学刊(浙江警察学院学报)》2016年第4期。

73. 彭泽元:"南方集体林区产权制度改革探索——贵州锦屏集体林区林业产权制度改革试验纪实",载《林业经济》2001年第8期。

74. 钱静、马俊哲:"国内新乡贤文化研究综述",载《北京农业职业学院学报》2016年第4期。

75. 钱念孙:"乡贤文化为什么与我们渐行渐远",载《学术界》2016年第3期。

76. 秦前红、苏绍龙:"党内法规与国家法律衔接和协调的基准与路径——兼论备案审查衔接联动机制",载《法律科学(西北政法大学学报)》2016年第5期。

77. 秦上人、郁建兴:"从网格化管理到网络化治理——走向基层社会治理的新形态",载《南京社会科学》2017年第1期。

78. 裘斌:"治村型乡贤主导下'三治融合'的拓展和创新——基于枫桥镇枫源村的探索",载《甘肃社会科学》2019年第4期。

79. 桑玉成、孙琳:"论政治运行中的人伦关系与道德基础",载《南京师大学报(社会科学版)》2012年第3期。
80. 沈延生:"村政的兴衰与重建",载《战略与管理》1998年第6期。
81. 沈月娣、罗景华、李官金:"农村基层治理法治化建设研究——以浙江省湖州市、丽水市为例",载《浙江师范大学学报(社会科学版)》2017年第1期。
82. 石伶亚:"少数民族习惯法的功能释放与历史变迁考察——以湘西土家族、苗族自治州为例",载《贵州民族研究》2009年第2期。
83. 石奕龙、陈兴贵:"回顾与反思:人类学视野下的中国汉人宗族研究",载《世界民族》2011年第4期。
84. 孙敏:"乡贤理事会的组织特征及其治理机制——基于清远市农村乡贤理事会的考察",载《湖南农业大学学报(社会科学版)》2016年第6期。
85. 孙双义:"能人治村的绩效与限度探讨——以河南省南召县四棵树乡盆窑村为个案",载《山西农业大学学报(社会科学版)》2010年第5期。
86. 孙瑜:"乡村自组织运作过程中能人现象研究——基于云村重建案例",清华大学2014年博士学位论文。
87. 唐军:"当代中国农村家族复兴的背景",载《社会学研究》1996年第2期。
88. 唐朗诗、郭圣莉:"重塑社区的'文化网络':城镇化进程中的新乡贤治理——基于上海市外冈镇'老大人'治理的实证研究",载《南通大学学报(社会科学版)》2018年第5期。
89. 特木尔宝力道:"论蒙古族习惯法的几个问题",载《内蒙古大学学报(人文社会科学版)》2002年第1期。
90. 田毅鹏:"'典型单位制'的起源和形成",载《吉林大学社会科学学报》2007年第4期。
91. 田毅鹏:"城市社会管理网格化模式的定位及其未来",载《学习与探索》2012年第2期。
92. 仝志辉、贺雪峰:"村庄权力结构的三层分析——兼论选举后村级权力的合法性",载《中国社会科学》2002年第1期。

93. 王汉生:"改革以来中国农村的工业化与农村精英构成的变化",载《中国社会科学季刊》1994年秋季卷。

94. 王丽惠:"作为乡村领袖的'乡土法杰'",载《学术交流》2015年第11期。

95. 王启梁:"法律移植与法律多元背景下的法制危机——当国家法成为'外来法'",载《云南大学学报(法学版)》2010年3期。

96. 王启梁:"国家治理中的多元规范:资源与挑战",载《环球法律评论》2016年第2期。

97. 王泉根:"中国乡贤文化研究的当代形态与上虞经验",载《中国文化研究》2011年第4期。

88. 王文强:"21世纪以来中国三农政策走向研究——对14个'中央一号文件'的回顾与展望",载《江西社会科学》2017年第7期。

99. 王先明:"士绅构成要素的变异与乡村权力——以20世纪三四十年代的晋西北、晋中为例",载《近代史研究》2005年第2期。

100. 魏小强:"通过乡土法杰的乡村纠纷解决",载《学术交流》2015年第11期。

101. 温铁军:"半个世纪的农村制度变迁",载《战略与管理》1999年第6期。

102. 文永辉:"水族习惯法及其变迁——以贵州省三都水族自治县塘党寨为例",载《民族研究》2006年第4期。

103. 吴家虎:"内生权威融入式治理:体制型乡贤治村的时代价值与完善路径",载《社会科学家》2018年第4期。

104. 吴理财:"从网格化管理转向网络化治理 农村基层治理的'在村模式'",载《国家治理》2015年第1期。

105. 吴晓燕、赵普兵:"回归与重塑:乡村振兴中的乡贤参与",载《理论探讨》2019年第4期。

106. 吴治德:"侗族古制变迁一瞥",载《贵州民族研究》1992年第3期。

107. 肖瑛:"从'国家与社会'到'制度与生活':中国社会变迁研究的视角转换",载《中国社会科学》2014年第9期。

108. 徐理响："村庄治理能人的产生：历史嬗变与时代选择"，载《学习与实践》2017 年第 8 期。
109. 徐晓光："'罚 3 个 120'的适用地域及适应性变化——作为对黔东南苗族地区'罚 3 个 100'的补充调查"，载《甘肃政法学院学报》2010 年第 1 期。
110. 徐晓光："从苗族'罚 3 个 100'等看习惯法在村寨社会的功能"，载《山东大学学报（哲学社会科学版）》2005 年第 3 期。
111. 徐勇、朱国云："农村社区治理主体及其权力关系分析"，载《理论月刊》2013 年第 1 期。
112. 徐勇："村干部的双重角色：代理人与当家人"，载《二十一世纪》1997 年第 42 期。
113. 徐勇："精乡扩镇、乡派镇治：乡级治理体制的结构性改革"，载《江西社会科学》2004 年第 1 期。
114. 徐勇："权力重组：能人权威的崛起与转换——广东省万丰村先行一步的放权改革及启示"，载《政治学研究》1999 年第 1 期。
115. 徐勇："由能人到法治：中国农村基层治理模式转换——以若干个案为例兼析能人政治现象"，载《华中师范大学学报（哲学社会科学版）》1996 年第 4 期。
116. 许汉泽、徐明强："'任务型乡贤'与乡村振兴中的精英再造"，载《华南农业大学学报（社会科学版）》2020 年第 1 期。
117. 许章润："论现代民族国家是一个法律共同体"，载《政法论坛》2008 年第 3 期。
118. 严文强："凉山彝族习惯法的历史流变——以案例分析为中心的研究"，西南政法大学 2008 年博士学位论文。
119. 杨进铨："侗族'卜拉'文化试析"，载《民族论坛》1992 年第 1 期。
120. 杨小君："行政法律规范的冲突"，载《国家行政学院学报》2006 年第 3 期。
121. 姚中秋："推动乡贤治理之制度化"，载《文化纵横》2018 年第 1 期。
122. 叶兴庆："新时代中国乡村振兴战略论纲"，载《改革》2018 年第 1 期。

123. 叶英萍:"黎族习惯法研究——从自治秩序到统一法律秩序的变迁",中国政法大学 2011 年博士学位论文。

124. 尹训洋、吴大华:"纠纷解决的新乡贤范式",载《法治现代化研究》2019 年第 4 期。

125. 袁明旭:"公共政策冲突:内涵、表现及其效应分析",载《云南行政学院学报》2009 年第 1 期。

126. 原超:"新'经纪机制':中国乡村治理结构的新变化——基于泉州市 A 村乡贤理事会的运作实践",载《公共管理学报》2019 年第 2 期。

127. 张春敏、张领:"民族地区农民再组织与乡村社会有效治理——基于黔东 Y 自治县乡贤参事会建设为例",载《云南民族大学学报(哲学社会科学版)》2019 年第 1 期。

128. 张红:"论国家政策作为民法法源",载《中国社会科学》2015 年第 12 期。

129. 张厚安:"乡政村治——中国特色的农村政治模式",载《政策》1996 年第 8 期。

130. 张静:"乡规民约体现的村庄治权",载《北大法律评论》1999 年第 1 期。

131. 张小军:"阳村土改中的阶级划分与象征资本",载《中国乡村研究》2003 年第 2 期。

132. 张扬金:"村治实现方式视域下的能人治村类型与现实选择",载《学海》2017 年第 4 期。

133. 张银锋、张应强:"姓氏符号、家谱与宗族的建构逻辑——对黔东南一个侗族村寨的田野考察",载《西南民族大学学报(人文社科版)》2010 年第 6 期。

134. 张银锋:"'屋山头'的文化嬗变:对清水江流域一个侗族村落的历史人类学考察",载《原生态民族文化学刊》2011 年第 4 期。

135. 赵翠萍:"'四议两公开':村民自治的程序性制度创新——基于河南邓州个案",载《湖南农业大学学报(社会科学版)》2011 年第 5 期。

136. 赵康、廖祖君:"以生计资本为核心构建农村社区建设长效机制——以广东省云浮市'乡贤返乡哺农'为例",载《农村经济》2014 年第 8 期。

137. 赵旭东:"族群互动中的法律多元与纠纷解决",载《社会科学》2011 年第 4 期。
138. 周沛:"农村社区中的权威结构",载《社会》1999 年第 11 期。
139. 周庆智:"'文件治理':作为基层秩序的规范来源和权威形式",载《求实》2017 年第 11 期。
140. 周相卿、付媛:"雷公山地区苗族婚姻习惯法与刑法冲突现象分析",载《原生态民族文化学刊》2012 年第 2 期。
141. 周雪光:"论中国官僚体制中的非正式制度",载《清华社会科学》2019 年第 1 期。
142. 周雪光:"权威体制与有效治理:当代中国国家治理的制度逻辑",载《开放时代》2011 年第 10 期。
143. 苏力:"法律规避和法律多元",载《中外法学》1993 年第 6 期。
144. 朱晓阳:"'语言混乱'与法律人类学的整体论进路",载《中国社会科学》2007 年第 2 期。

(四)报纸

1. 人民网:"江苏连云港村党组强发展打出'组合拳'",载《人民日报》2014 年 7 月 1 日,第 11 版。
2. 高其才:"健全自治法治德治相结合的乡村治理体系",载《光明日报》2019 年 2 月 26 日,第 16 版。
3. 高云才、朱隽、王浩:"乡村振兴,顺应亿万农民新期待——中农办主任韩俊解读中央农村工作会议精神",载《人民日报》2018 年 1 月 14 日,第 2 版。
4. 桂华:"网格化管理未必适用农村",载《环球时报》2018 年 8 月 30 日,第 11 版。
5. 王先明:"'新乡贤'的历史传承与当代建构",载《光明日报》2014 年 8 月 20 日,第 1 版。
6. 吴晓杰:"新农村呼唤新乡贤——代表委员畅谈新乡贤文化",载《光明日报》2016 年 3 月 13 日,第 1 版。

7. 郭亮:"'祖业权':地方社会的'非正式'产权",载《中国社会科学报》2010年3月16日,第11版。

(五) 外文文献

1. Berth Berberoglu, *Class Structure and Social Transformation*, Praeger, 1994.
2. Burton Pasternak, *Kinship and Community in Two Chinese Villages*, Stanford University Press, 1972.
3. Hsien Chin Hu, *The Common Descent Group in China and Its Functions*, The Viking Fund 1948.
4. Hugh D. R. Baker, *A Chinese Lineage Village: Sheung Shui*, Stanford University Press, 1968.
5. James L. Watson and Rubie S. Watson, *Village Life in Hong Kong: Politics, Gender, and Ritual in the New Territories*, The Chinese University of Hong Kong Press, 2004.
6. Michael Burawoy, *Manufacturing Consent: Changes in the Labor Process under Monopoly Capitalism*, The University of Chicago Press, 1979.
7. Michael Burawoy, *The Colour of Class on the Copper Mines: From African Advancement to Zambianization.*, Manchester University Press, 1972.
8. Myron L. Cohen, *House United, House Divided: The Chinese Family in Taiwan*, Columbia University Press, 1976.
9. Oi, Jean C, *State and Peasant in Contemporary China: The Political Economy of Village Government*, The University of California Press, 1989.
10. Rubie S. Watson, *Inequality Among Brothers: Class and Kinship in South China*, Cambridge University Press, 1985.
11. Stephan Feuchtwang and Wang Mingming, *Grassroots Charisma: Four' ocal leaders in China*, Routledge, 2001.
12. Sulamith Heins Potter and Jack M. Potter, *China's Peasants: The Anthropology of a Revolution*, Cambridge University Press, 1990.
13. Szelenyi, Ivan, *Socialist Entrepreneurs Embourgeoisment in Rural Hungary*, University of Wisconsi Press, 1988.
14. Walder, Andrew G., "Markets and Income Inequality in Rural China: Political

Advantage in An Expanding Economy", *American Sociological Review*, Vol. 67, 2 (2002).

15. Nee, Victor., "A Theory of Market Transition: From Redistribution to Markets in State Socialism", *American Sociological Review*, Vol. 54, 5 (1989).

(六) 研究资料

1. 陈威宁访谈录，资料编号：CWN2017032401。
2. 广西博白县亚山镇派出所 PXH 访谈录，资料编号：20130728PXH002。
3. 贵州锦屏华寨村王明发访谈录，2016 年 2 月 22 日。
4. 贵州锦屏黄门村龙大军访谈录，2016 年 2 月 21 日。
5. 黄云霞访谈录，资料编号：HYX20170322。
6. 陆正华访谈录音整理稿，资料编号：20170827LXB001。
7. 盘振武访谈录，资料编号：PZW2013062101。
8. 盘振武访谈录，资料编号：PZW2013062102。
9. 盘振武访谈录，资料编号：PZW2013062104。
10. 庞正兴访谈录，资料编号：PZX2012072503。
11. 王光明访谈录，资料编号：WGM2017040501。
12. 王玉龙访谈录，资料编号：WYL2014080501。
13. 王玉龙访谈录，资料编号：WYL2014080504。
14. 杨胜武访谈录，资料编号：YSW2017032301。
15. "六安市金寨县实施'能人回归工程'助力脱贫攻坚"，载金寨县农业农村局编：《乡村治理体系建设试点汇报材料（典型案例）》，内部资料。
16. "全面推广'能人回归工程'助力老区脱贫攻坚"，载金寨县农业农村局编：《乡村治理体系建设试点汇报材料（典型案例）》，内部资料。
17. 《中共启蒙镇委员会 启蒙镇人民政府关于印发〈启蒙镇改善农村人居环境暨农村"清洁风暴"行动工作方案〉的通知》（启党发〔2017〕30 号），资料编号：2017061201。
18. 《中共浙江省委办公厅 浙江省人民政府办公厅关于加强乡镇（街道）"四个平台"建设完善基层治理体系的指导意见》（浙委办发〔2016〕69 号）。

19. 《中共绍兴市上虞区委关于全面加强基层党组织和基层政权建设的实施意见》（区委〔2015〕28号）。
20. 《中共绍兴市上虞区委办公室绍兴市上虞区人民政府办公室关于加强乡镇（街道）"四个平台"建设完善基层治理体系的实施意见》。
21. 《魅力侗寨——九寨平山村》（内部资料），刘美云提供，资料编号：2017823007。
22. 《关于从村级后备干部中公开比选村党组织书记助理工作的通知》（金党建〔2019〕6号，2019年7月15日）内部资料。
23. 赵锦文：《在全县"能人回归工程"座谈会上的讲话提纲》（2019年7月25日），内部资料。
24. 《关于印发〈金寨县村党组织书记队伍优化提升"三年行动计划"方案〉的通知》（金党建〔2020〕5号，2020年6月5日），内部资料。
25. 《关于推进"能人回归"工程试点工作的通知》（金党建〔2020〕7号，2020年8月18日），内部资料。
26. 《关于印发〈中共金寨县委组织部2020年工作要点〉的通知》，内部资料。
27. 《斑竹园镇乡村治理体系建设试点工作汇报》（2020年10月25日），内部资料。
28. 中共金寨县委组织部：《关于乡村治理体系建设试点工作汇报》（2020年11月3日），内部资料。
29. 《中共金寨县委关于推广实施"能人回归"工程促进乡村振兴的意见》（金〔2021〕2号，2021年1月4日），内部资料。
30. 《"哦先恩"房族敬告亲友戚》（2015年8月4日），资料编号：20170827006。
31. 《"以歌劝和"开启文明建设新风》（华寨村村民委员会提供），资料编号：20160221005。
32. 《北京房山区长沟镇坟庄村村规民约》（2013年6月通过），资料编号01005。
33. 《高步房族族规》（2016年10月31日全房族集中议定），资料编号：20170827001。

34. 《广东云浮市云城区下白村乡贤理事会章程》，资料编号：010122。
35. 贵州锦屏《华寨村办酒宴风俗整改》（2016年2月12日），资料编号010121。
36. 贵州锦屏《华寨村村民自治合约》（2010年5月6日由村民代表会议表决通过），资料编号010182。
37. 《贵州锦屏黄门村风俗习俗礼节礼尚往来处置制度》（资料编号：010122）
38. 《贵州锦屏黄门村移风易俗关于红白喜事禁止大量燃放烟花爆竹规定》，资料编号：010123。
39. 贵州锦屏《平山村移风易俗管理制度》（2015年3月14日），资料编号010172。
40. 《贵州锦屏石引村移风易俗管理制度》（2015年3月14日），资料编号010173。
41. 贵州锦屏《文斗村村规民约》（2005年12月村民会议讨论通过），资料编号010057。
42. 贵州锦屏《文斗村村规民约》（2015年9月10日村民代表会议表决通过），资料编号010059。
43. 贵州锦屏《文斗村村民自治合约》（2012年12月25日村民代表会议表决通过），资料编号010058。
44. 贵州锦屏《文斗寨村规民约》（1998年12月），资料编号010056。
45. 贵州锦屏《瑶白村关于改革陈规陋习的规定》（2012年正月初一），资料编号010132。
46. 《和兴亭（序）》（平山村村民委员会提供），资料编号：20170823002。
47. 《华寨调查资料汇编——风俗类》，资料编号20160202。
48. 《黄门调查资料汇编——风俗类》，资料编号20160203。
49. 《家庭责任山责任田调解纪事》，资料编号：20170827005。
50. 《举行房族集会 签订治寨"公约"》（彦洞乡政府提供），资料编号：20171121011。
51. 《茅坪上寨长生会会章》（1991年4月21日会委修改通过，1991年5月10日执行），资料编号：20160930MP3796。

52. 《哦先恩房族族规》(2017 年 1 月 27 日全房族各户在家人员议定), 资料编号：20170827003。
53. 《山西清徐县东南坊村红白理事会章程》, 资料编号：20170321QX001。
54. 《山西清徐县红白理事会章程资料汇编》, 资料编号：20170321QX001。
55. 《乡邻互助 助人助己——记锦屏县平秋镇平山村互助会》(平山村民委员会提供), 资料编号：20170827008。
56. 《瑶白调查资料汇编——风俗类》, 资料编号 20160201。
57. 《浙江丽水黄田镇村规民约汇编》, 资料编号：010040。
58. 《大同乡密洞片与秀洞村一组关于"亮马坡"地块权属纠纷案卷》(锦屏县山林权属纠纷调处办公室提供), 案卷编号：JPSLTC-20160608。
59. 《启蒙镇罗永锡等人与罗永钊等人寿木纠纷案卷》(启蒙镇调解委员会提供), 案卷编号：QMTW-20170105。
60. 《王志福绝换田契（民国三十二年十月廿八日）》, 贵州省锦屏县档案馆藏, 文书编号：JPWS-JP-王有锦-537-34。
61. 《王志福分卖田契（民国三十三年四月初三日）》, 贵州省锦屏县档案馆藏, 文书编号：JPWS-JP-王耀照-316-35。
62. 《王志福分卖屋地字（一九五一年九月廿六日）》, 贵州省锦屏县档案馆藏, 文书编号：JPWS-JP-王必作-745-70。
63. 《魁胆村王必帮与王天佑地土纠纷案卷》, 魁胆村民委员会提供, 案卷编号：KDCD-20150429。
64. 《雄黄寨寨规民约》(1988 年 11 月 8 日通过)。

后 记

  乡村治理问题一直是我研究的兴趣所在。源自大陆法系的法教义学是我国法学界（尤其是部门法学）主要运用的研究方法，法教义学强调规范研究，立足于法规范的解释学进路，对当前我国法律规范体系的发展完备及法律适用有重要的意义。然而，此种研究方法论在理解当前中国法律运行实践时存在一定的局限性。与德国等西方国家法治发展路径不同，改革开放以来中国法的发展并不完全建立在严格的法教义学基础之上，而是充满了教义外的因素，法律实践与法律表达之间的关系也存在较大罅隙。习近平法治思想"十一个坚持"中特别强调在法的运行层面要"坚持全面推进科学立法、严格执法、公正司法、全民守法"，此四个环节是全面依法治国必须准确把握的关键环节和重点任务。

  中国法治是"大国法治"，面临着多元复杂的法治局面和实现条件。仅从法教义学层面展开法治研究并不能窥见中国法治之实际。授业恩师高其才教授将我引入法社会学研究之门，从实践层面研究中国法治实践，一方面发现中国法治实践中存在的问题，进而从实践到理论提出法律规范的完善方案，另一方面总结中国法治实践中获得的经验，进而寻求中国法的主体性，完善中国特色社会主义法治理论。延续此一研究进路，笔者在研究过程中倾向于"用脚做学问"，努力做到"将论文写在祖国大地上"。不仅我本人这么做，我也要求我的研究生们这么做。近几年人工智能、算法、大数据是一个热点问题，法学界也有不少与此相关的文章发表。有学生见此主题比较热门，故想选此方面的题目作为硕士毕业论文选题。对此我一般都会善意提醒并事先问学生，你是否对算法、大数据等研究对象有一个较为感性直观的了解，如果没有直观的了解，也没有计算机专业等相关的理论知识储备，贸然入手此类选题恐会陷入人云亦云之境地，创新性更无从谈起了。

本书正是我践行"实践法学观"的一个成果。书中研究所用资料均系笔者田野调查所得，在田野调查中获得了有趣的知识，也结交了不少的朋友，触摸到真实的法律实践过程。每次田野调查结束后，我都有恍如隔世之感，刷新我对中国法治实践复杂性的认知，这些问题绝对不是从书本中可以获知的。长期田野调查，也让我产生了一个基本的判断，即"高手在民间"，政府管理者应充分尊重人民群众的主体性，尊重民间社会的创造能力，法治实践不能"教鱼游泳"。我把这些田野感受写入调查手记，也将田野调查素材搬入课堂，在年轻的学生朋友心中播下具有复杂面向的法治种子。

感谢在田野调查中给予我帮助的农民朋友们和政府基层工作人员。感谢高其才教授对我的指导和帮助，本书很多篇章的写作灵感来自田野调查过程中与高老师的讨论。感谢首都经济贸易大学法学院院长张世君教授为本书出版提供的帮助，本书自签订出版合同延宕至今，张院长多次与出版社沟通出版事宜。感谢为本书出版付出辛勤劳动的编辑老师们。最后，感谢我的爱人吴恺女士的默默付出和鼎力支持，让我能够全身心投入到教学科研之中，继续追求自己的学术梦想。

陈寒非

2021 年 12 月 15 日于北京万芳亭寓所